博瑞森图书 BRAGE

企业视角 本土实践

老板如何管营销

高段位营销的16个关键点

史贤龙◎著

中华工商联合出版社

图书在版编目（CIP）数据

老板如何管营销：高段位营销的16个关键点/史贤龙著．—北京：中华工商联合出版社，2014.7

ISBN 978-7-5158-0951-9

Ⅰ.①老… Ⅱ.①史… Ⅲ.①企业管理－市场营销学 Ⅳ.①F274

中国版本图书馆CIP数据核字（2014）第100810号

老板如何管营销：高段位营销的16个关键点

作　　者：史贤龙
责任编辑：于建廷 臧赞杰
责任审读：郭敬梅
封面设计：久品轩设计
责任印制：迈致红
出版发行：中华工商联合出版社有限责任公司
印　　刷：三河市文阁印刷有限公司
版　　次：2014年7月第1版
印　　次：2014年7月第1次印刷
开　　本：787mm×1092mm　1/16
字　　数：250千字
印　　张：17.25
书　　号：ISBN 978-7-5158-0951-9
定　　价：52.00元

服务热线：010－58301130
团购热线：010－58302813
地址邮编：北京市西城区西环广场A座19－20层，100044
http：//www.chgslcbs.cn
E-mail：cicap1202@sina.com（营销中心）
E-mail：gslzbs@sina.com（总编室）

博瑞森图书：企业阅读　本土实践

亲爱的读者朋友：

也许您是博瑞森图书的老读者，也许是新朋友，欢迎您阅读博瑞森图书！

当今中国，各行各业都存在着转型升级的压力与机遇。博瑞森图书与您一同应对转型挑战并发现其带来的机遇。

我们一直在问：什么样的书能为您解决管理难题并带来启发？

我们一直在找：哪些作品能帮助企业从跟随到领先？

我们一直在做：把最好的作品以最便捷的方式呈现给您，纸质版、电子版、听读版、书摘邮件、微信……

我们策划图书的原则是：

- 企业阅读——与您一样，做水中的游泳者，而非岸上的观众或教练，企业的困惑就是我们的任务。
- 本土实践——与您一样，立足本土环境，追求卓越实践，传播最适合当下中国企业的管理之道。

针对部分读者朋友提出的“道理都懂了，但还是不知道怎么做？”2014 年，我们将推出“作者见面会”，内容涉及营销、管理、生产、HR 等诸多领域。让来自实战一线的专家作者现场指点、传授。

如果有一天，您把博瑞森图书视为您优秀的事业伙伴、管理助手，我们也就实现了自己的梦想。

博瑞森图书
010－51900529
bookgood@126.com

战略营销才是未来

管理学博士、《境界管理》作者
《销售与市场·管理版》前执行总编 鲁培康

作为一个学科、一门学问，营销早就从国外舶来了。营销的威力、魅力甚至魔力，早就在跨国公司的攻城掠地及与本土企业的激烈对抗中尽显。

但本土营销人的真正出现和漂亮转身，只是近十来年的事。回溯以往，很多满嘴营销的专家，实际上都只是销售的拥趸。但这并不奇怪，长期的计划经济，早就麻痹了人们的营销神经。在那些年代，有一些市场思路和销售点子，已经不易。因此，营销就是销售，这是中国特色和市场的阶段性特征。

概念怎么叫，似乎并不重要，但是，把销售当作营销的一个直接结果是，人们别无选择地把营销当作战术，当作各种推销的点子、竞争的招数。于是，举国上下一夜之间就冒出了上亿人营销大军，营销很快就成了无师自通的把戏。回顾市场和营销在中国的发展，只有历经那个时代风雨洗刷的人，才会真正知之愈深，感之愈切。

《销售与市场》正是中国营销的见证者与记录者，如果二十年前有更加清晰的“营销”概念，也许这本杂志就叫《营销与市场》，但这样的命名并没有妨碍它成为中国营销人的“黄埔军校”。然而，刊物发展十几年之后的现实是，一方面，它毋庸置疑地戴上了“中国营销第一刊”的皇冠；另一方面，它的高端读者却在流失，发行量也在下滑。在既往的岁月里，这本刊物创造了辉煌的业绩，作为一名本土营销人和媒体人，我对它充满感情。

2007年岁末，一个阳光灿烂的日子，与李颖生社长的一次长谈，使我走上了挑战自我、挑战权威的主编岗位。在我看来，发行量下滑是必然的，这是互联网冲击的结果。高端读者的流失，也是必然的，因为刊物的内容已经不能满足这些读者群的需要。广告下滑，除了市场的原因，还有定位的影响，因为购买广告的根本目标在于读者群。

毫无疑义，如何提升内容定位，特别是在当时三刊界限不明的情况下，如何巩固母刊的市场地位，就直接摆在我的面前。此后，“大型战略营销管理期刊”的口号明确地标载到了封面。长时间以来，人们对营销的认识，都是建立在传统营销，特别是菲利普·科特勒的理论界面上。有很长一段时间，第一营销网异常热烈的讨论，其中对营销的根本分歧，正是传统营销与战略营销的认识分野。

作为杂志主编，我很少直接参与网络讨论。但在原则问题上，因为涉及刊物定位，所以我绝不会因为他人的高声喧哗而降低声调。我一直以为，一名合格的专家和学人，至少要具备两个条件，一是要有才学，二是要有良知。有才学就是要有知识、有经验、有阅历，而有良知就是只向他人和社会传播正确的才学。古人作诗文，追求语不惊人死不休，今人做学问，为了博人眼球，不惜矫枉过正。

实际上，无论是传统营销还是战略营销，企业如何选择，这取决于企业的发展阶段和认识水平。而且，传统营销发展到今天，它的问题已经越来越突出，而最大的不足在于孤立地看待问题，因而往往导致企业头痛医头、脚痛医脚。

战略营销管理（SMM）是在日益复杂的市场环境下，人们对于市场本质的深刻认识，也是面对更加激烈的市场竞争，人们对营销方法的有效把握。传统的4P营销以企业为中心，它更多地强调产品的作用，而4C营销转向以消费者为中心，是市场营销认识上的一次飞跃。然而，传统营销更强调满足顾客的当前利益，由于需求的不断变化及竞争者的干扰，企业往往陷入困境。战略营销是一种新的营销观念和思维方法，它认为，市场营销是产品导向、顾客导向和竞争导向的统一，是系统营销要素的整合。

战略营销还强调，面对日益复杂的市场环境，如果企业只关注产品和顾客，而忽视竞争对手，就会在市场营销中失利。因而，战略营销是一种基于竞争的思维方法，其目的是在满足顾客需要的前提下，为企业创造更大的生存空间。它不再只是把营销视为一个部门职能，而是上升到企业战略的高度来认识市场、管理营销，要求企业把营销战略当作企业的核心战略，把营销问题视为企业的重要问题。

但是，战略营销从不排斥传统的营销理论，并认为企业要更好地为顾客服务，就需要把4C作为价值思考的起点，把4P作为价值交付的终点。可见，战略营销是一个精细化的营销模式，它包含传统营销的所有过程。不同的是，战略营销的所有活动都是以顾客价值为导向，以客户价值为归宿。因此，战略营销管理实现了产品导向、顾客导向与竞争导向的融合，而且其竞争是基于顾客需求并创造顾客需求，也是从市场驱动转化为驱动市场，这既反映了市场的规律，也反映了营销的本质。

当年的《销售与市场·管理版》正是基于这样的办刊理念和内容定位而创立的，但是，作为一本早已深入人心的杂志，要想彻底提升它的定位、改变它的风格，这无异于一次艰难的探险，几年下来，其间的甘苦至今令我难忘。

摆在读者面前的这本书——《老板如何管营销》，正是在我担任主编期间，史贤龙先生参与执笔的多个封面专题文章的集成。贤龙说，这本书的每一篇文章都和我有关系，因此嘱托我写几句。这些内容我自然很熟悉，现在想想，如果不是当初我们反复压榨他的营销智慧，就不会有今天这本书的面世。而且，我相信无论对今天，还是明天的中国营销，它的价值都将无可置疑。再想想编辑和作者的关系，不仅决定着一本书的诞生，而且还加快了一种营销方法论对市场的影响，对此，我真的很欣慰。

2014 年 5 月 26 日上海

高段位营销的秘密

营销作为一门专业学科，历史不过一百多年，在中国的历史满打满算也只有三十多年。进入二十一世纪十几年，中国赶上了世界产业革命的大潮，从互联网到移动互联网，从网络媒体时代到社交化媒体时代，最终形成“三个世界”的市场结构，而营销的方法、工具、理论和体系也在发生剧烈的嬗变。

作为企业营销的深度参与者，我们见证了中国一些第一品牌的诞生历程，如华润雪花啤酒，为众多国际及国内不同体量的企业提供了不同方面的专业服务，如维珍移动、嘉士伯、金士百、星火国际传媒、贵州醇、茅台不老酒、喔喔、金丝猴和同福碗粥等，涵盖营销的核心价值链环节，如产品、品牌、渠道、销售管理和市场推广等，形成了一系列有自己特色的实效方法论，如产品炼金术、动销模式、完整品牌模型和渠道价值链管理等。

在此过程中，我们也与众多跨越边界的营销观念进行了论战，主要是三大思潮：定位、品类和品牌原教旨主义（品牌核心价值决定论）。我们从未否定定位、品类和品牌思想的价值与意义，但是，与企业生存之本——产品——相比，夸大定位、品类和品牌的作用是危险的，大企业会有大麻烦，中小企业会夭折，如旭日升、三鹿、雅客 V9、网络饭饭等，案例不胜枚举。

营销热闹的是传播与推广，其实真正决定营销对企业作用的，是在传播与推广之下的战略逻辑与战术素养。这一点，只有真正经历一家企业从无到有、由小到大、由弱变强过程的人，才会深刻体会到。营销是一项系统的执行工程，更是一个智慧的知识工程，绝不是拿概念简化的4P（产品、价格、渠道和促销）、4C（顾客、成本、便利和沟通）、4R（关联、反应、关系和回报），或单点决定论（定位、品类等）可以涵盖的。

营销创意、设计、传播和推广本来就是“面子活”，但如果只有这些面子活，营销也就流于浮躁虚化。枝叶的繁华茂密，取决于根底的深厚扎实；战场的胜负，多数取决于战场之外的妙算与筹划。这就是隐杀力：决胜千里之外的硬功夫，是战略营销之大道。

老子说：“大道至简。”以此引申为抓到营销的一个要素并放大，就叫聚焦，就是成功之钥。这也成为定位、品类等单点决定论的芝麻开门“咒语”。我们要说，对“大道至简”的这种理解是错误的。

现代营销，背后的现代市场环境和现代企业管理都是复杂的，竞争也是高度专业化。精益生产、精细化管理和平衡计分卡等一大批管理方法，就是这种现实的反映，害怕复杂、拒绝学习、幻想简单的懒汉思想，不可能有效应对竞争、不可能准确洞察市场、不可能有效提升运营效能。

“大道至简”的真相，是对结构各元素及其逻辑关系的“节节肢解”，即没有拆细、嚼碎，就不可能有消化、综合之后的“一剑封喉”。没有对复杂问题的清晰认知与解析，就不会具备找到简单之道的洞穿力，也就谈不上“执简驭繁”。

有一个故事是，一艘船无法发动，船员到处检查，也找不到故障，无奈，请了一个专家。这个专家到船上，到处敲了敲，最后说发动机里的一个螺丝钉要换一下。果然，换了这个螺丝钉后，船就可以正常发动了。

这个故事就形象地说明，简单之道是一门高段位的技术。

本书是对高段位营销的一次揭秘，从案例到方法，从实践到理论。

那么，什么是高段位营销呢？我们认为，高段位营销必须符合以下三个条件，缺一不可。

第一，销售效率最优化。

这个最优化有两个评估参照系：一个是企业内部的人均销售效能，即销售额与销售人员总数的比率；另一个是同行或跨行业之间人均销售效能的比较。小米手机通过电商销售的效率，比步步高等依靠全国市场层层代理分销的销售效率高出很多，而三只松鼠电子商务有限公司2013年实现3.26亿元销售额，雇员却有六百多人，至少在这个阶段，其销售效率还不如通过传统渠道销售的同等规模的坚果企业。通过经销商模式销售的坚果企业，实现3亿元销售额的销售人员不会超过100人（含终端导购人员）。

电商渠道是对销售效率的提升，但是三只松鼠式的劳动力密集型电商也有不少，很多销售过亿元的淘品牌，销售及服务人数过多，甚至远远超过传统分销模式的同类企业。部分电商品牌的销售效率倒挂，不符合电商先进生产力的特性，是需要反思、反省的。

第二，费效比（投入产出比，ROI）最优化。

营销不是有效果就是好，而是花小钱办大事才是好。动辄线上线下、狂轰滥炸，如著名的丝宝模式，或许可以有短时期的成功，但长远来看是难以为继的。中国日化企业的尴尬，其实都是因为营销战略思维与模式长期停留在费效比低效而不察的陷阱里，前有红极一时雅倩的消失，最近有霸王的过山车案例，都是这个原因。

费效比即投入产出比节节攀高，费用投入止不住，销售产出却停滞不前，意味着营销模式尤其是传播与推广手段出现了问题，早期及成长期依赖广告拉动销售的品牌，都会出现广告投入产出钝化的现象。凡客诚品也没有避免依赖广告拉动销售的陷阱。

第三，可持续增长性。

高段位营销必须具备可持续增长性，无论是顾客、市场布局与拓展，还是渠道拓展，都具有“滚雪球增长”的特点。大部分企业在机会性增长下，并没有真正搞清楚自己品牌增长的驱动力，因此在机会红利下降的时候，也就找不到关键驱动力转变的枢纽，或者区域的成功无法复制到全国市场，如养元六个核桃。

可持续增长力，需要企业深刻明白增长的驱动力体系与结构，并明白适应不同市场的环境增长驱动力组合是怎样的。否则，机会来时有增长，竞争激烈时马上搁浅，本书讲的太阳能、卫生巾案例，企业失败，都是因为没有搞清楚增长驱动力所致。

高段位营销，是销售效率、费效比和可持续增长率达到最优化，这三大铁律，显然与大家熟悉的广告、促销，甚至创意是不一样的。

创意、设计、广告和促销等当然是营销的重点内容，但是，高段位营销的思维与智慧才是企业“一直能赢”的真正秘密。大多数跨国品牌深谙此道，部分本土的行业标杆品牌，也尝到甜头。

营销战略、智慧和战术素养等“知识资产”，才是企业稳健成长、高效营销的核动力。高段位营销，就是帮助企业获得这种高性价比、高价值的智慧资产。

通过此书，读者可以复盘过去20年中国营销起起落落背后的逻辑：为什么有些企业一直能赢？为什么不缺资源的企业没有把握住行业机会？为什么有些企业可以白手起家？

本书也将颠覆你对营销的表面印象，看到华丽广告背后市场洞察与营销智慧的力量。不要认为营销就是4个P、C、R的概念游戏，揭开营销智慧助力企业成功的内在奥秘。

营销，当然有至简之道，但是，如果你想成为执简驭繁的营销高手，首先需要放弃停留在热闹的表面、单点决定论等思维误区，进入真正的底层，去认识决定营销效果的战略逻辑与战术举措，学习营销隐杀力的思维逻辑与实施方法。

此书，将带你进入高段位营销“热带雨林”的思想冒险之旅。

第一章 战略增长

第二章 产业导航

第三章 减法剃刀

第四章 斗乱不乱

第五章　渠道红利

第六章　动销驱动

第七章　渠道隐杀

第八章　市场布局

第九章　零售绞杀

第十章　模式杠杆

第十一章　品类找空

第十二章　山寨抢道

——老板如何管营销

第一章 战略增长

机会增长堆沙堡，战略增长滚雪球。

战略的孤独

如果筛选什么对中国企业最重要，但又最不敢谈、不愿谈的关键要素，恐怕非战略莫属。这种情况就像一个人见人爱的美女，反而变成了比烟花寂寞的“剩女”。

美女的孤独往往来自天生的矜持，战略的孤独同样来自战略自身的内在逻辑。以下七个内在要素都是战略必须克服的对象，每个对手都能让战略一刀毙命、胎死腹中。

战术。战略总是与宏观、产业、模式、文化和领导等相关联，但不能落地到战术上的战略，无疑变成了一张大饼，看得见、吃不着。没有用逻辑一致的战术措施去推动落地的战略，战略规划里的三层面、目标分解高层次行动等，都是梦话。

执行。用执行质疑战略的核心是：谁能执行战略？这个质疑有两面性。合理的一面是，执行这个战略的关键人具备“送信给加西亚”的行动力吗？不合理的一面是，这个战略能否被执行？质疑战略能否被执行而不是关键人是否具备执行力，就像在战前要决策者论证飞夺泸定桥是否可能一样，是不合理的做法。

资源。需要对战略进行质疑的，是达成战略规划所需的资源是否具备？如果没有具备，在可控的范围内如何解决？或者即使要在现有条件不足的情况下冒险决策，在预期目标没有实现后，预备方案是否依然符合战略的总体方向？资源限制是战略第一个真正的也是最大挑战。因此，保险的战略通常是杀鸡用牛刀。如果战略可用的资源达不到这种富足度，则被称为战略规划，只是企业家的愿景与梦想，不是真战略。

配称。即战略战术诸要素之间的关系，包括因果关系、顺序关系、关联关系等是否匹配，是否能够实现正相关、正互馈的正循环。皇明太阳能股份有限公司要做中国太阳能的开创者与领导者，不去保持太阳能热水器市场份额第一的地位，转向投入太阳能住宅的商业地产蔚来谷，这是战略与战术缺乏配称，结果四季沐歌后来居上成为太阳能热水器销量第一的品牌。

时间。被称为战略的规划，都不是几个月甚至一两年可以达成的，在碰到困难的时候，是放弃还是坚持，这是战略的第二大挑战。再精确的规划、再充分的资源、再好的执行人员，都不可能规避战略实现过程中的“不可预见性”，都不能使战略“水到渠成”。战略从规划到实现的本质，就是无中生有，即波士顿咨询公司布鲁斯·亨德森所言，是改变自然竞争的自发性与渐进性。战略是突变、算计与野心的综合体，战略的不确定性是内在具有的。能够穿越时间的战略，才能达到终点。

领导。无论是设计战略，还是执行战略，首要因素是组织的领导者，团队是排在第二位的因素，没有领导就不会有执行战略的团队。考察一个组织的战略，只要考察领导者的言行，就不难评估其战略的前景。《孙子兵法》提醒“将有五危”，不仅因为一将无能、累死三军；而且知兵之将是民之司命，国家安危之主。战略不仅是规划，也是领导者的意志、情感和心智。

认知。战略的第三大挑战是对战略概念的认知分歧。共和国的建立，是毛泽东将中国共产党的战略路线做了清晰阐述后达成的共识，蒋介石包括孙中山，都没有真正统一过国民党的战略思想与路线。马云发文要求阿里员工前三年不要谈论阿里巴巴的战略问题，说明其战略已经出了问题，其 B2B 退市、7 大事业部架构即是解决问题的战略调整。对战略的概念、要素、结构和关系不能达成共识的组织，很难有真正的战略设计与战略执行。

对战略的质疑、指责、嘲讽无非来自上述七个方面，且从来不乏道理与证据，但这恰恰说明，具备战略并能坚持战略，是一件多么困难的事情；又正是因为坚持战略导向如此之难，所以战略成功的企业才凤毛麟角，有非凡成就。

有上述七个如影随形的强硬对手，战略必然是孤独的。但高处不胜寒，恰说明了高处的真正价值：战略首先是要克服组织内部的矛盾，才能形成对外有杀伤力的战略作为，改变自然竞争轨迹，实现突破性的战略意图或目标。

把握机会增长，创造战略增长

中国第一代创业者都是把握机会的勇士与高手：无论是早期的“倒爷”，还是价格双轨制、特区开发、产业政策、出国潮、公司热，把握任何一次机会，人生命运都会由此改变。

早期的机会把握更多凭借企业家的勇气、胆气，也就是行动力或“冲动力”，真正在机会中成功沉淀下来的其实还是少数。

透过这个事实，我们可以发现，机会是促成某种行为的起点，但修成正果还需要更多的能力与素养。

那些不管在多偶然的机会场合勇敢把握的人，取得最后或阶段性的成功，在于把握机会后的竞争力，无论是产品、渠道、推销，还是供应链任何一种超越对手的能力，以及机会背后市场或生意来源的客观潜力（选对行、行业本身处在上升期内）。

对于“做企业”来说，把握机会是必然的，但不需要对偶然的、外在的机会太在意。

从成功关键因素角度看，机会背后的产业背景、把握机会者的个体竞争能力（比较优势），才是一个企业家需要作为“战略问题”（存亡之道）经常考量的。

中国改革开放本身就是一次巨大的“产业复苏型机会赶集”。在三十多年恢复性增长大背景下，在机会导向下成长起来的一代企业，却形成一种“侥幸心智模式”及观念体系，并且将之系统地作为“总裁智慧”（如帝王之术般神秘）进行传播。

为什么会出现那么多的"大败局"?

尤其是最近10年中国商业史里的大败局并不是因为史玉柱（珠海巨人）、飞龙、三株等早期失败者对于市场形势的误判或者个人决策的失误，而是越来越多地表现为企业家对顾客、政策和道德底线的逾越。

也就是说，是取得成功的企业家犯上了哈耶克所说的"致命的自负"，企业家的帝王情结前所未有地泛滥。顾雏军对郎咸平批评的反应，蓝田对刘姝威批评的反应，蒙牛对媒体的不吝千金（2010年11月9日蒙牛再次以2.3亿元夺得央视标王）与自负，百度对搜索引擎占有率的自负，腾讯对用户垄断的自负等。

为什么这些企业家敢于用各种他们自认为"可控制"的方式决策并采取行动，最后却被证明是搬起石头砸了自己的脚呢?

这些企业家不是倒在对手、媒体或政府管制手上，恰恰都是倒在自己认为"有恃无恐的利器"手上。这些在野蛮生长理念主导下成功的企业，染上了致命的"自毁因子"，这些"自毁因子"与其成功理念相伴而生，确实是"成也萧何，败也萧何"。

从草根、草莽企业家（年广久、邱作敏、唐万新）到儒商企业家（倪润峰、严介和、牛根生），再到如今的海归、IT新锐（顾雏军、张海、唐骏），出现同一类行为的心智模式并无不同。

这种心智模式的特点就是机会主义、侥幸心态和漠视规则，蒙牛恶性公关门、360与腾讯的用户大战等，都是这种心智模式的体现。

将把握机会变成习惯性投机、将侥幸逃过监管变成有组织地规避甚至（操纵）监管、接受"规则是为别人制定，自己是去打破或者美其名曰创造规则"的所谓成功者思维，最后在保护公司核心利益的"单向度"思维下走到社会规则的对立面。

这些是野蛮生长企业家的心智密码，毒害这些成功企业不能走向卓越，也在毒害新一代企业家的企业经营理念。

与上述钻营偶然性机会、侥幸、漠视客观规则的心态相伴随的就是机会导向的企业经营风格：浪漫主义决策、无规则多元化和投机取巧。

在这种经营风格主导下，企业或是遭遇规模天花板（国美电器盲目开店导致的盈利与现金流危机），或是盲目自信被金融资本算计（如对赌），没有把握将企业持续做大且盈利的"稳健增长型"战略导向，如苏宁、当当网、阿里巴巴，瑕不掩瑜，百度、腾讯、蒙牛在商业上还是成功的。

如果说，告别野蛮生长，继续和谐成长是一次"观念跳闸"，那么，创造战略增长，就是中国企业二世代心智模式的真正内涵。

这个心智内涵就是：理性认知企业战略的本质、掌握企业战略思维、了解企业战略方法论，尤其是作为企业家，将理性、专业、客观的决策与管理作为企业之"正道"。

核心还是在源头：战略增长的根基是对行业机会与趋势的把握。

认识中国企业环境之天：中国企业正面临新一轮市场竞争环境——全球化、全产业链、全价值链和全方位的"四全"竞争格局，企业运营的环境更加复杂。

了解中国企业运营之地：中国市场营销环境的变化产生并形成了三大新的现实：以连锁大卖场为代表的现代零售渠道的崛起；网络化销售渠道 B2C + C2C 模式的崛起；中国制造（产能）的崛起。

知天知地，胜乃不穷。

正如中国宏观经济在进行结构调整、增长模式转变，中国企业的微观经营行为同样面临结构升级、增长模式转变的挑战。

这种挑战的本质，就是要求中国企业从机会增长模式转向战略增长模式，但是战略增长不是对机会的放弃，而是在更加现实、客观、可持续的行业高度实现"战略性机会"的增长。

从产业、行业、市场与企业角度看，全球产业价值链分工格局、每个行业内部的价值链结构、企业/品牌的集中化趋势给中国企业的未来运营提出挑战。

中国企业需要改变自由市场经济概念下简单的行业竞争思维，即过去 20 年里主导中国企业行为的一些主线：从价格战（如家电、个人电脑行业)、并购战(如啤酒行业)和多元化(如海尔)等，转而建立从全球产业链、行业价值链、行业集中化趋势等角度认识行业与市场的发展，从而准确找到自己企业的定位(行业的、市场的)的竞争思维。

中国企业，不能再做埋头拉车、不看前路的马车夫(这种精神仍然是企业家素质的优秀品质)，而必须看到所在行业的发展趋势，预先制定企业的行业定位与发展战略。不仅要关注行业集中度趋势、速度与驱动力，还要关注企业在产业价值链，包括在国际产业价值链中的位置，这是“中国制造、内需转型”大背景下的企业都必须认真面对的问题。

中国企业需要通过专业化管理能力的提升，培养理解中国“新商业社会”的战略思维，磨炼新一代企业家的心智模式，从而实现企业增长方式的转变。

战略思维不仅需要跨越企业、行业、产业，也涉及对人生、社会、历史、人性的思考，真正的战略思维本质上是一种心智模式。

德鲁克说：“一家企业只能在企业家的思维空间之内成长，一家企业的成长被其经营者所能达到的思维空间所限制。”

我们认为，中国企业解决“创造战略增长”空间及驱动力问题，是企业发展的大机会、大未来。把握机会增长，创造战略增长。这是企业实现可持续快速增长、成就卓越企业的正道。

战略：销量的驱动力

关于战略这一问题的最重要“错位”恐怕就是对于战略本质的阉割：将决定企业命运的战略决策变成战略规划，将战略规划变成宏观战略背景分析(PEST、五力模型等)，将战略分析变成按照某种模板进行填空的MBA作业文本。

从“决策”变为“规划”，企业家精神阉割大半；从“规划”再变为“分析”，与战略本质的关系若即若离；从“分析”变为“作文”，战略之严肃性、现实性全无！

至此，战略彻底变为一场文字游戏，战略规划也变成阉人唱戏。

我不否认战略需要进行宏观背景分析，但是我们需要追问，所有分析的最终结论是什么？

我们强调战略需要进行产业分析，但是同样需要追问，从产业的结构、集中度、趋势中究竟有什么关键发现？

我们强调战略涉及企业发展（目标与路径）规划、战略要素分析、战略执行规划和战略资源配称规划等，但是我们更需要追问，所有的规划与企业“当下的”收入增长究竟有什么因果关系？

如果不能解答上面三个问题，那么我只能不客气地说所有的战略、战略规划和战略分析都是鬼话，都是在误导企业！

因此，我们提出一个具有现实性的命题：战略决定销量。我们坚持销量与战略之间具有直接的因果关系，而不是间接的关系。

这一定律与两类错误思想针锋相对：其一是认为战略是高层次规划，战略与执行是两个环节；其二是认为战略是一种远景规划，并不必然与销量挂钩。

研究中国过去成功与失败的企业，发现的规律是：成功企业理解了战略与销量之间的关系，而失败的企业恰恰相反。

战略与销量之间的关系究竟是什么呢？

失败的企业将战略与销量割裂为两个部分：老板及公司高管做战略规划，销量由基层销售人员及销售管理部门负责——我们会看到这样的企业动辄发布宏伟的战略规划、投资计划、资本运营规划、大手笔的明星代言、巨额的广告和赞助投入等，却看不到这些企业在销售系统上的真正投入——无论是产品、渠道、品牌价值等营销层面的，还是销售系统管理、厂商关系，或者销售人员技能提升等。

事实是：只有与销量有直接关系的企业决策才可以称之为战略。直接决定销量的战略主要是五大层面：产品战略、渠道战略、战略重组、组织战略和品牌战略。

战略与销量之间的关系是直接的因果关系，而不是战略与销量之间隔着很多环节。

企业的真实课题，不是由战略规划部门制定企业规划，然后分解到管理部门去执行，而是战略规划部门必须基于可操作的逻辑、可执行的考量制订一个整体计划，让战略决策直接变成销量驱动力，就是我们所说的“增长引擎”。

跨国企业已经深谙此道，销量（Market Share）、利润（EBIT）、企业各项投入和市场行为之间具有清晰的逻辑因果关系，而中国的企业却仍然在持续地发生战略失误导致的“大败局”。

好战略的基本法则必须符合以下几条：

规则1：不能体现在销量层面的战略规划行为都是一种无用功。

战略必须与数字相关，而数字在企业运营上就是一种投入与产出之间的逻辑关系。凡是文字洋洋洒洒，却没有数字的战略规划，只是一篇“情况通报”，而不是战略，无论这种战略规划的文本看起来多么有“体系”。

规则2：战略规划不是面面俱到的分析，而是基于现状的决策。

有一批号称专业的外脑，学习了战略规划的模板：从PEST到SWOT，再到价值链、核心能力、企业愿景，甚至商业模式、企业文化等，一套模板写下来，分析一箩筐，到处是总结，却没有具有说服力的、可以支持决策的逻辑与证据。

那些出现销量徘徊、低于竞争对手、低于行业平均增长比率等情况的企业，都在上述企业战略决策上出现错误或盲区。

规则3：战略规划是一项随着企业规模而同步增长的专业技术。

战略规划需要专业方法，更需要专业洞察，行业经验、市场认知以及个人眼界等，都是重要因素，绝不是依靠专业模板的“自动化填空作业”。

无论是企业自己还是与引入外脑进行此项规划，都遵循同一规则、方法。没有运用专业性方法进行的战略决策，只能说是胆略，而不是战略。

胆略可以带来成功，但只有战略才能降低风险、带来持续的成功。

企业只有先认识到战略决定销量这一“定律”的基本内涵，才能做出正确的选择，以及明白是否需要及由何种类型的外脑来帮助自己，达成目标。

战略决定销量，真正“明白”这一“定律”的内涵，企业的增长之路将由此别开新天地。

【案例1】中粮为何不能重现五谷道场辉煌

五谷道场品牌2005年11月上市，2006年达到顶峰，2007年北京五谷道场食品技术开发有限公司（以下简称五谷道场，原属中旺集团）资金链紧张，2008年陷入困境与追款诉讼，2009年2月被中粮集团有限公司（以下简称中粮）收购，2010年中粮版五谷道场重新上市，2012年中粮五谷道场核心管理层更换，中粮改造宣告失败。

对五谷道场品牌进行战略复盘，核心是要解答以下问题：为什么当初会一炮而红？为什么一起即落？中粮为什么未能拯救五谷道场？目的是探究中粮应该拿什么拯救五谷道场这个品牌。

20亿元还是5亿元：被夸大的五谷道场销售数据。

首先要修正五谷道场被以讹传讹的数字，即被夸大的五谷道场方便面销售数字。根据资料考证，五谷道场方便面2005年11月上市，第一个月销售额仅600多万元，到2006年5月时销售额已达到3000万元，6月达到5100万元。据此推算，五谷道场2006年销售额应为5亿元，而不是被误传的15亿元，甚至20亿元。

2007年3月，中旺集团陷入现金流危机，同年8月，生产销售团队开始解体，被广告代理商诉讼、欠薪工人罢工、预收经销商货款发不出货物等，经营陷入混乱，2008 年 3 月声称被中粮接盘，2009 年 2 月中粮以 1.09 亿元接盘。

由上述历程可以推算，中旺集团的 48 条生产线、10 个城市的生产基地、120 亿元的产能，都是虚言，耗尽了中旺集团的资金是真，根本没有真实生产过。五谷道场方便面最大的销售峰值就是 2006 年，即 5 亿元销售额，此后销量不断萎缩。所谓 10 亿元，甚至 20 亿元的品牌价值等都是以讹传讹，中粮实际收购价仅为 1.09 亿元，反映了中旺集团的真实家底。

由此而论，中粮五谷道场销售 2 亿元，固然与五谷道场的实际峰值差距很远，却也没有坊间传言“20 亿元变为 2 亿元”那么夸张。但是，一不缺钱、二不缺人（总经理团队）、三不缺品牌与品质的中粮，为什么没有玩转五谷道场，甚至连中旺集团还不如呢?

五谷道场为什么会一炮而红?

五谷道场的成功之道，核心就是一个字：赌。这里的赌并无道德谴责的含义，是指企业家在面对不确定与潜在预期时，大胆投入甚至搏命一战的一种经营状态。

2005—2006 年的五谷道场营销，符合这种状态：非油炸能否撕开油炸方便面一统江湖的市场，尤其是中旺集团这样的小舢板企业，能否对抗康师傅、统一等航母级企业，有巨大的不确定性。

潜在预期却也同样诱人：方便面 500 亿元市场，都是油炸型，非油炸即使打开 1% 的口子，都是 5 亿元产值，如果切割出 10% ~20% 的非油炸份额，那就是 50 ~100 亿元的市场。这对于中旺集团创始人之一王中旺来说，是一个无法不激动、冲动的方向。

五谷道场的赌，压在一个宝上：非油炸，而这个宝押对了。五谷道场的营销全部聚焦在非油炸这个产品创新或差异点上，陈宝国代言、充满挑衅的广告场景、简单有效的广告语“非油炸、更健康”和铺天盖地的广告投放，迅速赚足了眼球，缴起了消费群尤其是都市白领的尝新购买热情，聚焦加一点突破的战略取得了成功。

2005年11月五谷道场的上市首月，出货达600万元，市场对非油炸显示出强烈的兴趣，五谷道场也成功地发动了一场非油炸对油炸的正面攻击。2006年，五谷道场成为年度成长之星。

五谷道场的一炮而红，出发点很简单：赌，背后的市场规律也不复杂：聚焦加倾尽全力的一点突破。

为什么正在形成热潮的五谷道场，却一起即落呢？五谷道场的非油炸是一个没有生命力的噱头概念吗？

五谷道场的失败并不复杂，是直觉型企业家成功劣根性的另一面：浪漫化，或者说是不讲科学，也谈不上尊重规律，因为这类企业家的成功，就是大胆冲动，由此形成“别人不敢我才敢”的思维及行为风格。

这是草莽型创业者（韦伯所谓克里斯马性格）的路径依赖，其问题在于，在高速路上开跑车与在山沟里赶马车，对于冲动失误的后果，有着完全不同的结局：王中旺犯了小规模企业浪漫化经营规模企业的错误。

五谷道场品牌上市的热烈反应，表明五谷道场2006年第一年就实现5亿元销售额没有问题。在市场前景看好的情况下，拿出预期销售额30%～50%的预算投入广告及市场运作，算不上激进。

当时媒体报道，2006年五谷道场仅在央视的广告费用就达到8970万元，王中旺当时甚至对外宣称，五谷道场的广告投入将会达到一亿七千万元。很多人事后才得知，五谷道场的广告费当时只预付了一小部分，大部分是赊账，准备以后赚了钱再还。

五谷道场销售团队从几十人快速增长至2000人，8条新生产线投产后，中旺集团开始48条生产线的布局。此时，战线拉得过长的中旺集团，由于没有及时引入投资，现金流断裂——五谷道场的高潮刚开始，还没来得及回味，就开始落幕。

五谷道场，成在赌，败亦在赌：资金链断裂、供应商货款、广告费拖欠、固定资产投资陷入空转境地。

资金链断裂的中旺集团的失败，是否意味着五谷道场非油炸方便面的失败呢？五谷道场品牌的创立者任立，用《概念传奇》一书表达了对“非油炸”这一概念价值的坚持，五谷道场的故事很大程度上，因为这本著作及接盘者中粮，继续挑动市场的神经。

“非油炸”是否可以创造一个概念的传奇呢？

人类是个奇怪的动物，所谓更健康的产品都似乎不被待见：烤而不炸的汉堡王，敌不过不健康的肯德基油炸食品；更健康的农夫山泉天然水，敌不过没有任何营养元素的纯净水。即使在最讲究品质，也是方便面（包括非油炸）发源地的日本，非油炸也不是主流。

五谷道场“颠覆”油炸方便面的雄心壮志，看来输在了不可解的“人性”之上。这不是玩笑话，而是一种无奈：帮助五谷道场砸开尝新消费缺口的更健康、更有文化的“神奇概念”，未必能够维持消费者的重复购买、惯性消费。反而是康师傅“就是这个味”、“这个味对啦”能够维持一个200亿元的品牌山头。

王中旺是小马拉大车，雄心大过资源，才导致五谷道场的失败；接盘者中粮是大马拉小车、资源经得住任何雄心，为何也没有让五谷道场起死回生呢？

中粮为什么未能拯救五谷道场？

中粮接盘后首战失利的原因，与五谷道场的成功原因一样简单：复杂化，把简单的事情复杂化。就是一句话，中粮接手五谷道场后，希望先对五谷道场进行彻底的改造，将五谷道场改造为符合中粮原则的“产业链，好产品”——中粮的战略错误就在于这一点。

五谷道场在营销里采用了颠覆性竞争策略，指望用概念“绝杀”对手，甚至以油炸致癌为恐吓诉求，这些夸大非油炸产品性能的宣传，缺乏科学依据，是五谷道场营销的乱流。后期（2007年）五谷道场产品质量出现原料品质下降、口感不稳定等现象，是中旺集团资金链紧张、供应链、生产管理失控的乱流。

这两大乱流，中粮确实应该进行改造，甚至进行脱胎换骨的改造。但中粮的错误在于，将乱流当成了五谷道场的全部，对五谷道场的过去全盘推翻，希望用“新五谷道场”重回舞台。

这个想法似乎有道理，却是一个错误的战略：对于任何产品来说，市场的空白期过长，等于重新启动市场。中粮的美意撞上了市场“南墙”。

笔者在另一本书《产品炼金术》第七章《创新化产品智造方法》里指出：“2008 年，中粮收购中旺集团及其五谷道场，2009 年中粮试图重新推出五谷道场。新五谷道场却在市场的等待中一拖再拖，最后中粮自己出来澄清是因为产品研发人员在对配料、口感进行反复试验、升级，希望做出一款真正的‘好产品’。”

这是一个不妙的信号，说明五谷道场的新经营者将简单事情变复杂了，或者说落入“完美产品”——通常是“技术完整性”工程师文化作祟——的迷魂阵。中粮的新五谷道场，最终也没有给市场带来新的惊喜，这个产品难以重回上市时“改天换日”的豪情气象。

中粮在正确导向的前提下，进入了市场误区，不难看到中粮接手后的战略失误导致了一系列战术错误：

时间：产品冷却时间过长，从 2009 年 2 月接盘，2011 年初才推出产品，消费者是善忘的；更重要的是从市场角度看，如果是重新启动市场，问题产品的重生概率，往往还不如新创品牌。

产品概念：中粮版五谷道场，弱化了非油炸概念，突出口味创新与自然健康，产品差异化特性弱化，陷入方便面产品同质化的红海陷阱。

广告：新五谷道场由剑拔弩张变成温良恭俭让，媒体投放力度、媒介组合、广告与公关配合等都是温水煮青蛙，没有新气势、新气象。

中粮在百度百科里的五谷道场信息是“中粮五谷道场方便面源于中粮出品的优质原料及独特的制作工艺。所用面粉来自中粮产区精选小麦，经过精细研磨和十道古法和面，增强了面饼的韧性及弹性；采取热风烘干非油炸工艺，充分保留了面饼中的蛋白质和碳水化合物；调味包的食材均由中粮优质产区直接供应，有效保证了食材的新鲜与品质；采用家庭式的小火慢炖工艺，将食材的原汁原味充分释放，使消费者品尝到超越传统口味的精致美味。'封存天地好食材，释放人间真美味'是五谷道场的品牌精神，满足消费者'健康+美味'的需求是五谷道场的产品理念。"

"封存天地好食材，释放人间真美味"，从记忆度来说，无疑不敌"拒绝油炸，留住健康"，或更简单的"非油炸，更健康"。中粮唯美冗长的新五谷道场广告，也不如陈宝国说的"我不吃油炸方便面，这（五谷道场）才是非油炸的健康方便面"有说服力。

简单、直接、快速，是快消品营销的基本规律，谁违背，谁就会吃苦果。

中粮应该采取怎样的战略与战术？

现在谈中粮接盘五谷道场"应该"采取的战略与战术，有点亡羊补牢，却于总结营销成败规律不无裨益。五谷道场这个案例的价值，在于说明营销规则的客观性：违反市场规律，无论钱多钱少，都一样会失败。

中粮在接盘中旺集团后，本应以最快的速度先恢复五谷道场的销售：召回市场上所有产品，用中粮新品等量替换（以2009年2月12日中粮正式收购中旺之日推算，五谷道场的市场存货不会高于2亿元，换回这2亿元的产品等于换回中粮新五谷道场的新生命）；中粮新品延续非油炸的核心诉求，只要加上一句"中粮出品、全新品质"的品质背书即可；继续加大五谷道场的广告投放力度，支持全国分销网络的重新恢复（这一目标就足以支撑新五谷道场突破10亿元销售额）——一句话，"快"字当先，"猛"字殿后，"稳"（中粮保证）字压阵。

2009年的中粮没有这种战略智慧与魄力，已经失去了一次绝地反击的机会，失去了四年的时光，仅仅挽回2亿元残缺的市场。未来的五谷道场是新生还是半死不活呢？

以中粮现在对五谷道场的营销举措看，前景堪忧。核心问题还是在于战略与战术的协同性，简要地说，一个聚焦加三个基本战术：

聚焦非油炸：非油炸是五谷道场产品差异化的核心印记，如果中粮不坚持或不想坚持非油炸，不如放弃五谷道场品牌；如果继续使用五谷道场品牌，只有走非油炸创新品类的切割路线，实现五谷道场对“非油炸”方便面的心智占位。

广告拉动水平（全国化+渠道覆盖）增长：知名度需要不断的提醒，重启市场需要更大的投放当量。中粮重启五谷道场不能走“区域滚动复制”的道路，必须走以全国化带动渠道精耕的道路，支持这条道路的，就是广告投放的力度要大，造势要充分。

动销推动：大量频繁的试吃促销线下活动，让中粮版新五谷道场重新走进消费者的视线与生活。

公关深化：五谷道场的消费群是年轻的80后、90后和00后，要针对都市化诞生的4亿年轻消费群，以“白富美+高富帅”为代言，展开公关攻势，树立非油炸高端健康品质形象。

五谷道场能否成为品牌传奇，取决于中粮的战略思维与战术素养。农夫山泉的“天然水”都能坚持下来并做大，中粮拿下五谷道场却将凤凰养成了麻雀，需要反思营销战略与战术，怎能怀疑“非油炸”里没有金矿？

但是，五谷道场还有多少时间去等待？中粮究竟会拿什么拯救五谷道场这个品牌？

第二章
产业导航

——老板如何管营销

中国市场的最大机会，已经从先发优势转移到产业掘金。

从产品营销到产业营销

在过往的三十多年里，以产品推销为中心的营销战略模式满足了这个阶段企业的核心需求。随着中国市场由产品营销竞争转入产业营销竞争，企业必须对自身所处产业的特性有清醒的认识。那么，如何实现由产品营销战略向产业营销战略的转型呢？产业营销战略模式对不同发展阶段的企业价值何在？

为什么从毫无创新的产品起家，最后成为中国食品产业各细分行业的领军品牌的企业，是没有产品优势的金丝猴、娃哈哈们？

为什么格兰仕的价格战成就了一个世界级品牌，而长虹们的价格战却使中国家电陷入低潮？

为什么国人皆知青岛啤酒是中国啤酒的第一品牌，但中国啤酒的第一销量品牌变成了华润雪花？

根本原因是市场的竞争已经由产品营销的竞争转入产业营销的竞争，由终端、顾客的要素竞争转入产业竞争、全价值链竞争。这就要求营销战略模式的转型：传统的产品营销战略只能解释及指导企业静态的、内部的要素优化，缺乏对持续增长背后的真正规则即企业成败决定因素——产业结构的洞察。

中国营销从 4P、4C 到 6P（顾客、价值、产品、渠道、传播和品牌）等各种理论，其立基点都是以企业为中心的封闭式要素规划与优化。这种以产品为中心的营销战略模式，是中国企业普遍采用的营销组合方式。理论上虽然有将中心位置的“产品”换成“顾客”、“价值”、“品牌”等，但只是着眼点或视野不同，战略导向的自闭性并没有本质的区别（具体如图 2－1 所示）。

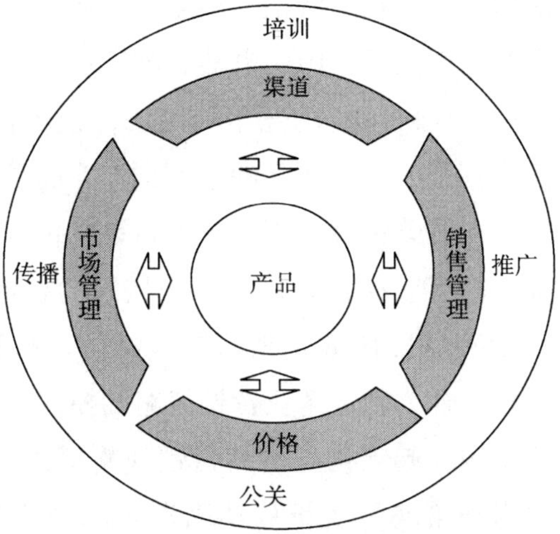

图 2－1　最常见的企业营销要素组合图

中国改革开放只有三十多年，产业仍然处于“爆发性恢复”发展阶段，在这个阶段，成功企业的最大共性是快速把握机会、优化内部要素效率。产品营销战略模式正好满足了这个阶段企业的核心需求。而现在，中国市场已经进入竞争激烈的复杂阶段，一场发生在所有产业里的以产业主导权（资源供给权、产品定价权、市场份额、客户端等）为目标的竞争已经开始。

在产业竞争大潮下，注重内部要素优化的产品营销战略模式，已不能适应新的竞争形势的要求，需要新的营销思维与营销方法论，即用产业营销战略模式来指导企业成功参与未来的市场竞争。

什么是产业营销战略模式

以产业市场为起点的营销战略模式，不再单纯地以传统的 STP（细分－目标－定位）为核心构建企业战略体系，其思维方向需要进行 180 度大转弯。

格兰仕在微波炉行业，娃哈哈在饮料行业，蒙牛在液态乳业，如家、锦江之星、汉庭、七天在经济型连锁酒店行业，华润雪花在啤酒行业，双汇、雨润在生猪产业链，国美电器、苏宁在家电零售产业，当当网在图书零售行业……中国市场的竞争关键词已经不再是产品、品类、顾客、促销这些产品营销战略模式下的热点词汇，而是产业。

以产业市场为起点的营销战略模式，不再是以传统的STP或者以某一竞争要素（产品、顾客、品牌等）为核心构筑的企业营销战略体系，而是需要通过对产业现状的研究，判断产业结构、趋势、驱动力等特点，再与企业实际相结合，制定企业营销战略的模式。简单地说，就是以客观现实的产业结构为起点构建的新营销战略模式，包括三个步骤：市场洞察、竞争要素与策略（关键成功因素）和构建商业模式（协同性与创新），具体如图2－2所示。

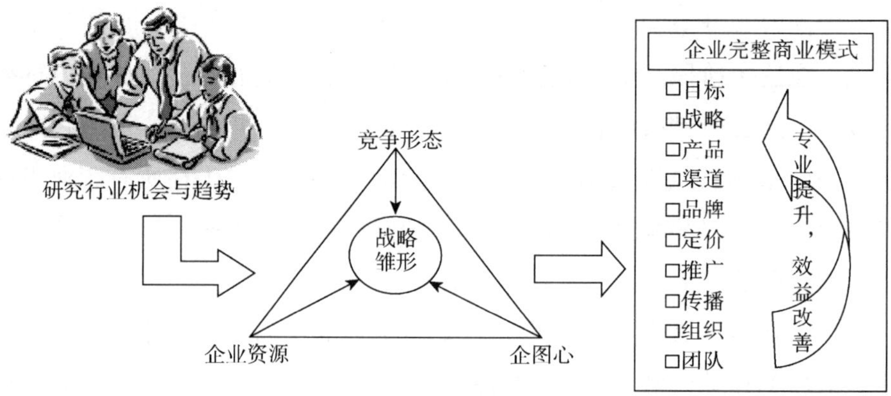

图2－2　新营销战略模式的方法论路径

由此，企业制定营销战略的思维方向需要进行180度大转弯——中国企业必须对行业市场特性有清醒认识，对不同阶段的企业战略重心有准确判断，才能展开有效的市场营销战役，突破快速做大的规模瓶颈。其基本方法是：中国企业需要以对行业所处阶段、趋势及本企业的发展定位的判断为核心，依据不同市场下的关键成功要素与核心增长引擎，重新配置企业资源，形成战略蓝图，并围绕这个基本战略构建运营操作系统。

中国市场以顾客、价值、产品为中心的“封闭”营销战略模式已经走到尽头，“由外致内”的营销战略，才是驱动企业增长的强劲引擎，更是争夺行业第一品牌的法宝，我们称之为产业营销战略模式。

产业营销思维对企业的价值何在

与传统的产品战略营销模式可以为所有企业提供方法指导一样，产业营销战略模式并非规模企业的专利，可以为所有类型的企业提供帮助。具体来说，对于从无到有的创业型企业、由小到大的成长型企业、由弱变强（包括争夺行业第一位置）的规模型企业，即企业三个关键发展阶段的增长问题都具有战略指导性。

产业营销战略模式的三段论，是一个完整的运作过程，三个阶段的关键词是市场洞察、竞争要素与策略（关键成功因素）和构建商业模式（协同性与创新），对于任何一个成功企业都不可或缺。值得注意的是，这三组关键词也可以单独对不同发展阶段的企业发挥“战略性作用”：创业企业更加需要市场洞察，成长型企业更加需要优化竞争要素，规模型企业一定是企业战略与商业模式协同性做得最好的。

第一阶段：从无到有。

今天的产业机会不是更少，而是更多了，可以利用的资源也更多，只是把握机会与资源的要求变得更高了。从产业的视野看产品，才能发现传统产品思维模式下看不到的大商机。

创业企业的起点无非是两个：创新或模仿（山寨）。现实中，创造商业价值的发明更多的是应用创新，而且模仿者的应用创新同样具有商业价值。

有人说，中国企业的模式其实都是西方尤其是美国商业模式的翻版。说得没错，但是只说对了一半；另一半事实是，在中国市场，中国的模仿者都比学习对象更加成功，如学习美国 Expedia 模式的携程、学习 Google 的百度、学习 eBay 的淘宝、学习 Land’s End 的 PPG 以及 PPG

倒下后的继承者 Vancl。

这些模仿成功者、后发制人者之所以成功，是因为这些企业在创业之时，无一例外都对某种新技术、新模式所要服务的顾客、市场、竞争等有深入洞察。这些商业洞察，主要分为六大类别：顾客洞察、竞争洞察、行业趋势洞察、企业能力洞察、增长引擎洞察和商业模式洞察。具备产业营销思维的创业者，通过对市场表象的行业本质洞察，发现了让自己的企业实现战略增长的大商机。

举两个例子，一个是新经济的，另一个是传统产业的。

马云创立阿里巴巴时，配套环境并不比 8848（电子商务平台）强多少。但马云对于电子商务驱动力的认识超越了同行，他认为，“电子商务 = 鼠标 + 水泥”是一个错误概念，电子商务在早期必须基于买家与卖家的价值需求：对于买家（网购者）这是一个省事、省时间的“看货”渠道，对于卖家（网商）则是一个低成本、低风险的渠道投资。当网商、网购者规模增大并产生依赖的时候，电子商务将回归其作为一种便捷交易渠道的功能。

当 1999 年马云与外经贸部合作的 EDI（电子数据交易系统）失败后，马云看到了 EDI 平台本身在中国进出口贸易中的巨大作用与潜力，这就是降低交易成本、减少采购双方的搜索时间等，同时中国庞大的制造业与同样庞大的国外买家之间需要一个互相认识甚至交易的平台。回到杭州的马云，创立了阿里巴巴。阿里巴巴的发展历史表明，马云抓住了电子商务的互联网本质：信息海洋、低成本传播和促进交易。

2002 年史玉柱重新创业，选择了声名狼藉的保健品行业，其产品“脑白金”与当年的巨人脑黄金虽然名称相似，但是目标顾客已经转变，当年脑黄金的目标客户是学生。即使在今天回过头看脑白金的产品设计思维也令人惊奇：史玉柱怎么就发现或确信中老年“失眠”人群这个市场里存在机会？这一切，源于史玉柱对目标顾客生活形态的洞察，特别是对保健品行业“生命线”的认识。这不是简单的产品营销思维，而是一种产业营销战略思维。后期史玉柱进入网游，也是这种产业营销思维的体现。

看似在模仿（马云）、看似很寻常（史玉柱），这些获得大胜的企业（品牌）在其创立之时，从一个与众不同的洞察开始，设计完整的商业体：品牌名称、产品形态、销售渠道、客户开发策略、传播推广策略和组织团队等，最终这个商业体长成参天大树。

洞察是从平常的商业或生活表象下面，发现一座“金山”的矿脉。实际上，大部分商业洞察可以从一个有效的逻辑与方法中开始，即运用产业营销战略的思维，从研究准备进入的产业开始，思考这个产业的结构、特点、趋势、关键要素等，而不是只盯着自己的产品。

从产业的视野看产品，才能发现传统产品思维模式下看不到的大商机。今天的产业机会不是更少，而是更多了，可以利用的资源也更多，只是把握机会与资源的要求变得更高了。不再是胆大者成功，而是具备产业营销战略思维者更有机会成功。

第二阶段：由小到大。

渡过创业期的企业，如何快速做大，如何跑得比对手更快一些？

传统营销模式推崇水平增长（扩大销售范围、渠道、目标人群），但是产业营销模式认为，在成长性产业里，只有懂得垂直增长、并购增长的企业，才能在同质化的市场中脱颖而出。竞争要素的判断决定了企业的资源投向，资源投向决定了企业的竞争优势，竞争优势最终加强企业的资源优势——这就是强者恒强、弱者愈弱的内在机理不是由于市场的原因，而且源于企业在关键竞争要素上的准确判断与持续投入。

糖果行业的金丝猴，其很多产品都模仿了同类糖果企业。但是金丝猴做了中国其他糖果企业都没有做的事情，即最深度的渠道精耕和市场下沉。为此，金丝猴致力于建立超强的执行力：设置了中国糖果行业里最多的直销办事处，对办事处一线经理有薪资激励政策、高频度的会议培训、标准化的分类型终端运作指导及 KPI（绩效考核体系）。

饮料行业的娃哈哈也没有特别创新的产品，但是娃哈哈有着中国饮料行业最强大的渠道运营能力，而且是二级、三级、四级市场的运营能力。同时娃哈哈依据饮料销售半径广泛建厂，缩短了物流等远程销售成本。

金丝猴、娃哈哈都准确地认识到：中国食品产业的关键竞争要素是渠道，不是产品，更不是品牌。把握住这个关键竞争要素，才能成功。

格兰仕案例极端地反映了抓住关键竞争要素的战略价值。格兰仕的价格战看似简单，但事实证明，价格战是格兰仕在产业战略高度下制定的“杀手级”战术手段。格兰仕看到了中国制造成本优势下的大商机，采取大规模 OEM（贴牌）的方式吸收国外产能，主动抓住西方产业转移的机会，以低成本、高品质的优势完成国际微波炉产能的转移。同时，积极自创品牌、渠道及国内消费市场，以低价催生了中国家庭的电磁化消费习惯，从而掌握了微波产品市场的主动权乃至主导权，击退了来自多国（日本、韩国等）品牌的高、中、低价位的多路进攻，最终掌握了国内、国际两个市场的主导权。

格兰仕抓住了规模化趋势下的行业本质：没有足够的市场份额，一切现有的成果都是刹那芳华。格兰仕的胜利，是产业营销战略思维制胜的典型代表。中国彩电业的长虹、康佳、TCL 等发动的价格战，也是在市场份额第一愿景下企图称霸市场的行为。但企业忽视了彩电行业的本质是新技术对落后技术的淘汰。没有技术创新“制空权”的消费电子企业，根本没有资格去完成行业的整合。

行业领先者如果在关键时刻转变竞争策略，那么将失去在规模市场的领导地位。娃哈哈、格兰仕们在行业混战的时候，迅速明确了超越竞争对手的关键竞争要素——金丝猴、娃哈哈的渠道而不是创新产品及品类，格兰仕的价格、产能，而不是品牌、渠道，并在这些关键竞争要素上投入大部分资源，最终一骑绝尘、成为行业翘楚。

通过以上案例，我们需要明白把握关键竞争要素的战略思维秘诀的重点并不是营销的体系与完整性，而是合乎增长逻辑的围绕“关键按钮”的竞争要素组合与创新。而各阶段企业的增长引擎有所不同：原始积累主要依靠产品驱动、渠道驱动；二次创业需要进行战略革新，再造商业模式；大成之道在于实施组织变革、品牌驱动。

不同行业、不同的企业发展阶段，关键成功因素（KSF）均不相同。需要针对性地规划企业不同发展阶段的增长引擎系统，即在产业营销战略导向下，根据企业发展的不同阶段，确定增长引擎，选择关键点火按钮。成长型企业如果在行业市场规模放大的时候，缺乏对产业市场的研究与判断，尤其是不能从产业的高度理解现实的竞争，而是陷入企业内部产品群、管理效率的优化，那么即使身处高增长的行业，也将难以超越竞争对手，甚至会被后起之秀反超。

第三阶段：由弱变强。

在行业第一位置的争夺中，决定高手较量结局的，是企业战略与商业模式的内在协同性。如家、联想、格兰仕、美的成为行业老大，都不是因为营销效能的优化，而是它们构建了基于产业战略的商业模式协同。

实现了初步规模化的企业，为什么很多企业会在一个销量水平徘徊不前？为什么有的企业年增长速度超过行业平均水平却仍然失去行业第一的位置？

关键在于，能够持续增长并最终成就行业第一的企业，必须具备商业模式的协同性。也就是说企业的资源配置、品牌和产品架构、组织架构及人力资源等，必须与企业的核心战略目标相匹配。这个核心战略目标就是企业依据产业营销战略模式，对于行业的未来结局和关键驱动力有清晰的判断，然后在此判断下重新调整并坚持企业的商业模式。知道自己要去哪里，所有的资源都为这个方向加力，而不是随意改变方向，这就是基于产业战略的商业模式协同，具体如图 2 - 3 所示。

截至 2005 年，青岛啤酒（以下简称青啤）一直占据行业第一的位置。2006 年华润雪花第一次超过青啤，2009 年，雪花啤酒销量超过青啤 200 多万吨，形成了第一与第二的规模门槛。青啤为什么输掉了由自己发起的中国啤酒行业整合的竞争？不是因为资本或背景，而是因为战

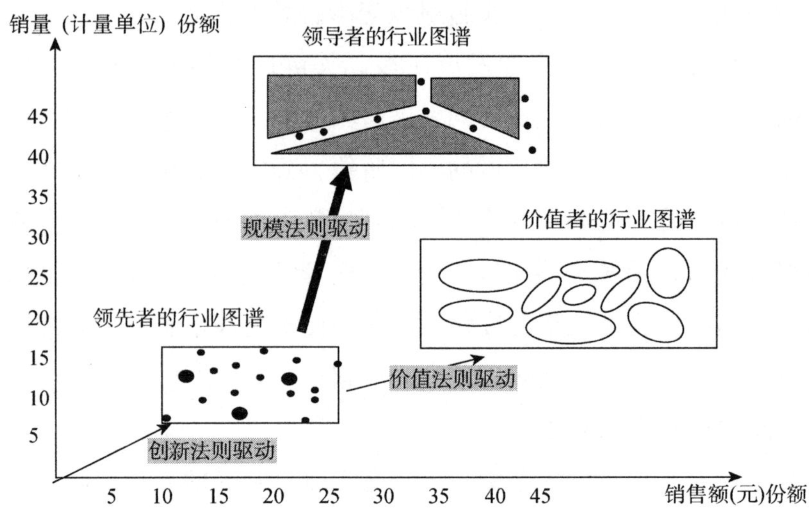

图 2－3　行业演变的三个驱动力与方向

略及商业模式协同性才是决胜的根本原因。

就中国啤酒市场来说，青啤的定位是中高档，雪花的定位是主流。中国啤酒虽然逐渐从低价值市场里脱身，中高档市场也在快速增长，但相比主流市场的规模而言比例很小。显然，对于争夺规模主导权来说，定位主流的企业比定位中高档的企业更具有战略优势。

青啤品牌定位与产品定位（即品牌架构）的失调，对于青啤的市场整合构成了困扰。青啤先确定了以中高档酒为核心的品牌战略模式，在其收购兼并的市场采取了“青岛品牌＋区域品牌（山水、汉斯、崂山）＋地方品牌”混合的品牌组合模式，却忽视了自己的品牌定位是否与中国啤酒产业的趋势相吻合，这是青啤并购“吃进来消化不了”的根本原因。

华润雪花则从一开始就制定了强势攻打主流市场、推进雪花全国统一品牌、限期压缩地方品牌销量的策略。华润雪花的高空传播投放实现了最大限度的区域共享，对于主流品牌的狂飙突进发挥了推动作用。华润雪花“后发先至”地成为中国啤酒产销量第一的品牌，是因为其营销战略（以大众主流酒为核心的战略及商业模式）符合中国啤酒市场的主流化趋势，从而形成资本驱动与市场（销量）驱动的良性互动。

2010 年上半年，美的空调及零部件业务营收 258.55 亿元，格力空调营收 229.72 亿元，后起之秀美的在空调这个被认为是夕阳产业的红海市场里，划出了一道靓丽的风景线。美的的成功同样是其商业模式协同性的成功。美的从小家电起就建立起了自己的商业模式：轻松生活的品牌理念、高性价比的产品、和谐的厂商一体化渠道策略等。美的品牌形象的亲和力、产品工业设计的舒适感，特别是高性价比，为美的产品赢得了口碑。美的今天的成就，是积 20 年之力构建起的和谐商业模式的自然回报。

综上，决定“高手较量”结局的，是企业战略与商业模式的内在协同性。如家、联想、格兰仕、美的成为行业老大，都不是因为“竞争要素体系化”或者“营销效能优化”，而是它们构建了与营销战略匹配的、符合产业格局转变关键驱动力的协同化商业模式。

【案例 2】朝阳行业里的侏儒企业

如佳集团是一家发源河南某地级市的区域性企业，以一次性卫生护理用品为主业，主要生产卫生巾、卫生护垫、乳垫、婴幼儿纸尿裤、成人护理用品及高级生活用纸等多系列产品。自 1994 年成立，在河南市场精耕了十几年，成为当地数得上的区域品牌，销售额一度突破了 2 亿元。

从 2008 年开始，管理层认为单做河南市场已经不足以稳步发展了，为了在未来的竞争格局中占据一席之地，如佳集团需要从本土跨省冲关，推向全国市场。

集团高管讨论的焦点就出现了：是集中兵力先在一个省试点运营，还是分散资源去各省找市场机会？常务副总林田认为先集中兵力在一个省试点运营比较好，林总是2009年夏总从大企业里挖角过来的，夏总认可他的建议，于是拍板决定：将上海作为核心市场，集中资源进行开发，并最终以点带面进入全国市场。

2010年年底，如佳集团确立了它的全国市场战略布局，将公司总部由河南搬至全国经济最发达城市之一——上海，成立上海如佳集团。如佳集团发起了高调但不张扬的跨省冲关行动。

2012年2月，夏总面对最新的财务报表心情极其郁闷：2010年销售数据增加有限，2011年开发新市场的管理成本增加，销量已经连续两年停滞不前。

夏总的困惑：是我们目前的执行方法不对，还是刚开始的选择就是错误的？我们首先要弄清这个问题。如果是方法问题，我想营销部门的同事有必要集合一下部门一线人员的意见，拟一个符合上海市场的推广模式；如果是战略问题，那么集团整个战略规划有必要重新调整。

如佳集团的问题是什么？如果你是夏总，你会如何抉择？

如佳集团的状况在中国企业里具有一定的代表性，用战略的语言说，是二次创业碰到了瓶颈，用战术的语言说，是区域品牌外埠市场复制不成功，但正如夏总已经隐约感觉到的：企业面临的不是简单的战术问题。

换位到夏总的角色上，可以体察到他心绪的脉络：2008年提出进军大上海时必然豪情满怀，投资建厂不说，还抽调了精兵强将开拓上海市场。两年过去了，上海市场的销量没有上去，销售成本却在大幅增加，再这样消耗下去，河南市场赚的利润，都要被上海市场的亏损吞噬。

真正的问题是什么呢？我们将如佳集团放到其17年的企业创业史（1994—2010年）与所在的卫生巾产业格局里考察，从以下三个视角洞察如佳集团的真正问题。

问题1：如佳集团究竟是一家什么样的企业？

如佳集团最高峰仅2亿元的销售额，在中国卫生巾411亿元的产业规模（2010 年）里是非常典型的区域小品牌（前 20 位最低门槛是 2.5 亿元），卫生巾市场年平均增长率约为 8%，如佳集团似乎是实现最高 2 亿元后（或许是决定进军上海之前的 2007 年），销量增长即告停止。要知道，如果一家企业的销售增长速度低于行业平均增幅，那实际上就是在倒退，何况与自己的销售最高峰比都在下滑。也就是说从行业角度考量，如佳集团实际上是一个早熟的侏儒型企业。

问题 2：如佳集团的外部扩张战略是否正确？

如佳集团在 2008 年才想起要进行外埠扩张，而且选择了中国最具品牌消费倾向的上海作为目标市场，同时，如佳集团在上海市场的操作过程是先郊县后城区、由外向内渗透的策略，这个策略与当初如佳集团的外埠扩张战略的目的——通过产地效应来提升品牌影响力，然后集中资源开发上海市场，将其作为试点区域，如果成功，则可以向全国市场辐射——也是矛盾的：如果是为了获得产地背书效应，就应该像糖果行业里的金丝猴一样，取上海之地利，向全国扩散，而不是集中资源开发上海市场。

此外，集中资源在上海市场打造样板市场，是选择了一个品牌最不能借势产地背书的市场——上海消费是全国出了名的“崇洋保守”（即喜欢跨国品牌，钟情本土老品牌），如佳集团选择上海做样板市场，岂不是挑了最硬的骨头啃？

问题 3：如佳集团操作上海市场的手段为什么不灵了？

如佳集团在河南的成功是市场下沉、渠道精耕和持久努力的结果，相信如佳集团在河南市场实现了全渠道（从本地 KA、超市到杂货店）的覆盖，如佳集团在河南市场销量稳定，实际上是有品牌支撑的。

选择上海郊县作为主攻市场，看似也是与河南市场起家时一样，以三级、四级市场做发力点，但忽视了如佳集团在河南市场做了 16 年品牌这个似乎很虚“软支撑”，仅靠在三级、四级市场、传统终端的操作，而没有高端势能（KA 卖场 + 软硬广告）的支撑，即使靠老业务的勤奋铺货，也不能解决产品的动销问题，必然陷入市场僵局之中。

上述三个问题的解析说明，如佳集团面对的不是企业问题（这类战术上的问题任何企业任何时候都存在），而是由于战略与执行都出现了偏差及错位，滑向了问题企业。

如佳集团现在处于分岔口：它或者继续在无底洞市场消耗资源，或者尽快摆脱僵局，在变成死局之前抽身而出。在提出建议之前，我们简要阐述一下在卫生巾行业立足的基本战略。

卫生巾行业是一个什么行业？是否是一个成熟的、缺乏新增长点和巨头垄断的低附加值行业？

答案是否定的。中国卫生巾行业面对全球最大的消费市场，每年3.6亿人群、潜在需求规模达650亿片、没有淡旺季的永远朝阳产业。

当前前5位品牌点据了约60%的市场份额（以销售额计），前20位的市场份额之和约90%，剩下的10%即40～60亿元的市场空间，由全国近2000家（一说1000多家）大小卫生巾企业争夺。

看似行业集中度很高，其实不然。与啤酒行业相比，卫生巾产业的集中度并不高，主要是卫生巾大品牌并不像啤酒企业那样，采取异地并购或设厂的方式进行扩张，啤酒行业过去10年的并购，使中国啤酒企业从1500家下降到500家，啤酒行业集中度的杀伤力比卫生巾行业显然大得多，这就是卫生巾行业近2000家中小企业并不会快速消失的原因。

上述这个产业局面对如佳这样的企业来说意味着什么？

如佳集团没有进入TOP20，算不得全国或区域品牌；如佳集团真实的销区实际上只有河南一省，2008—2010年的异地扩张战略又出现错位。在这样的局势下，再谈全国市场战略，未免有点浪漫——如佳集团已经失去了多次晋级区域或全国品牌的机会。

未来的战略需要从以下三个层面考量、决策及执行：

第一个层面，公司经营战略调整，实现正向现金流。

如佳集团必须回到起家的成功之道——聚焦省区市场，以一级、二级市场的品牌影响，支持三级、四级市场渠道精耕的基本经营战略，这才是聚焦资源，即选择与河南市场消费特点较为接近的河北、湖南、湖北和安徽等省份，打造新如佳的销区市场，建立区域品牌地位。

在此战略下，上海已经建立的营销总部、生产基地及产地背书，均应保留，但应减少上海的生产量，将生产基地放回河南平顶山，减少人员及生产成本。上海基地可以转变为物流仓库，或者视情况将部分物流仓库出租，不使资产闲置，获取现金。

第二个层面，产品创新，品牌活化。

卫生巾行业的中小企业，往往被强势品牌"催眠"进入巨大的思维误区，即在向大品牌学习的标杆思维下，竞争手段完全同质化，这正是大品牌希望看到的事情——"小敌之坚，大敌之擒"（《孙子兵法》），即小企业向行业标杆学习（很多时候是挖来行业领先企业的职业经理人），看似实现了规范化，实际上却是跳入自己挖的坑：广告策略、TVC 制作、媒体策略、产品研发、价格涨落和促销手段全面同质化，短期似有效果，长期来看都是毒药，必然容易被领先者剿杀。

如佳集团这样早熟甚至已经跌入"壕沟"的品牌，必须树立与领先者不一样的"逆向思维"，才能实现"错位竞争"，即用概念化产品对抗大品牌的大品类、以创新产品冲击波对抗大品牌的形象力、以销售人员的勤奋真诚对抗大品牌的正规流程等。

具体来说是走"借产品不断创新的品牌打造"路线。卫生巾是一种体验性消费产品，女性 14 ~ 49 岁人群具有无穷无尽消费细分的空间，可以通过聚类分析、新材料（包括添加物）和消费者心理分析等进行大量的"概念化产品"的创新，更好地让如佳产品被目标市场的消费者接受——啤酒营销里的"口味本地化"诉求策略，可以被应用到卫生巾区域品牌的打造之中。

重要的是，如佳集团必须不断制造产品"热点"，尤其是与实际销售区域内消费者沟通的特殊产品，如化妆品里佰草集的植物概念、牙膏里高露洁的防止蛀牙概念等，这类产品往往是大品牌鞭长莫及的，这是一个非常重要的产品战略。

从宣传角度看，可以宣称植物化妆、防止蛀牙等是一个新品类，但企业要明白，本质上这些不过是一个产品的USP（独特销售主张），产品必须有“创意”并“占住”这个USP，比空洞地宣称代表或开创某个新品类更务实。

第三个层面，销售推广、聚焦突破。

如佳集团选择了二线省区的三级、四级市场做主战场后，竞争对手就是当地的小品牌，也就是说，那些主要依靠低价格、粗制滥造的小微企业。如佳集团要做出一线品牌的阵势及声势，集中广告、人员等资源，对三级、四级县镇实施强攻，全面霸占当地分销商、零售终端和消费者的心智。

对于各地级市及其三级、四级市场，要采取背水一战、全面轰炸的销售策略，以创新产品与成熟产品的组合，消费者促销、终端促销和分销商促销联动，以闪电战手段快速建立品牌影响力。同时，将上述三级、四级市场的市场操作模式及时总结，进行复制。

此外，需要注意的是营销费用的使用方向与效益。如佳集团在卫生巾行业，是一家实现了初级规模化的企业，年度营销费用也只有5000万元（按25%的最低标准测算）左右，如何花好这笔钱是需要战略考量的事情。这笔钱，与行业TOP20的年度营销费用比起来，是杯水车薪，但对如佳集团来说，可以说是救命强身的血汗钱。

总体来说，如佳集团需要按照以下优先顺序，规划这笔营销费用：第一，与提升一线执行力有关的费用，如销售人员激励奖金、销售竞赛、销售会议和培训等；第二，与新产品研发推广有关的费用，含新品策划、广告创意、包装设计和助销物料等；第三，促进与三级、四级市场渠道分销商关系的费用；第四，大型零售终端消费者促销费用。

总之，如佳集团这类的企业必须有凤凰涅槃的勇气，改变“侏儒企业”的战略僵局，开阔视野、解放思想、回归早期创业激情，才能在卫生巾这样一个永远的朝阳产业里，确立自己的市场及行业地位。

第三章 减法剃刀

——老板如何管营销

加法是能力，减法是智慧。

什么是减法营销

减法营销不是减少营销。减法营销战略可能导致对企业的商业模式的重组，对赢利模式创新更加重要，是企业战胜通胀、保持市场领先地位的战略工具。

听到减法营销，第一直觉就是做减法：减少产品数量、减少服务项目、减少营销费用、减少营销人员、减少经销商数量和减少终端数量等，与加法营销所蕴含的内容恰恰相反。加法营销可以表现为上述营销层面的增加、扩张，但减法营销却并不只是上述内容的减少，“减法”营销并非“减少”营销，减法营销固然包括减少营销，但减法营销的内涵却比减少营销丰富与深刻得多。

（一）会产生导致行业结构性改变的力量

减法营销从顾客效用角度的减少有时意味着新市场、新品类、新机会和新企业战略定位。比如以如家、锦江之星为代表的中国经济型连锁酒店行业，通过减少大堂面积、减少酒店附属设施、减少房间内部装饰和减少房间面积来降低成本吸引客人，这些减法的背后是经济型酒店对目标顾客效用的洞察：普通商旅客人需要的只是一个洁净、安静的睡眠（一张舒适的大床），随时随地的热水澡（个体旅馆欠缺的）和网络接入。经济型酒店通过对顾客效用的减少，实现了创造新产品和新的细分市场，甚至诞生了一个新的产业。

我们在此将基于顾客效用的减法营销阐述得更全面一些，这是减法营销作为一家企业经营战略手段的核心价值。蓝海战略里提出了一个顾客价值创新的四项行动框架模型，其中“降低”（哪些因素可以降低至远低于行业标准）和“消除”（产业内哪些习以为常的因素可以予以消除）两项行动，就是减法营销所包含的内容（如图 3 – 1 所示），中国经济型连锁酒店的兴起也验证了蓝海战略四项行动框架的有效性。

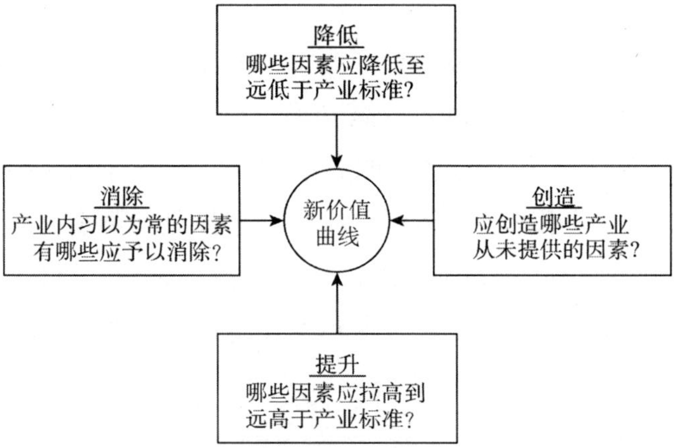

图 3－1　蓝海战略四项行动框架图解

需要注意的是，蓝海战略的减法营销更加强调对产业“标准”和行业“惯例”的颠覆，从而创造出新的品类市场，与那些随意找到一些产品差异就宣称创造新品类的“品类泡泡”有本质的不同。

比如蓝海战略里列举的黄尾（Yellow Tail）葡萄酒，打破了传统葡萄酒的品饮惯例，大胆调整葡萄酒的产品口感，不采用葡萄酒惯例的橡木塞，而使用开启方便的旋转铝盖，使黄尾葡萄酒成为一种爽口、方便、低价的葡萄酒饮品。黄尾葡萄酒对传统葡萄酒在工艺、标准等行业惯例上的减法营销，满足了那些将葡萄酒作为一个健康饮品的“非专业级”的消费者，从而实现了销量的持续增长。

基于顾客效用的减法营销公式是：顾客价值创新 =（顾客需求简化 × 急迫性优先性 × 低成本）－（技术完整性 + 不必要支付成本）。

这个公式的内涵是：以较低的成本满足最核心的需求，不追求产品技术完整性，并坚决去除不必要及低频率需求造成的成本因素。由此，减法营销得到的第一个结论是：当减法营销是基于顾客效用、行业标准、产业惯例的时候，可能会产生导致行业结构性改变的力量。

（二）可以将企业营销的内外边界打破

减法营销作为一种企业战略手段，可以将企业营销的内外边界打破，从而重塑企业的商业模式与赢利模式（如图 3－2 所示）。所谓企业营销的内外边界，内是指企业的成本、定价及赢利，外是指消费者需求、消费数量。运用减法营销可以将内外边界进行颠覆、破坏与重组，从而影响甚至改变企业的商业模式（即产品、定价、渠道、推广等组合）与赢利模式，如简单的溢价赢利模式还是规模赢利模式。

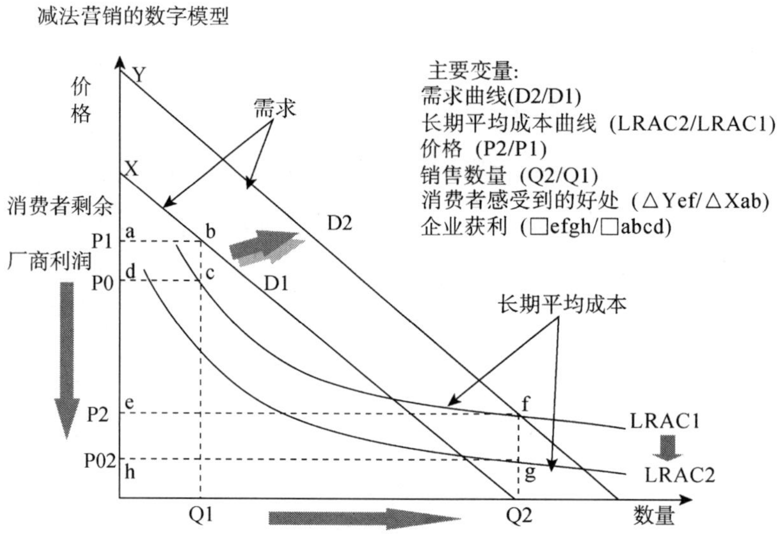

图 3－2　减法营销的数学模型

解释一下减法营销的运作过程：

如图 3－2 所示，当行业的长期平均成本处在下降（从 LRAC1 到 LRAC2）趋势的时候，可以预期的变化就是产品价格的下降压力，而这种价格下降必然造成企业利润的降低，这是对企业造成压迫的、不利的产业趋势。但与此同时发生的另外一个趋势是：由于产品成本及价格的降低（从 P1 下降到 P2），消费者剩余（就是顾客效用）大幅增长（从△Xab 扩大到△Yef），顾客的需求被有效激发（从 D1 到 D2），整体销售数量将会增长，甚至爆炸性地增长（从 Q1 到 Q2），这就是我们都体验过的行业繁荣期。

此时，企业只有一条道路：迅速扩大销售数量，不惜降低价格甚至主动发起价格战抢夺市场份额，只有销量的扩大才能弥补价格降低带来的利润损失。我们从图中可以清晰地看到，企业在价格降低、销量增长后的实际赢利比价格高企、销量较小时要大得多（企业获利从□abcd到□efgh 的变化）。

中国的家电、电脑、数码产品和通信服务等产业，即所有以普及率为行业成熟度指标的品类，受到这个减法规律的影响，企业此时的减法营销具有了战略正确性。格兰仕在微波炉产业的崛起，正是这一减法营销效用的体现。联想借家用电脑普及赢得中国 PC 规模化战役的胜利，也是运用了这一减法营销。这两个中国家电及数码产业巨头的诞生，都是得力于当年的价格战，减法营销改变了企业内外的边界，重塑企业的商业模式，这既是成功企业的经验，其实也是行业的内在趋势。

有人或许提出乔布斯苹果的案例，来说明高溢价品牌的可能性。我们需要看到的是，苹果（iMac、iMac Air、iPhone）确实靠高定价建立了品牌（甚至包括 Pixar 动画），但那一时期的苹果是另类的，企业规模也没有放大。真正令苹果如日中天的，是乔布斯的减法营销：从 iPad 开始，苹果走上了高性价比的规模化道路，迅速以低价实现普及率，再以快速更新换代维持消费者的热情。从 iPhone 到 iPhone4 用了 4 年，从 iPad 到 iPad2、从 iPhone4 到 iPhone5 都仅仅用了一年。在如此短的销售周期里，要迅速实现销量增长，靠的就是“以降低价格暴增销量”的减法营销策略。

减法营销不仅在创新顾客效用上是一种有效的方法，也是特定行业发展阶段唯一正确的企业战略，是行业内在趋势的客观要求。由此，减法营销得到的第二个结论是：内部减法（长期平均成本降低）实则是外部加法（消费者效用及支付意愿增长），外部减法（降低产品定价）实则为内部加法（赢利）。

做好减法：要啤酒不要泡沫

（一）产业链的减法营销

主要是指供应链、物流和技术研发等。比如，产业链优化并不等于产业链一体化或者产业链延伸，如中国的乳业、养猪业都出现了供应源头的危机（三聚氰胺、瘦肉精事件），但大规模地以公司养殖代替“基地＋农户”的养殖供应模式，并不可行。

在三鹿、双汇事件之后，媒体包括企业都开始向外传递“控制上游”的声音与姿态，这种“加法营销”实际是既不可行又非解决正道的方法，竟然甚嚣尘上，不禁令人为产业与企业的未来担忧：蒙牛在“三聚氰胺门”后建立“现代牧业”并成功上市，但是，蒙牛的自有奶源供应份额仍然不足15%，双汇的自有养猪供应份额更是不足5%，蒙牛、双汇有能力从一个大规模的产品制造商发展为巨无霸的养殖商吗？我们认为这个方向不仅不可能，而且危险，这种大规模的延伸，将使企业风险难以估量地放大。

显然，加法营销的产业链优化，不是正确的道路，减法营销即将有限资源投入关键价值链环节之中的产业链优化，才是正道。

（二）渠道的减法营销

渠道对于销量与赢利都有着显著的影响，传统的渠道减法是剔除高投入、低产出的分销商、终端等，我们认为在当前中国渠道结构正发生大规模变化的背景下，企业的渠道减法需要从以下两个方面去考量。

第一，要用战略思维思考线下渠道与电子商务线上渠道的组合、结构与份额比例。这实际意味着要利用电子商务渠道对传统渠道进行结构性的改造，比如将经销商变成物流商的条件已经成熟，建立全国化大物流平台的条件也已经成熟，这将大规模压缩渠道层级，并进一步强化企业品牌对消费者的影响力。

第二，发展“系统化销售”体系，即将企业的销售模式从业务员驱动转化为“系统驱动”，这是对依赖基层销售人员的传统销售作业模式的革命。

对于大企业，你可以想象一下，如果企业50%的销售订单不需要配置相应的业务代表（销售主管）也能实现，对于企业意味着什么。根据我们的测算，系统化销售即将50%的订单由呼叫中心完成，并由销售系统自动传递到物流、财务，可以减少40%以上的基层销售人员、总分销成本降低30%、销售赢利增加50%（按同等销售额计算）。

（三）赢利结构的减法营销

这是对市场份额“含金量”的优化。市场份额是一种投资，是需要花钱才能买回来的。我们强调通胀期企业的基本战略是扩大市场份额，并不是要企业盲目追求市场份额，而增加市场份额这个加法营销战略，更加需要优化市场份额结构这一减法营销武器的配合使用。

赢利结构的减法营销操作的要点是，将市场份额与企业内部的业务结构、收入结构、毛利结构、费用结构和净利润结构五个结构进行关联性分析，找出哪些业务是市场份额的核心，哪些收入与业务结构是正相关，各产品毛利与收入结构是否匹配，哪些费用与收入及市场份额是正相关，净利润结构里，哪些产品、净收入（直接收入减去直接费用）对赢利贡献最大。

将以上数据建立数学模型后，就可以分析出哪些业务、产品、费用是应该投入的，哪些是需要进行优化的。建立上述赢利结构优化系统，对企业价值巨大，它意味着，当企业参与市场竞争时，不仅可以知道对手的底牌，而且知道即将出什么牌，这种打法比盲目看自己的销量，不明就里地投入费用或不分青红皂白就减少费用，要实用有效得多。

我们可以看到减法营销对赢利模式的创新，具有战略上与运营上的重要作用。实际上，赢利模式的创新，是决定企业在经营“全价值链”环节的整体能力高过同行企业的根本，也是企业“终极”竞争力之本。对于做强核心主业（企业的有机增长），减法营销的价值巨大；对于在主业里增强赢利能力，减法营销更有“妙手回春”的效能。

【案例3】中国功能饮料市场的“虚火”与“真金”

中国发展近20年的功能饮料市场，可以用两句话概括，第一句话：草色遥看近却无。无数论证证明功能饮料是饮料消费的未来趋势，品类市场却依然只有红牛一枝独秀；第二句话：跳得很高落在原地。各种创新产品都是高调上市，惨淡收场，K可不可、激活不活、尖叫失声、劲跑摔倒。

2004—2005年，脉动带起一波维生素饮料热，被认为是功能饮料的一次热潮；2012年秋交会将至，饮料巨头们的动向让功能饮料市场再起波澜，娃哈哈启力、黑卡6小时、东鹏特饮、达利乐虎、台福充电、闽中真田等新品，引发对功能饮料未来的遐想。

尽管进入功能饮料市场的大多是中国饮料行业的顶尖企业，从资金、渠道、传播和市场运作等资源上看，都是用牛刀杀鸡，但实际的结果却令人大跌眼镜，年销量超过1亿元的功能饮料新品屈指可数，坚持销售超过3年以上的产品更是寥寥无几。

功能饮料市场就像寒热病，热一年、冷三年，冷三年又热一年。经过了20年的反复寒热病，饮料企业需要练就一双战略火眼，辨别功能饮料品类市场的“虚火”与“真金”。

功能饮料的“虚火”及其病因。

为什么中国功能饮料只结出红牛与脉动两个明星产品之果？脉动算不算功能饮料？

我们认为脉动并不能归入功能饮料品类。如果脉动归入功能饮料，那么凉茶、酸梅汤、油切麦茶、宝矿力和盐水瓶等也都可以说是功能饮料。但上述饮料的产品特性、消费动因与消费者认知状况表明，这些产品的“功能”更多是消费观念层面的概念，如将麦茶的解腻曲解为减脂肪。

脉动代表的维生素饮料，其实是介于果汁饮料与功能饮料之间的一种“营养物质饮料”，这些营养物质（维生素、矿物质等）已经被公众普遍接受，添加进饮料中并不会引起消费者对其营养功能的特别顾虑，因此，这类饮料只要解决饮料营销的两大关键要素（口感、价格），剩下的就是市场运作问题。这就是脉动持续运营8年，开始进入快速增长期的原因。

按照以上逻辑，维生素饮料（包括维生素营养饮料）品类即将迎来一场大规模扩容的浪潮：脉动在全国开始加紧设厂投产，激活、尖叫、力量帝、水溶C100等的潜伏，都有望随着维生素饮料品类的规模增长获益。维生素饮料的市场规模，将从2012年不足30亿元，在未来3~5年里快速扩张至100亿元规模容量，成为中国饮料的“新大众化品类”。请注意，是大众化饮料品类，不是高价值饮料品类。

再来看红牛的一枝独秀，就能发现中国功能饮料“虚火”的真实病因。

一个2005年销售额还只有10亿元的红牛，为什么到2011年销售额超过80亿元，七年时间里平均每年新增10亿元？红牛在这七年里的超速增长，与其前十年的缓慢增长相比，可以说“千里江陵一日还”，这是为什么？

显然，红牛的洋品牌背景、产品利益点、较早进入市场的先机、赞助拳击等力量性运动赛事、北京奥运会的举办等营销要素，并不是决定红牛在最近七年快速崛起的决定性力量——如果是，那么红牛就不用花费10年的时间才实现10亿元的销售额。决定红牛在最近七年里快速放量的因素，是红牛此前十年的勤奋耕耘（地利与人和），碰到了中国消费者需求变化的大利好（天时）。

这个天时的最核心驱动力，不是运动的普及化、2008 年北京奥运会等，而是中国私家车的普及化。每个人从其生活经验中都可以观察到，私家车主（主要是男性）是红牛的最常见消费者。

这群大众化的私家车主，无论背景如何，都有近似的生活习惯：麻将、聚餐、自驾游、熬夜等，这些生活习惯都容易造成疲劳，从而需要在开车时提神醒脑，后备厢里的红牛是提神醒脑的唯一饮料选择——这是驱动红牛销量增长的最大力量。

红牛增长的曲线，与中国私家车（或汽车）销售量曲线，呈现明显的正相关性（如图 3 – 3 所示）。2005 年至 2011 年，中国新增了 7000 万辆私家车主，以人均年消费红牛 100 元计算，就是 70 亿元。2001—2004 年新增 1500 万辆私家车，2011 年突破 2000 万辆。

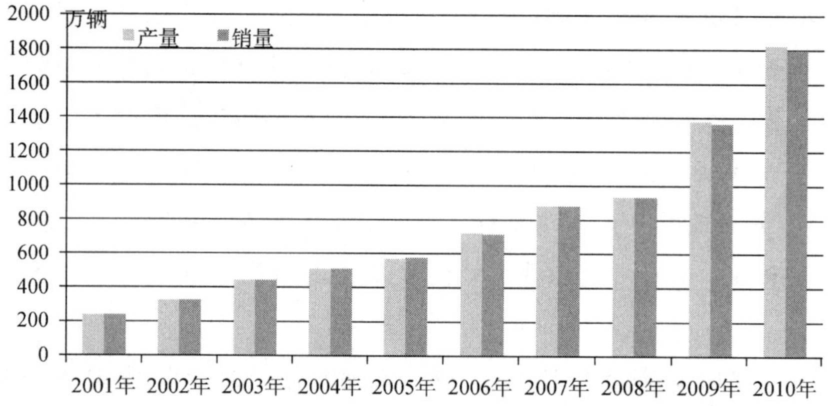

图 3 – 3　红牛增长曲线与中国私家车销售量曲线呈现明显的正相关性

对于私家车主来说，为了确保开车时不瞌睡，消费 6 元/罐的红牛（或 35 元/6 罐），与十万元的汽车及驾驶安全相比，已经不再构成消费选择的价格障碍——消费红牛获得了产品特性之外的利益驱动力。每年新增的汽车司机，成为能量饮料源源不断的真实消费者。

红牛是撞了大运的幸运儿吗？别忘了，红牛最早带着美国烙印来到中国的时候，其产品核心利益点就是：汽车要加油，我要喝红牛。

但是，在红牛为这个广告诉求烧钱的20世纪90年代中后期，中国的“大众汽车族”还没有形成。十年之后，红牛等来了中国汽车普及化黄金时代带来的连带消费热潮。

小结一下红牛大卖的关键驱动力：产品核心利益点与目标人群的有效对接。

但为何脉动推出的相同配方的V飚、雀巢的能量e却没有成为凉茶里跟进王老吉而起来的和其正呢？

检视一下V飚等的产品设计、市场运作等就会发现，这些跟进者是在按照差异化产品（或品牌）的思路在做跟进（Me too）产品，这种“策略错位”怎么能做好跟进式产品呢？

由此再看2012年即将上市的，与红牛配方及产品功能基本相同的启力、黑卡6小时、东鹏特饮、达利乐虎和台福充电等，哪一个产品像和其正对王老吉那样“借势发力”（瓶装更尽兴）打中了红罐王老吉的软肋？那些要在凉茶产品配方上玩花样的凉茶，旺旺、霸王、罗汉果等，不仅没有借势上量，反而逐渐退出了市场。用差异化思路做跟进式产品，必然失败。

因此，功能饮料品类认知的混乱、市场策略的错误、产品设计的“无脑”（缺乏策略化），是功能饮料新品失败的三大杀手。

功能饮料市场的“真金”与产品炼金术。

到目前为止，功能饮料的新进入者并没有摸到功能饮料的真金矿脉，而是在没有金矿的地方乱钻探，结果必然是“三战而竭”，很快败退或放弃。

各企业功能饮料的新品研发，带有典型技术主导性倾向，而不是市场及消费者需求导向的“产品智造”：研发新品的企业，大部分都在想当然地将自己产品的特点，强加给消费者，这样的消费者教育不是错误，而是愚蠢。

瓜拉纳、葡萄酸、板蓝花、绞股蓝、罗汉果等消费者不知是吃药还是喝饮料的产品来了，夸大产品效能，宣称减肥、预防糖尿病、兼治艾滋病的产品也来了，这些或将饮料产品效能复杂化，或将饮料变成保健药品的忽悠消费者的功能饮料，最后只会把自己忽悠进废品堆里。

要让自己的产品变成“真金”，就要掌握真正的产品炼金术。

功能饮料产品炼金术关键点1：功能饮料的品类金矿不在产品配方，而在消费者需求，即消费者利益点。

既然是饮料，永远不要忘了饮料的基本属性：大众化日常饮用，即使是特定人群、出于特定动机。对于功能饮料来说，就是要求产品的利益点必须是广谱的，而不能变成小众消费。

什么是广谱、大众化的功能利益点？简单点说，广谱功能利益点有：缓解疲劳、增强免疫力、抗氧化（衰老）、补气养血、调理肠胃（消食）、改善睡眠、瘦身（减重苗条）、健脑、润喉（护嗓亮嗓）和去火十大类；小众功能利益点：壮阳、健肾、护肝、无糖（糖尿病）、散淤（风湿）和预防感冒等。

任何一个功能饮料新产品要想大卖，必须立足十大功能利益点，将产品概念、产品特性、产品诉求、创意呈现、包装设计等，与特定的消费者需求利益点进行有效的结合，才能“智造”出一款具备持续成长空间的饮料新品。

功能饮料产品炼金术关键点2：零售价4~6元/支是功能饮料的黄金价格区间。

从图3-4可以看到，4~6元是功能饮料的价格区间，已经得到市场的接受。超过6元，尤其是到达8元及以上的功能饮料必然造成消费者接受障碍。零售价6.9元的增强型红牛，也会面临销量陪衬的境地。

新功能饮料除非有消费者非喝不可的“硬功能”，否则不要去碰7元/支以上的价格区间。对于女性调理养颜饮料，胶原蛋白、台湾的四物饮等高端饮品，则另当别论，这些功能饮料其实是保健食品。

功能饮料产品炼金术关键点3：产品概念要直接，诉求口号必须有针对性。

尖叫、激活等都有产品概念模糊、产品诉求空洞的问题，如激活的

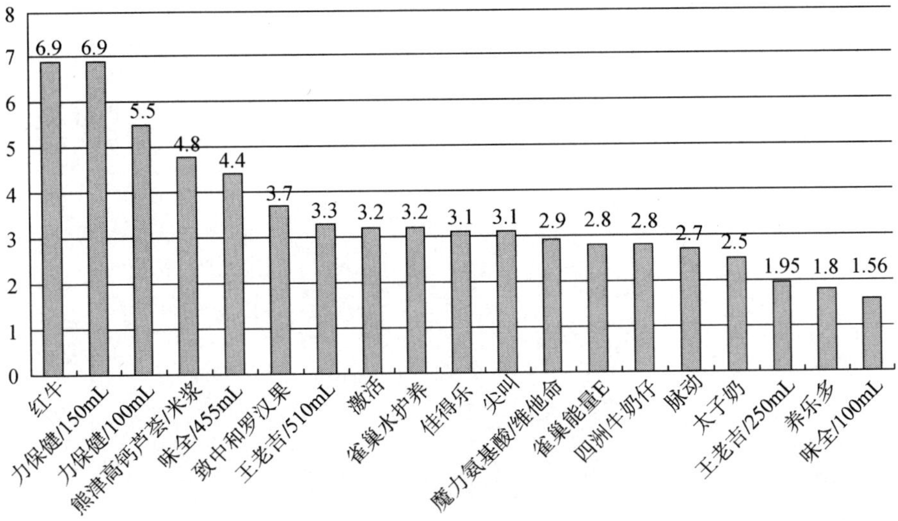

图 3－4　各功能饮料零售价格

“激发潜能，活力无限”，这是一般饮料的叫卖式品牌提示诉求策略，对于建立消费者对功能饮料的产品认可度没有价值。

产品概念要清晰，诉求口号最好赤裸裸地呈现产品利益，如“困了、累了，喝红牛”；“怕上火，喝王老吉”；“经常用脑，就喝六个核桃”等，产品诉求口号要可信靠谱，不要违反大众的认知与消费惯性，如板蓝花饮料预防感冒或增强免疫力的诉求，就很难说服消费者在有此需求时，不去直接冲泡一杯价格便宜、方便也更有效的板蓝根冲剂。

再次强调：功能饮料是在卖饮料，不是在卖疗效！

第四章
斗乱不乱

——老板如何管营销

斗乱者胜，乱斗者败。

先有竞争乱斗，后有过度营销

每一个行业，或迟或早，市场都会陷入供过于求，市场竞争都会陷入过度营销。

过度营销作为一种客观的市场现象，是行业竞争的反映，不仅对于行业地位不同的企业有不同的意义，从企业角度来说，也需要不同的矫正策略与方法。

过度营销，不能用简单的价值标准去判定这一现象的好与坏。“过度”一词本义不是与平静、适度等概念相对的负面意思，而是代表市场竞争程度的中性词。过度营销，是指行业竞争已经达到全面、激烈、频繁和复杂的程度。

过度营销意味着什么？为什么会出现过度营销？这是在矫正过度营销之前必须要解析清楚的问题。

过度营销的症状：从表象上看是市场层面的激烈竞争，从内容上看是营销关键要素的同质化，从动因上看是实力相当的企业间市场份额的争夺，带来的后果是企业经营可控性与盈利性下降的两个核心问题。

过度营销的成因、表现及后果如图 4－1 所示。

市场层面就是消费者能够感受到的竞争，在营销管理上分为线上与线下竞争。线上竞争形式有以下几种：

新品战：技术进步、消费者细分是新产品的主要驱动力，在电脑、手机、家电等行业，技术革新是新品的驱动力，汽车、住宅、服装等行业，消费者细分尤其是消费者价值观、生活形态细分是新品的驱动力。任何一家企业的新品，都会很快被对手山寨，新品研发的速度与节奏成为耗用企业营销资源最多的管理内容。

产品概念战：很多产业或品类里，产品的实质创新较慢，过度营销体现为产品概念战，在企业投入传播资源的背景下，产品概念会对消费

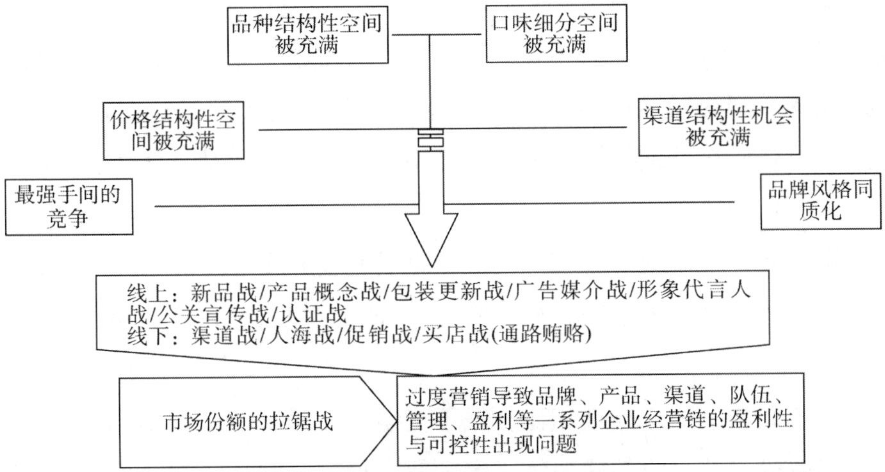

图 4－1　过度营销的成因、表现及后果

行为产生影响，结果就会变成产品概念的争夺战，如家电里的变频、智能，地板里的运动、健康，洗发水里的维生素、小麦蛋白、中药，牛奶里的时间概念（早餐奶、舒睡奶）等。

包装更新战：不卖产品卖包装，或者说产品进化小、包装更新快的行业，以中国白酒与月饼这两个行业为最盛，以至于包装成本已经远远超过产品本身的成本，这种趋势还无法遏制，行业内的企业陷入必须借助包装更新体现产品价值的漩涡之中。

广告媒介战：从央视到地方卫视的标王（黄金时段资源）争夺，现在已经不再是决定企业竞争地位的标志，广告招标成为黑马快速崛起的舞台。网络媒体（搜索引擎、门户）广告正在成为企业广告战的主要战场，2010—2011 年战火激烈的垂直 B2C（凡客诚品、梦芭莎等）、千团大战，都是在网络媒体上进行最后的绞杀。

形象代言人战：自从耐克与阿迪达斯、可口可乐与百事可乐、宝洁与联合利华等跨国消费品巨头，将签约体育、娱乐界明星作为品牌形象战略的核心以来，形象代言人本身的稀缺性成为大品牌角逐的重要战场，这种竞争成为抬高竞争门槛的主要途径之一。

公关宣传战：蒙牛酸酸乳借助超级女声的媒体公关、不喝王老吉网络营销、凡客体的病毒公关、联合利华的广告植入定制电视剧（《丑女无敌》）、依云宝宝（Live young）的网络视频创意公关等，公关宣传在传统媒体、网络乃至内容制作上的竞争有越演越烈之势。2011 年发生的蒙牛早熟奶粉网络诽谤事件、鲁花对金龙鱼的网络诽谤事件，是公关营销病态化的体现。

认证战：由于政府主管部门在认证管理上的缺失，各种“伪认证”成为过度营销的重要手段，如牙防组认证、有机食品认证、绿色食品认证等。

与线上竞争的战略性相比，线下竞争对于短期销量的影响更直接：

渠道战：娃哈哈的联销体，康师傅、统一、旺旺等的直分销复合渠道运作体系，可口可乐、百事可乐的直营渠道精耕等，编织了一个覆盖全国、全渠道类型的庞大渠道系统，其渠道强势运营能力，成为对新品牌、新产品进入市场进行包围与绞杀的工具，如康师傅在 KA 卖场渠道对方便面新品的绞杀，娃哈哈在三级、四级市场对山寨产品的渠道拦截等。

人海战：啤酒、饮料、食品等行业的深度分销，正在变成巨大的人力资源消耗战，这种人海战成为企业营销资源的主要支出，汇源、比亚迪等都经历了人海战到大幅度裁员的阵痛。

促销战：经销商奖励、进货奖励、终端导购、经销商运营补贴等成为渠道促销的常态，这一类变动营销成本占到销售收入的 15%、营销费用预算的 40%，是企业最头疼的过度营销支出。

买店战：即通过排他性的协议阻止竞品的进入，是中国式的通路贿赂，为规避监管，这种买店以进场费、上架费、陈列费、促销补贴等名义进行。在白酒、啤酒、洋酒（夜店）等行业里，这种买店成为决定产品销量大小的主要因素。

通过对以上线上竞争形式的简单梳理，可以看到过度营销是市场竞争达到高级阶段的产物。从内在要素上看，线上线下的竞争，背后是关键营销要素的同质化：市场的价格带区间、品种/品类细分、口味细分、渠道细分、品牌风格细分等核心要素，已经没有空白的结构性机会，而是被同质化的产品所充满，形成了针尖对麦芒的“战略相持性”竞争格局。

行业里的第一、第二和第三集团企业，要保证品牌的市场份额及增长率，就必须应对这种“红海竞争”的现实。过度营销给企业营销管理带来的最大问题，是对盈利性与可控性的影响，也就是说，企业在过度竞争环境下，很容易出现有销量无盈利的状况，如汇源 2010 年年报显示营销费用高达 45%，以及营销的可控性（计划性、预测性）降低，如概念战、新品战、价格战等都会要求企业及时做出反应，调整营销部署及预算。

过度营销固然带来行业营销的某些异化，如网络水军制造的诽谤宣传、伪认证带来的行业信誉损伤等，但是站在企业的角度，不管过度营销如何掀起惊涛骇浪、红海竞争如何残酷无情，企业都需要首先找到自己的应对之道，适应并且战胜这种市场乱局。

与任何形态的竞争一样，过度营销作为竞争的一种激烈形态，必然有胜利者与失败者、得益者与失利者，就是说，过度营销这种现象本身，必然对于一方是陷阱、另一方是馅饼。

虽然还没有达到完全的“零和游戏”的程度，但领先者可以利用这个乱局进行洗牌，挑战者可以利用这个乱局实现翻盘。

站在行业格局与趋势的角度看过度营销现象，可以得出不同的结论与应对方法，企业需要的不是矫正这个现象本身，而是如何在这种现实下找到使自己利益最大化的处置之道。

如何面对乱局：以斗乱，治乱斗

孙子在《孙子兵法·兵势篇》中说：“纷纷纭纭，斗乱而不可乱；混混沌沌，形圆而不可败。”意思是，战斗的形式都是纷乱混沌的，胜利者与失败者的区别就在于斗乱还是乱斗：乱斗者必败，斗乱者必胜。

这种战略思想引用到商战之中，就是说，盲目营销的企业，看对手采取什么举措，自己就采取什么举措，就变成了“受制于敌”，就是在乱斗；反之，能够看穿竞争的本质与趋势，在乱战中利用各种力量导向于己有利的结果，这就是不可败、不可乱的斗乱，甚至可以成为战斗的引导者。

重点是必须意识到，过度营销现象的背后，意味着市场正在发生结构性变局。所谓结构性变局，是指行业集中度、竞争品牌行业名次（市场份额）和新的市场细分格局等正在形成。

如果企业对于结构性变局缺乏宏观的、清晰的市场认识，市场营销的竞争手法陷入“方法陷阱”：营销行为变得缺乏“新意”甚至充满“盲动”——每年的预算全部折腾出去，天上地面（从传播到促销）一片忙碌，名曰“整合营销推广”，实则由于缺乏策略核心，变成“点穴”而没有打到对手的“七寸”，市场结构自然不会发生大的变化。

结构性变局的最终结果，无非是两个路向：圈地或圈人。也就是要么成为地区市场的霸主，要么成为聚焦特定人群及其利益点的最佳产品（品牌）。

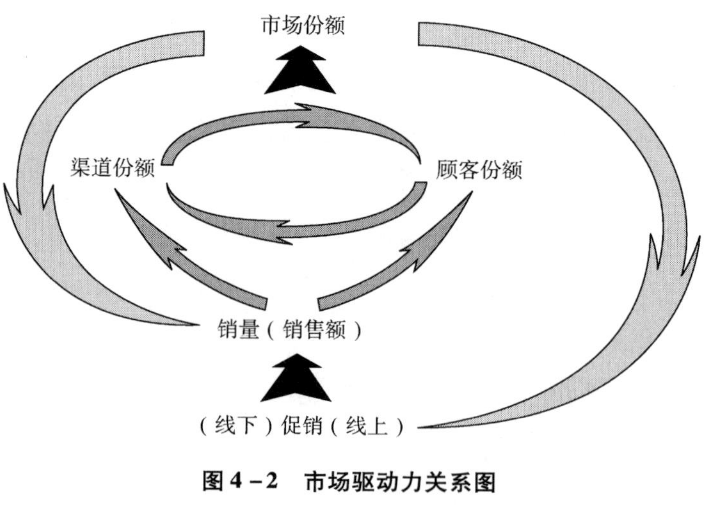

图 4－2　市场驱动力关系图

如图4－2所示，线下线上的营销是销量的直接驱动力，销量可以解析渠道份额与顾客份额，市场份额建立在渠道份额与顾客份额的基础上。反过来在营销上，建立在渠道份额与顾客份额互相反馈之上的市场份额，可以有效巩固销量，并提高促销投入的有效性，高市场份额带来的是低促销成本与有利阻击进攻的市场地位。

从对销量、促销形式的关注，提升到渠道份额、顾客份额的解析，才能更有效地评估营销策略与营销方法的正确性，才不会陷入乱斗的陷阱之中。

一线企业VS过度营销：如何从大乱到大治

过度营销对于一线企业的意义，是实现从大乱到大治的最佳时机，也就是领导品牌要让挑战者陷入盲目跟进的过度营销误区之中，从而实现洗牌。

市场领导者必须尽快成为市场战斗形态的引领者，而不是适应者。

市场领导者必须先识局——认识到乱斗战局中拼比的不是一时的机会（新品/促销/品种/广告）、短暂的速度（市场渗透与渠道建立），甚至不是企业实力，而是经营战略与营销策略。

无论从战略上还是战术上，掌握主动权意味着让对手跟随自己的策略与战术制定其策略，也就是由我方掌握变化的主动权。

娃哈哈如何瓦解竞争对手（如农夫山泉）创新产品的影响？快速模仿跟进，在渠道里增加促销力度，对农夫山泉的市场渗透速度进行遏制。最成功的产品是营养快线，在农夫山泉的浆果奶昔等产品都退出市场后，剩者为王、一枝独秀，成为年销量达到120亿元的大品种。

康师傅如何遏制五谷道场的攻击？不是也快速推出康师傅非油炸方便面，而是坚持自己的核心优势“口味”——红烧牛肉面，这个味，对了，让消费者的选择仍然聚焦在口味，而不是品类（非油炸）。同时运用精细化的数据系统，对 KA 卖场——五谷道场的主渠道——的五谷道场进行监控、挤压，抬高五谷道场的渠道运作成本（如堆头费、陈列费）。

可口可乐如何保持自己不健康的夕阳饮品的市场地位？从战略上，是对非碳酸饮料进行品牌并购，如美汁源、没有收购成功的汇源，以及更加密集地建立罐装厂，降低物流等成本，实现规模效益；战术上，运用 3A、3P 手法，让可口可乐成为无处不在、无处不见的饮品，用各种广告将可口可乐诉求为运动或疲乏时的潜意识饮料。

成功的市场领导者，没有一个是胡乱进行过度营销的。

失败的领导产品如长虹，不将资源投向彩电新技术的研发，企图以彩管囤积实现上游垄断，从而实现更高市场份额的目标。殊不知，在这种技术驱动的产品市场，一种产品的市场份额毫无价值，当下一代技术产品到来的时候，原有产品的市场份额一钱不值。企业需要做的，不是保卫某一种产品的市场份额，而是利用已经形成的市场份额建立品牌形象，同时抓住技术革新、产品革新的浪潮，改变产品策略。

市场领导者应对过度竞争的基本手段，是从促销类型的竞争转入价值链竞争，即不要与挑战者拳来脚去，而要站在战略格局上，弱化对手的强势，突出自己的优势，实现错位式竞争。

一线企业可以借助过度营销，达成从大乱到大治的竞争格局。

啤酒、方便面、饮料都曾经是过度营销最激烈的品类，但这些品类目前已经基本完成了行业集中化，即前三位品牌的销量份额占据行业的 50% 以上，且巨型企业与二线、三线企业拉开了规模差距，第一品牌的规模至少是第二品牌的 1.3 倍，是第三品牌的 2 倍，第四品牌能达到第一品牌规模的 20% 已是少见，这样行业的规模等级就初步建立起来。

规模差异的形成，意味着挑战者发起有破坏力的攻击的概率大大降低，市场竞争的激烈度主要表现为前5位巨型品牌之间的特定区域市场的份额拉锯战。

一线企业需要在过度营销面前，制定清晰的市场份额侵蚀战略，尤其是围绕渠道份额与顾客份额的营销战略与战术，才能利用过度营销乱局，拉开竞争企业的规模门槛。

因此，一线企业如果在表面的过度营销手法——营销战术，如产品概念、网络传播、广告、代言人投资等——中耗费过大的资源，将是一个危险的信号，会给挑战品牌提供翻盘的机会。

二线、三线企业 VS 过度营销：如何火中取栗

过度营销的局面，总体来说，对挑战者有利，对市场领导者不利。挑战者在乱斗中，可以运用超前的战略洞察，实现火中取栗，甚至实现市场格局的翻盘。

过度营销表面上看，领导品牌占据更多的资源，似乎在拼实力上应该占据较为有利的地位。通过对家电、手机、电脑、IT、电子商务、啤酒、白酒、汽车和食品等众多行业的研究，结论是过度营销，即陷入市场份额拉锯战这种乱斗局面，总体对挑战者更加有利，对于市场领导者反而不利。

原因在于挑战者可以用更小的绝对值费用，将领导者拖入变动费用竞争的陷阱之中。比如啤酒里的“再来一瓶”促销，如果这种促销手法变成消费者选择产品的导向，无论领导品牌跟进还是不跟进，那么市场份额5%的品牌，可以对市场份额50%的品牌发动无法阻挡的份额侵蚀战，可以快速将份额对比由1∶10变成5∶6。

对于竞争的双方来说，当销量来自一批商（经销商）的时候，品牌的风险最大；当销量来自二批商时，风险次之；销量来自终端，风险更小；销量来自终端里的重复订单时，品牌几乎进入无风险之地，终端

里的重复订单必然来自顾客份额。

销量是来自渠道还是顾客，成为乱斗结局的分水岭。挑战者销量来自顾客份额的增加，如“再来一瓶”促销，对消费者选择产生影响，意味着挑战的成功。

此外，乱斗中如果存在新技术、新品类的机会，那么挑战者将可以获得更大的收益。

家电、电脑等品类之所以无法从大乱到大治，因为各个品类的竞争品牌，没有拉开真正的规模差距。同时新技术产品的潜力无法从过去产品的销量规模中自动转化，如智能手机的崛起，苹果 iOS 与谷歌 Android 两大操作系统，在功能手机的市场之外，创造了一个新市场，正在取代传统功能手机的市场规模。三星、HTC 正是率先采用 Android 系统，才颠覆了摩托罗拉、诺基亚在功能手机市场的霸主地位。

饮料市场蒙牛的崛起、王老吉的快速崛起，都是击中了传统饮料品类里以碳酸、茶和水为主要品种的软肋：没有功能（消火）、没有营养（配料）、口感差，从而抓住了消费者口味疲劳、需求升级的大趋势，成为新的领导者。

二线、三线品牌在过度营销乱局中崛起，绝不是靠战术层面的手段，如产品概念、促销形式等，而是要把握结构性产品及品类需求转变的机会，通过系统化的营销，不仅火中取栗，甚至实现翻盘。

为什么蒙牛、王老吉借品类实现了翻盘，五谷道场却折戟沉沙？比较三者的营销系统及运作历程，就可以看到，蒙牛、王老吉不仅仅依靠产品概念和广告宣传，而是两者建立了强大的、持续的市场运作系统，不像五谷道场那样依赖广告拉动、主攻 KA 卖场这两招。五谷道场的这种所谓聚焦，使产品陷入强大对手的包围与围剿之中——“小敌之坚，大敌之擒”。蒙牛、王老吉都是多渠道、广渗透和快速推进，对手防无可防，陷入四处告急救火的乱局之中。

过度营销，就是将市场竞争由红海变成血海，是残酷的淘汰赛的信号。不是领导企业实现洗牌，就是挑战者实现翻盘。胜负之机，在于对市场格局的认知水平，以及营销战略与战术的系统性、可持续性。

红海：硬球策略

所谓的硬球策略是针对行业领先企业的一种针锋相对的迎击战术，采用这种战术的企业在产品、价格、渠道和传播上与行业领先者没有根本不同甚至故意趋同，主要是在消费者购买价值关键点上做文章，用通俗的话说就是“产品概念”创新。

有效的竞争策略来自于竞争洞察。无论是对行业地图的判断，还是行业销量引擎的判断以及竞争策略的选择，都会为后进品牌带来突破性增长的机遇。

领导企业如何保持持续领先？企业发展都会经历三个阶段，各阶段的增长引擎也有所不同：原始积累——产品驱动、渠道驱动；二次创业——战略革新，再造商业模式；大成之道——实施组织变革、品牌驱动。

不同行业关键成功因素（KSF）的不同以及企业发展阶段的不同，就需要针对性地找到企业特定发展阶段的“飞行器构造”（企业资源）与“引擎系统”，才能用好有限资源获得高效率的增长。

行业规模爆炸的时候最关键：太多行业领先者做了最艰苦、最困难的消费者教育，终于等到消费成熟、市场进入爆炸成长的时候，却固守早期的思维与战略，失去了持续领先的优势。

成长型企业如果在生意红火的时候，缺乏对产业市场的研究与判断，尤其是不能从产业的高度理解现实的竞争，而是陷入企业内部产品群、管理效率的优化，那么即使身处增长迅速的行业，也将很难超越竞争对手，反而会被竞争对手反超。

行业领先优势不会自动转化为行业领导优势，行业的创新或领先不是取得行业最终地位的入场券。

【案例4】皇明为何在行业成熟期从领先者变成落伍者

发生在中国产业市场里的行业整合竞争，早期的领导企业并没有保持其领先地位太长时间：华润雪花用15年超越青啤成为中国啤酒销量第一品牌；2010年美的空调销售额首次超越行业老大格力；豆浆机的领先者九阳面临美的、步步高等传统小家电品牌的围剿。

太阳能热水器行业同样在发生类似的故事。皇明是中国太阳能热水器的启蒙者与领先品牌，黄鸣本人堪称中国太阳能热水器的“教父”。皇明18年创业与市场开发，唤醒了中国太阳能消费大商机。

但是，中国的太阳能热水器行业提供了相反的案例，由于缺乏产业营销思维，这个行业后发者的攻击正在将领先者边缘化。

为什么皇明在行业规模暴增的关键阶段正在失去行业领导地位？

通过产业结构研究我们发现，在行业规模暴涨的时间里，领导品牌的市场份额反而在下降。

直到2004年前，皇明还是太阳能热水器行业的霸主，市场份额高达50%以上，但2004年太阳能热水器整体市场仅100亿元，竞争者还没有进入集体爆发期。

如图4－3所示，从2004年以后，太阳能热水器行业进入爆炸式增长，2008年市场规模突破400亿元，行业集中度却极低。皇明成为行业最具规模与专业水平的企业，但是市场份额却只有10%；与此同时，前10名品牌占17%，能够发起对老大挑战的中等规模企业多达50余家。

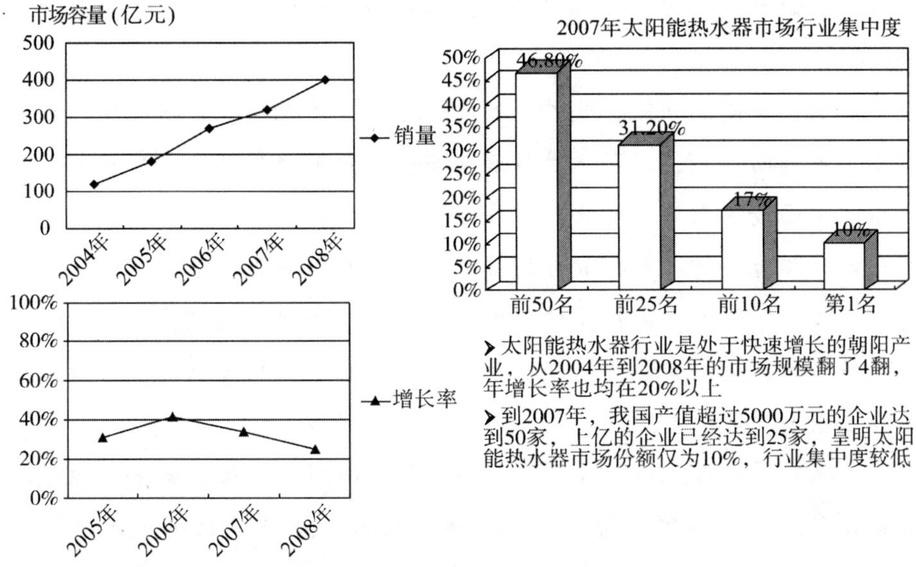

图4-3　太阳能热水器市场基本状况

注：行业数据由博纳睿成咨询整理。

山寨凶猛：皇明陷入山寨军团的围剿之中。

早在2002年，皇明就碰到第一个“摘桃派”——亿家能，用近乎相同的传播调性、传播手法开始打破皇明的一枝独秀。

2004年桑乐、太阳雨、四季沐歌、清华阳光和力诺瑞特等集体发力，普遍采取诉求类似的产品概念，个个表现出“技术领先、品牌优秀、品质可靠”的霸王气势。

太阳能热水器的“摘桃派”完全摸透了皇明成功的关键竞争要素：品类概念、形象传播和渠道服务（老三篇），采用了完全相似甚至更夸张的竞争手段。

2005年，桑乐、太阳雨、四季沐歌、清华阳光和力诺瑞特等集体发力，除了渠道服务和品牌传播两项基本营销要素保留外，普遍采取差异化产品概念改变消费者的价值认知曲线。

亿家能：全球首创UTLE技术的极地超寒管，发射比比国标降低了50%。攻克了真空管热散失高的普遍难题，-40℃照样能洗热水澡。拥有独立知识产权体系，各类太阳能专利100多项，产品品质领先行业5~10年。

桑乐：全国太阳能行业首台光电一体机，整机实现自动防冻、自动上水、电辅助加热、水温水位显示、安全自检等全套功能，引领太阳能热水器全面进入数字化时代。

清华阳光：特有双核舱分离技术。双舱空间分离，各司其职，热核舱配备高效紫金管，专精集热、蓄热、传热，将储存的热量迅速传递到动核舱，升温更快，热力更强；动核舱直接与上下水管相连，出水口压力与自来水对等。

力诺瑞特：三元净化+负电位纳米活化技术=健康七标水。独有的mgsi离子防垢、降腐和软化水三元净化技术，并能延长热水器使用寿命；同时采用德国NMA负电位纳米活化技术，活化水体，带来符合防垢、软化、防腐、洁净、活性、生命力和矿物质等国际标准的七标水，使热水更洁净、更具活力和生命力，让消费者畅享健康热水。

四季沐歌：航天管融入微量稀有金属元素，紫色膜层能吸收更多能量的紫色光线，吸收光谱范围更宽，实现阳光的宽波吸收，提升真空管膜层吸收率，降低发射比。

皇明：李逵与李鬼，正宗与山寨，还能进行品牌区隔吗？

在上面庞大的太阳能热水器近乎概念爆炸的宣传面前，消费者怎样判断优秀的品牌？又如何进行购买决策？在这种传播、渠道和价格的三重攻势下，皇明的“领先者、行业龙头”认知已经模糊，更不可能成为消费者选择品牌的驱动力。

进一步的研究表明，是皇明的企业营销战略走向了与行业整合趋势相反的道路。

在2004年开始行业井喷的时候，皇明的营销战略思维没有及时转变，采取如引入资本、并购地方强势企业或异地快速建厂等竞争手段，失去了扩大（实际是保持）市场份额的机会，直接导致在太阳能热水器带有地方保护色彩的“下乡运动”中，皇明逐步失去在大众市场里的领导地位。

皇明没有去迎击竞争、清理市场，反而为了保持“教父”姿态，投入巨大资源开发“蔚来谷”高端太阳能商业地产，实质上意味着皇明“战略退出”（仅能维持现状）普通太阳能热水器的“低俗”竞争。

皇明在布局其升级版太阳能热水系统，但作为太阳能热水器行业的领先品牌，在2004年行业出现井喷的时候，没有抓住扩大品牌份额的机会。在这一轮“太阳能热水器下乡运动”里，皇明的发力点已经难以运指随心了，即使拥有了1亿美元的资本。

以产业营销战略思维看，太阳能热水器的普及化是大趋势，普及化产品是“大类市场”，皇明的太阳能商业地产却是一个“小众市场”，皇明弃大类市场而倾注资源进入小众市场，意味着放弃近20年辛苦建立的行业领先优势。

品类升级：门口的野蛮人。

2007年，在太阳能光伏的热潮中，一种替代燃气、电热和太阳能的新型热水器产品在国内悄然上市。企业的烦恼是无论商用还是家用客户，对这种新产品的认知度都很低，国内做这种产品的企业不足50家，年销售规模没有超过1000万元的。

2011年，这个产品的市场规模已经达到45亿元，企业数量增加到500余家，最大企业的销售规模超过15亿元，前三位企业规模计算的行业集中度约60%——这个被称为空气能热泵热水器的产业，在短短的5年里，规模与企业数量都增长了10倍。

有人按照蓝海战略的思想，认为该行业从一个冷门的蓝海市场迅速变成了热门的红海市场，企业该不该加入战团呢？这个问题看似复杂深奥，涉及宏观战略、技术趋势等。很多企业的项目可行性报告，在千篇一律地阐述空气源热水器的产品特性、产业前景、技术参数和生产计划等，对于如何把销量卖出来，没有一份项目可行性报告有详细、科学的阐述。

不要以为这种谈上游头头是道、对怎么卖产品一无所知的项目可行性报告是空气能热水器行业的特例，在几乎所有中国产业的各个发展阶段，大干快上的项目可行性报告，都是这种结构。这些项目可行性报告竟然都没有将“如何卖产品”纳入其中，最多有几段销量计划、销量分解的描述——这些对实现销量目标的描述，从营销角度看是盲人摸象，从企业经营角度看近乎儿戏。

可怕的是，正是在这些经过大学教授等专家论证的项目可行性报告指导下，巨额的早期投资（厂房、设备、技术专利、原材料、工人等）已经花出去了，也就是说，大部分企业在产品生产出来之前，甚至没有调研、研究、论证过如何营销（产品定位、渠道及动销方法等）。这也就不奇怪，为什么这些在最近3年里进入的500多家企业，平均年销售额不足500万元。

三个市场现实，说明2012年这个时间点是空气能热水器产业投资的真正机会窗口。首先，空气能热水器的技术、产品化程度、产品的丰富性和制造工艺等，经过10多年的发展已经成熟；其次，500家企业，包括领先的三个品牌（美的、格力、清华紫光）投入的宣传资源，初步完成了什么是空气能热水器的品类教育；最后，空气能热水器即将进入商用与家用两个市场用户普及化的高速渗透时期，产业规模会快速扩大。

上述研究否定了以企业数量多少判断蓝海红海产业阶段的错误观点，当前的500家可能在3年后变成2000家，行业发展阶段性的判断对于企业做出正确及时的战略决策至关重要。

按照新产品采用周期曲线，这个产业处于“早期采用者”向“早期大众”转变的关键阶段，即产业发展周期的“早期规模化”阶段。这个阶段的制胜法则是，比行业平均增速更快地增长，即要充分发挥“营销驱动”的杠杆力，实现销量的规模化。

在这样的产业及其发展阶段里，企业要研究的核心是，怎样才能异军突起或后来居上，而不是对市场、产业、品类等进行宏观而空洞的分析论证，或者准确地说，必须将营销驱动放到与产品制造一样重要的战略高度，即产业视角的营销战略规划。

这个产业营销规划，不是传统营销里的4P或12P之类的营销要素，而是以下战略逻辑：第一，判断产业当前及未来3年内的关键驱动力（产品、技术、品牌还是渠道）；第二，竞争导向的企业战略模式（是成本领先还是差异化，或者专一化）；第三，营销组合（有选择及优先顺序的营销要素系统）；第四，撕开市场的撒手锏（渠道利益链驱动力是否够强）。

具有重要战略价值的启示是，要摆脱宏观的、技术的、空洞的产业“解析”（认知）模式，转变为营销的、竞争的、销售的产业营销模式，才能分辨清楚行业所处的真实阶段，究竟是产业演化晚期、增长率、盈利率双低、竞争到血流漂橹的真红海，还是产业爆发拐点、成长性、盈利率双高的、朝霞映红的真蓝海。

这个战略判断的一念之差，可能与一个价值千亿元的产业（太阳能热水器），或者诞生首富的明星企业（5年前的无锡尚德）擦肩而过。

第五章
渠道红利

渠道红利正在从人口红利转向系统红利。

中国市场的渠道疲劳症

即使没有淘宝等线上电商的冲击，线下渠道也患上了渠道疲劳症：

第一，现代零售渠道的发展势力缓慢，尤其是 KA 卖场没有如 5 年前预期的那样成为食品零售的主导渠道，连锁便利店的发展至今无法延伸到二线城市，百货连锁商场的进入门槛愈来愈高。

第二，自从深度分销、专卖店连锁（加盟）之后，中国企业没有更新的渠道破局工具，深度分销的人海战术特点反过来成为企业的成本之累，优质品牌的连锁模式从加盟回归自营，大多数品牌的招商加盟模式不能解决产品动销即加盟商投资回报问题。

第三，电商新渠道再次证明“草色遥看近却无”的早期特征，除西米网煽情谢幕外，1 号店向百货的转型，中粮我买网接单延迟出货事件、团购网站倒闭潮等，让一年前对电商渠道、网络营销充满期待与躁动的企业不寒而栗。

这种渠道疲劳症让企业进入渠道高原期：新品招商效果越来越差、越来越难；没有对销量产生爆炸性增长的渠道营销模式；销售经理成本越来越高、人力资本的效益越来越差；渠道开发成本越来越大，风险也越来越大。

以抓住 KA 卖场大跃进起家的“散装柜”专家徐福记卖给了雀巢，百事可乐中国区经营权卖给了康师傅，小肥羊被百胜收购退市，大型企业同样遭遇规模天花板。但一些渠道企业的蓬勃发展，说明专业渠道品牌的资本前景并不比产品品牌差。

中国企业“路”在何方？能否并如何从渠道疲劳症中摆脱出来？营销渠道有没有新的兴奋点与增长点？

解决这个问题，首先要在战略上对中国的“渠道产业”本身有所认识，才能从中国市场渠道格局及正在发生的结构性变化中，找到渠道的战略机会。

渠道价值链正在重新构造

正如企业产品营销往往被“内部眼界”局限一样，当前渠道疲劳症的本质也是企业缺乏从渠道产业链角度认识中国渠道产业的结构与趋势。图5－1是中国渠道的总体结构，要点不仅在于渠道形态，更在于渠道权力的结构，也就是对企业来说，这些渠道形态里“战略优先性”——主渠道与辅助渠道的问题。

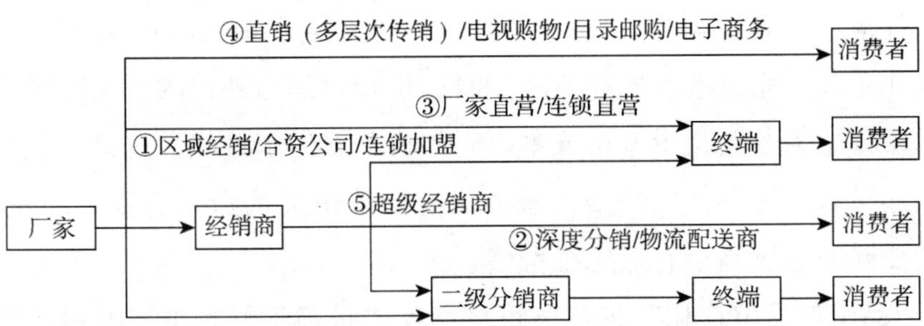

图5－1　中国渠道的总体结构

在我们看来，在图5－1五种势力的角逐中，当前渠道的最重要权势已经不再是“终端为王”，而是“分销为王”，渠道权力重心与格局重新洗牌。

“分销为王”的前提是企业（厂家）已经具备了打通消费者的多种直接渠道与手段，这些新营销工具，不仅可以绕开终端的盘剥，而且可以绕开传统媒体（电视、报刊、户外）的壁垒。同时，网络传播、SNS营销（社会化媒体营销）、电子商务渠道（含B2C/C2C/O2O/团购等）为企业的品牌传播提供了一个宽阔的舞台。

企业需要做的是，首先清扫传统营销思维的阻碍，认真专业地研究渠道产业链的结构，制定新的创新渠道战略。

社会化渠道服务商的崛起。

过去企业建立渠道必须一切靠自己，招商、协销、促销、动销等都必须以企业的销售团队为核心，整合必要的社会资源，完成渠道体系的建设。

正在发生的现实是，渠道服务社会化、专业化公司也在不断涌现。如电商代运、招商外包、线下活动（展览、促销员）外包、创意设计众包和分销物流外包等，让企业可以集中资源做自己最核心的价值：产品与品牌。

线下招商外包的上海通路快建网络服务外包有限公司、分销外包的深圳市怡亚通供应链股份有限公司、创意外包的猪八戒网、线下外包的华信外包、电商代运的ShopEX（商派）等，这些专业化的渠道服务商，可以让企业在完成渠道各环节功能时，进行自建与外包的投入产出比权衡，实际上为企业减少人员成本、时间成本提供了替代性选择。

还没有对这些新兴的渠道服务商有所认识又感到渠道疲劳的企业，可能要问问自己是否有点思维懒惰。

“品牌产品电商化”的唯一可持续模式是基于顾客关系营销的直配体系。

电商遭遇寒流，并不是电商渠道有问题，而是那些商业模式错误的企业在接受市场规律的惩罚。因为食品的价值、利润空间、物流特点决定了食品电商与家电、图书、百货和服务产品（如旅游、餐饮等）等截然不同，那些按照上述产品电商模式操作食品的企业，必然长期陷于赔本赚吆喝的境地，即使对中粮这样的大企业，长期经营亏损的电商渠道，也是不可能的。

我们认为，品牌产品电商的唯一可持续模式，是建立基于顾客数据库的直配体系，也就是绕过所有的渠道环节，与最终消费者建立真正社会化的、交易关系的电商系统，这在今天的电商环境与工具日益完善下，如支付系统、官方微博、MID（移动互联网）、LBS（位置服务）等，已经不再是梦想。

抓住上述三大渠道结构性机会的企业，才能赢得大未来。

深度分销的模式红利已经到头

自2002年起，深度分销是中国消费品，尤其是快消品的主流销售模式。很多中小企业在导入深度分销的初期，可以从经销商扁平化（即增加一级分销商数量）、终端精细化管理等举措中取得较大的增量。

这个模式的优点是渠道下沉、渠道扁平化和终端精耕，缺点是人海战术、报表信息海量、大系统整合困难。深度分销模式执行效果好的，都是规模较大并有相对完善的信息系统（含财务结算系统）支持的企业。

随着销售区域的扩大、销售人员的增多、渠道下沉与扁平化等水平增长潜力钝化，加上近年来人员薪资成本上涨，80后、90后销售人员吃苦及承压力的降低，深度分销的人海战术正在变成吞噬销售利润的黑洞。

不用深度分销模式，竞争者会把自己挤出市场；而继续深度分销模式，在增量速度钝化的情况下，销售费用（含薪资与渠道等费用）的增幅越来越大，加之管理幅度过宽，一级经销商零碎化，小额订单处理速度变慢，深度分销成了不少企业的噩梦。

中国快消品销售渠道过去20年的博弈大势：先是KA卖场、便利店等现代零售渠道打破传统批发商为主体的流通格局，然后最近5年快消品电商风起云涌，但尚未成为主渠道。

深度分销就其本质来说，是“水平增量”的主要驱动力，深度分销的潜含背景是中国过去三十多年的人口红利，即供应充足、勤奋、能吃苦和成本不高的销售大军，企业大胆或超前投资人员，往往可以获得较大的投入产出比。

如今人口红利效益递减已是大势所趋，制造、零售、餐馆等高强度、低收入行业，都陷入用工慌；销售一线业务员需要多一点知识含量，大中专学历人员是销售大军的主要组成人员，目前已进入青黄不接时期：新生业务员扛不住大梁，销售团队普遍老化，人海战术不仅不能增量，反而增加费用与风险。

外部环境的巨大变化超过了企业资源与能力可以控制的范围，深度分销模式赖以支撑的核心要素（人口红利）已经发生不可阻挡的逆转。从增长驱动力角度看，过去三十多年粗放的、机会导向的水平增长驱动力已经不足以支撑企业的规模化，更难以支持高质量的可持续增长。内外要素的变化趋势在2013年正在形成“死亡交叉”，反映深度分销的模式红利大势已去。

需要说明的是，深度分销的模式红利到头，并不意味着中国市场的渠道红利（即以渠道对抗品牌的增长模式）已经消失。中国市场大、广、深、杂的特点，决定了超大规模企业要实现垄断是困难的。渠道红利在可以预见的时间内，仍然是中小企业快速崛起的市场机会与战略屏障。

迄今为止，即使在品牌集中化程度较高的方便面、饮用水、饮料、啤酒等行业，中国首富（娃哈哈）或强龙企业（康师傅、加多宝）也谈不上对渠道的垄断。即使家电业由于苏宁、国美电器实体店连锁的快速集中化，出现短暂几年的“零售扼制生产商咽喉”的局面，但电子商务、大企业自建渠道等，也很快冲破苏宁、国美电器的渠道垄断。

从这个宏观视角才能清楚地看到，深度分销模式红利的消失，从本质上是粗放的、水平增长模式“边际效益”的降低，是深度分销模式的内在问题（模式内伤）决定了其模式红利的终结。

深度分销代表的是粗放、机会、速度等水平增长思维，从最近15年深度分销的理论与实践看，无论是跨国企业，还是本土创新企业，深度分销的管理特点都呈现惊人的一致性，即深度分销的三大模式内伤：大前端、小平台和弱系统。大前端：一线业务人员庞大；小平台：区域及总部管理呈现金字塔结构；弱系统：即使上了ERP、CRM系统的企业，也不能有效对庞大的一线数据及其背后的竞争动态进行实时管控。

简单说，深度分销模式的管理特色，是金字塔式垂直控制的寡头管理模式。这个模式的最大问题是“末梢麻痹”与“坏死症”，最后成为管理系统的“富贵病”与“官僚病”。

系统分销：销售管理模式的创新

深度分销之后的销售管理模式向哪里去？

管理模式需要与战略导向匹配：从增长驱动力说，从水平增长转入垂直增长（水平增长与垂直增长是除并购 M&A 之外有机增长的两个方向）；从管理模式看，从简单的深度分销升级到协同智慧的系统分销。

系统分销模式是适应垂直型增量的销售模式。简要地说，系统分销模式由以下五个内在关联的环节组成：

第一，改造销售模式，将基本销售单元（Basic Sales Unit）由办事处、区域，一步到位地划分为“区块”，每个区块由 1 个销售人员、分销商和目标终端组成，即销售单元原子化。这样企业直接管到销售的最基本单位，资源配置也随之直接配置与管控，避免管理环节的信息失真与传递缓慢。

第二，改造销售作业系统，由“销售人员 + 物流”变为“系统平台 + 业务员 + 物流”，即由系统平台将三种销售资源（客服、销售、物流）集成在一个系统平台上，实现销售效率的提高。这一项改造，可以减少 20% ~30% 对传统销售人员的依赖，提高 30% 的订单响应速度。

第三，改造销售过程管理模式，即在系统上，可以实现对每一个一线销售人员、管理人员每日动态、成果的可视化、即时化追踪。加以销售漏斗模型，系统可以对每个人的每一笔业务进行自动追踪、统计和提醒，甚至包括绩效考核、核发奖金及工资等。

第四，改造销售报表模式。以 100 人的区域销售团队为例，纸质的业务日报表，每人一周 6 张，每月产生总计 6 ×4 ×100 =2400 张报表，其中的信息真假、价值，办事处经理根本无法处理。对于动辄万人的销售团队，这种日报表系统的信息价值无从发掘或发现，填报表日益成为业务员应付差事的流水账，且还真假难辨。有前三项改造的支持，一切信息均从“原子”开始，可以无限累加，实现一线人员简单输入，系统就自动运算，各级管理层可以得到智能呈现的结果

第五，改造费用管理模式，将过去延时审核的费用管理，变为及时跟踪、动态监控、智能分析和自动改善的管理模式，避免不合理的费用。这一项改造，可以至少节省 10% 以上的渠道促销费用。对于渠道促销动辄上亿元的企业来说，这不是一笔小钱。

系统分销模式可以高效率地实现以下销售管理目标：第一，提高销售信息的可视化程度；第二，提高一线业务员拜访效率；第三，提升拜访记录的商业价值；第四，有效监控终端份额变化；第五，优化营销费用的投放；第六，推动营销信息流在一线到办事处、地区、大区和总部等层级的无缝传递与自动化或主动化处理；第七，各级销售人员绩效的自动化考评（含自动化薪酬计算），提升绩效考核的客观性。

系统分销模式的管理特点，即系统分销的红利之源：小前端、大平台和强系统。

小前端：精简一线销售人员数量，并改变形式化、无差别使用销售人员及其业务时间的弊端；大平台：以服务代替销售，强化服务在销售过程的作用；强系统：一线到总部承载物流、现金流、信息流、工作流和管理流高效流动的源头活水，即“五流一渠”的整合系统。

系统分销通过重新配置一线销售人员与系统服务人员，改变了销售运作模式，从数量上可减少 20% 左右的一线人员，与增加的系统服务人员互相抵消后，可以至少减少 10% 的一线人员；同时，一线人员的培养成本比服务人员要高得多、慢得多，因此改为系统分销模式后，人力资源从数量到质量都发生重大变化，直接用人成本可降低

15% 以上。

智能销售系统带来的管理成本降低、决策科学化程度提高、市场反应速度加快等，都是系统分销实实在在的模式红利。在销售规模不增加的情况下，从深度分销转变到系统分销后，每年可以在原有销售利润的基础上增加 50% 的净利润（此处净利润指不需要特殊促销，即可转化的销售订单所产生的利润）。

2013 年中国新的经济发展思路已从“GDP 竞赛”转入“没有水分的经济增长”。在此宏观大趋势下，消费品各行业危机信号频现：食品安全风声鹤唳、消费品库存“鸭梨山大”、零售呈现关店潮，企业还想靠以邻为壑式的招商、忽悠经销商/加盟商，人海战术、钓鱼式广告投放及外脑助阵等水平增量做法，必然会被市场淘汰。

商业环境的变化催生企业运营模式的变革，真正走到尽头的不是市场，也不是优秀企业，而是僵化的思维与习惯。深度分销模式对于初创企业、成长型企业，仍不失为增长的驱动力；对于初具规模化与超大规模化的企业，深度分销的模式红利已经到头，中国消费品企业销售模式的变革浪潮已经到来。

最终，无论是何种体量的企业，从水平增量型向垂直增量型转变，是市场大势；从深度分销模式升级到系统分销模式，是摆在消费品企业面前的战略分叉口，也是决定企业能否进入未来的门票。

只有树立垂直增量战略导向，从销售模式的改造中谋增量、求利润，才是大趋势下“持续有价值增长”的正道。

【案例 5】食品能否“飞”起来卖

食品作为一种快消品，消费者需求除了安全、健康、丰富和性价比等属性外，便利是最重要的需求。这就决定了食品的线下渠道及零售终端，不会像依赖于百货商场的化妆品、服装、鞋帽、3C 电子、家电等一样，那么容易受到网购的冲击。在过去十年电商的飞速发展历程中，食品在淘宝、天猫等平台电商销售额里占据的比例是非常小的，与线下销售额差距极大。这让食品企业既对电商有尝试冲动，又有一种相对安全、不马上变也行的感觉。

食品企业不触电是否是安全的呢？在移动互联网时代，特别是O2O（线上线下互动）、LEC（Local Electronic Commerce，即本地化电商）模式的出现，本地服务商甚至产品制造商，拥有了与顾客直接接触并完成购买的渠道。这就是说，零售终端和渠道商，包括产品制造商，如果不适应这个新形势，依然“不触电”，顾客就一定会被竞争对手通过“线上”的各种技术拦截。

实体零售时代，拦截顾客的战场是卖场的货架；在移动互联网时代，拦截顾客的站场，将在智能手机等终端，其中，微信占据了移动互联网时代最大的用户入口。从现在的格局看，移动互联网就是围绕以微信为主，易信、来往为辅的一场新的媒体革命、渠道革命、销售革命和消费革命。

图5-2　通过LBS功能搜索店铺

举一个典型的微信O2O营销案例，哈哈镜鸭脖。这个新的鸭脖品牌通过微信的传播，不仅快速建立其品牌知名度，而且因为微信用户的需求，推动了在全国的门店招商。

从消费者购买过程，我们可以感受微信的魅力：

第一步：先通过LBS（基于位置的服务）功能，搜索你身边是否有店铺，如图5-2所示。启示：企业的每一个终端都可以变成产品的配送点。

第二步，如果有，则进入商品菜单，选择你需要的商品，如图 5－3 所示。

第三步，确认商品及金额，进入支付页面，支付有两种方式：微信支付或货到付款，如图 5－4 所示。

图 5－3 进入商品菜单选择

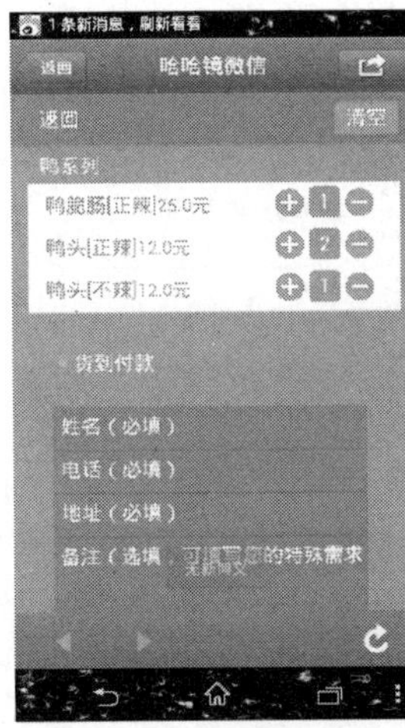

图 5－4 支付页面

第四步，订单确认后微信及短信通知，店家还会电话与买家联系，再次确认货品并告知送货时间，如图 5－5 所示。

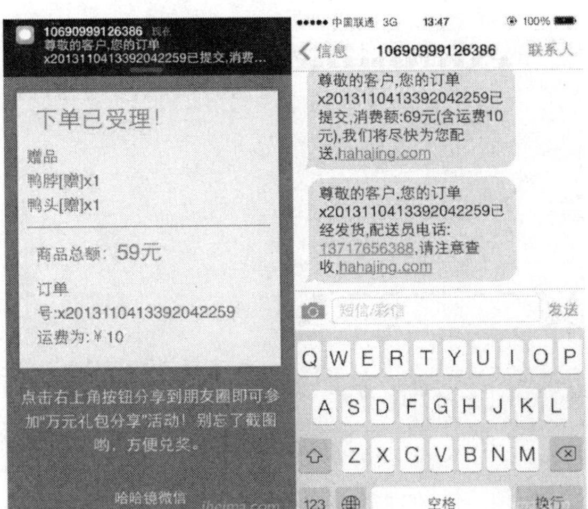

图 5－5 订单确认

第五步，坐等哈哈镜美女送鸭脖上门享受吧。

这个哈哈镜鸭脖是如何从绝味、周黑鸭等众鸭脖品牌中脱颖而出的呢？看一下它的营销，就能对移动互联网时代传播、引流和成交等有一个基本概念。

进入移动互联网时代，食品“飞”起来卖，已经成为常态营销、销售标配。

第六章
动销驱动

用广告建立消费者忠诚，对 99% 的品牌来说是不可实现的奢望。

广告先行的悲剧

如何建立全国性强势品牌？

如果你问广告公司，你会看到8位数以上的广告预算费用；如果你问品牌咨询公司，通常是7位数的咨询费。

与此同时，企业各地的销售部门陷于频繁的促销，投入大量的人力、宣传物料，一年几千万元的销售费用花出去了，却还是在抱怨缺乏“品牌拉力”！

实际上，快速消费品领域呈现着实效促销费用占总费用比例越来越大的趋势，或者说，当媒体广告费增长的时候，实效促销的费用也在增加。企业无法两头兼顾，疲于奔命，苦不堪言。

对于快速消费品而言，时下想进入日益复杂化的渠道，要远比品牌的设计与传播困难得多！品牌与传播的策划已形成专业化的操作模式，而渠道占有的专业化水平仍然处于原始状态！

进入二十一世纪，由于同质产品大量生产、渠道复杂化、消费行为的理性化等因素，运用过去行之有效的会展、广告等招商手段，已不能达成建立销售渠道的目标。建立销售网络、深化分销渠道，已成为品牌立足市场的第一道难关。

渠道管理没有进行专业化管理，却投入大量的大众媒体广告，这种“建立品牌”方法的弊害在旭日升冰茶、恒泰芒果汁以及最近的健力宝第五季的败局里都可以发现。

资金实力雄厚的健力宝尚且如此，其他的中小企业因此而失败者更是不可计数！它们在扔完第一批广告费之后，没钱做渠道怎么办？当然是指望经销商掏钱！可这些钱不是经销商能付得起的。

比如KA渠道的费用名目繁多、数额庞大，如果没有进行事前预算，几乎无法摊销。别说你把钱投放了多少品牌广告，KA卖场不会因此免费让你“入门”。上海炒货协会与家乐福对抗，郑州思念食品有限公司、上海国福龙凤食品有限公司从广州好又多撤柜，连这些品牌都因无法获得赢利平衡点而与卖场发生冲突，遑论其他？因此，要求经销商独自承担这些费用是不现实的。

大部分厂家未在事前进行渠道规划，结果厂商整天为渠道费用的承担及费用报销扯皮，双方都没有将精力放在如何获取消费者和打击竞品这两个核心工作上。

一夜成名是可以有的，但一炮而红遍全国还赚个盆满钵满者，极少。

品牌天下知，产品不出门

品牌知名度是个化学过程，只要有钱胆大，采用上三路“三板斧”（明星代言、概念创意和央视广告），甚至可以一鸣惊人。但产品动销却是一个物理过程，有钱没钱，都会如播种、耕耘和收割的农夫一样，必然要经历一个生长的过程。钱少与钱多的区别是相对的扩张速度：钱少的先做小区域，钱多的可以多做几个区域（水平增长）。

广告驱动的知名度战略，可以在很短的时间里就让品牌天下知，但没有动销驱动的销售战略，依然会导致产品不出门，产品都在经销商的仓库或终端货架上，等待成为临期货时被退货。

聚焦关键驱动力，是企业营销战略必须明确的问题，含糊不得、错误不得。任何错误的判断或鸵鸟式的侥幸，都是产品的噩梦。对于创业期、成长期的中小企业来说，尤其不可做出错误决策。

一家做粗粮散货的企业开发了杯装粗粮冲调食品，请明星代言、五星级招商会、进入 KA 卖场、省级卫视广告，四步折腾下来，耗资三四千万元，进入超市的冲调杯销量还不到 2000 万元，产生的毛利还不够支付进场费、堆头费和促销员费。

近几年，散货大亨们都纷纷进军小包装食品领域，如糖果、面粉、粗粮、花生坚果等，却大多折戟沉沙。究其原因不是这些传统散货品类里不能产生包装品牌，而是这些企业操作包装产品的思维或预期太过急功近利。

一个年销售 2 亿元的花生散货企业开始做袋装花生，150 克的花生零售价格即达 8 元，近乎天价。消费者品尝觉得口感不错，试销地区也有回头客，在没有任何促销广告的情况下，月销量还有 100 多万吨。按理这些是可以适当加大市场投入的积极信号：增加试吃、做特殊陈列、开发分销商等，刺激销量的增长。企业却舍不得市场投入，寄希望于找到更多“好的”经销商——这种自己的孩子想让别人养的思维，在做包装产品的散货企业身上非常普遍。

这两种企业一个极左、一个极右；一个被某维生素糖果神奇招商 4.3 亿元催眠，希望用大跃进的方法一夜成名，赚个盆满钵满；另一个看着王老吉 180 亿元的神话，只想吃饱了的“第五个饼”，却不去看加多宝操作王老吉采用了什么渠道运作方法。

这些曾经成功的企业家有两点是致命的：第一，他们忘记了自己是如何从无到有做起来的；第二，他们被自己成功的自信或实力催眠，忘记了产品在市场上从来没有自动就能卖疯，或靠一个代言广告就能赚黄金万两（那么多标王的灰飞烟灭也不能打消“侥幸投机”的念头）。

动销驱动先于广告驱动

动销是什么？简单点说，就是促使渠道及消费者重复购买的方法，即渠道利益链与消费者价值链。这两个驱动力是产品动销缺一不可的条件，企业应该优先将有限营销资源投入到这两个环节，只有这两个环节打通了，代言人、广告、战略定位及口号才能成为销量之帆的“正风源”。

以前面的花生简述：既然产品优势是口感，那么就应该加大品尝促销活动的频次，这样就会对销量有明显拉动；如果KA卖场投入产出比不好，就在BC店、批零店，甚至社区进行品尝促销；同时运用组合渠道围攻的方法，在花生消费旺季展开突击运作，打响区域市场的品牌知名度，促进销量。这些动销方法需要厂家对经销商的市场服务投入（试吃品、人员、管理等），而不是广告。如果这些做不好，企业就是在央视投放3000万元广告，对一线操作的销售团队来说，也不起什么作用。

动销动销，即渠道成员（厂家销售人员、经销商、经销商销售人员、分销商、终端等）都要先动起来，销量才会产生；销量产生了，企业才更有信心对代言人、广告进行投入，由此形成动销速度加快、品牌知名度高、产品认可度好的正循环。产品才能活起来、火起来。

新产品从无到有阶段最关键的是动销方法，而不是定位、广告语、代言人和广告。如果产品动销必须靠代言人或广告拉动，就不会有什么成功的新产品。探索、提炼产品的动销模式，才能进行广泛复制，是由小到大的基点。产品动销，是串起从无到有、由小到大发展阶段的驱动链条。

企业在成为行业老大之前，必须坚持动销驱动先于广告驱动的基本战略原则。

只有行业垄断者如可口可乐、宝洁、娃哈哈和康师傅等，才有资格用品牌、创意、跨界和传播等广告驱动元素，去满足消费者的审美需求。在此（成为行业垄断者、老大）之前，企业在战略上，必须优先满足动销驱动所需要的一切资源，而不是寄希望于广告驱动。

品牌天下知，产品不出门，这是企业家浪漫冒进的代价。产品卖天下，品牌自然成，才是企业营销的成功正道。

动销凶狠：渠道战的八正八奇战法

从可口可乐、康师傅开始，早在15年前，中国饮料行业就将“卖服务”确立为渠道竞争的基本游戏规则。加多宝时代的王老吉恰恰在渠道上，借鉴、融合了可口可乐、康师傅对超市、小店零售的覆盖模式和啤酒、白酒对酒店、夜场渠道的操作模式等渠道运作精华，建立起深度协销的渠道运作体制，即由加多宝的业务员、导购员负责对各类经销商覆盖的终端进行拜访、拿订单、铺货、理货、生动化、促销和导购等市场服务，各类分销商只是物流配送商（邮差经销商）。

这种渠道运作模式，是一种投入了大量人员（俗称的人海战术）、大量培训、大量生动化投入与分销商融为一体的庞大的销售服务系统，没有这个销售服务系统，仅靠亮眼的产品或广告轰炸出的品牌知名度，是不能做透市场、做大销量的。农夫山泉除天然水之外的产品，就是因为缺乏完善、持续的市场服务支撑，而让好产品逐步退出市场。

在每一个零售终端，每天都在发生“1米绝杀”的战斗，为了最好的陈列、最大的排面和最显眼的海报位置，业务员、导购员必须频繁拜访终端，与店主建立良好关系，甚至与竞品业务员发生当面的争执或不照面的竞争。一家小店门口的黄金海报位置，一天会被三五家业务员的产品海报反复覆盖，冰箱冰柜里放什么饮料更是夏天产品能否销售的关键——这些是靠创意、广告（媒介）及所谓消费者心智的品牌认知就能实现的吗？

渠道战还有更加凶猛的武器，可能是那些将心智、定位、创意和广告等奉在贡坛上的“品牌原教旨主义”者闻所未闻的，即精细化强势渠道运作系统，笔者将其精髓总结为“八正八奇”的市场割据渠道战法（如图6－1所示）。

“八正”是企业稳定自己渠道阵地的八种方法，包括稳定核心品种、稳定品牌、稳定经销商、稳定二级分销商、稳定覆盖终端、稳定销售团队、缩短订单流程和抢占核心终端；“八奇”是对竞品销售的压制或瓦解，包括破坏品种、破坏诉求、破坏价盘、破坏促销、破坏区域、破坏团队、破坏系统和破坏节奏。

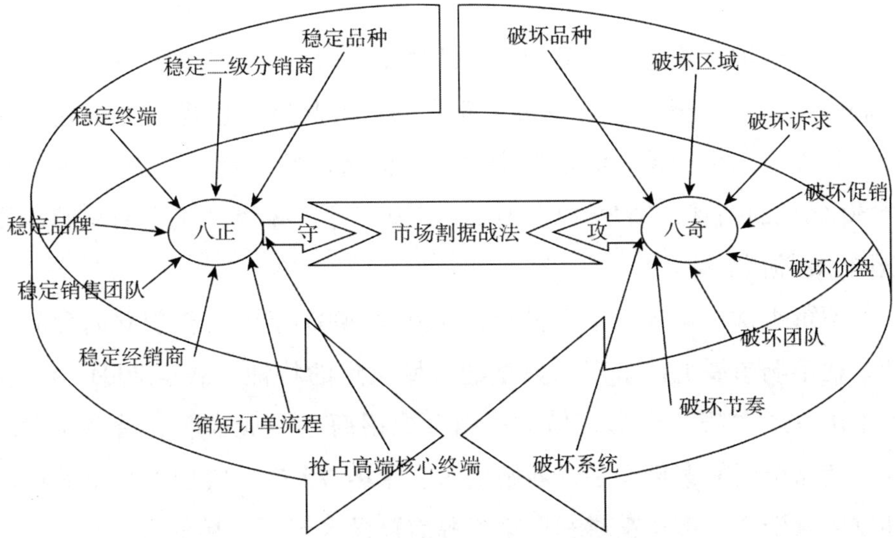

图 6-1 “八正八奇”的市场割据渠道战法

“八正八奇”渠道战法，不需全部用上，只要在关键的时间、合适的区域、针对特定的目标组合使用，就会产生巨大的遏制效果：抢在竞品的订货会之前，召开订货会或进行促销；对标志性的终端及高销量终端实施陈列买断或促销买断；错位促销：在对手加强消费者攻势时投入资源加强终端买断等；时差促销：争取打乱对手的促销节奏；瓦解对手的分销网络，逼或引对手进行全部直营，增加其运营成本；针对性挖角：瓦解对手企业或经销商的优秀销售经理。

饮料销售有鲜明的季节性，只要在旺销季节将旺销终端（销量最大的关键终端）占据，竞品再多的促销也是白花钱、瞎折腾。等到旺季过去，压货量过大的产品就会变成临期品，渠道商就会向经销商、厂家要求退换货，出现这种情况的产品，这一年就是在“陪太子读书”，只见忙碌不见销量——多少凉茶已经处于这种状况，如用洗发水思维运作饮料的霸王凉茶。

为什么区域畅销产品不能实现全国化销售

货卖全国，这是所有品牌产品的梦想。但是，能实现全国化销售的品牌并不多，甚至某些区域市场非常成功的品牌，也遭遇全国化的瓶颈，如养元六个核桃、同福碗粥等。为什么这些销量超过 10 亿元，甚至 30 亿元的品牌，销售区域却如此集中，另一些销量相当的品牌却能全国“漫游”？

不可否认，进入二十一世纪，尤其是 2005 年以后新创立的食品企业，在市场拓展上都呈现出典型的区域聚焦的特性。截至 2004 年，企业推出一款“靓”产品，借助糖酒会或招商会一战成名、借助央视广告就货撒全国的案例少了，如她他水、雅客 V9 等。成功食品企业更加注重区域聚焦、市场精耕和厂家资源前置投入等“区域战法”。

并不是央视广告成本、影视明星的代言成本在增高，而是大明星、大广告、大招商的“三板斧”不灵了，很多迷恋昔日“三板斧”神话的新品牌，最后都变成了“流星”。

笔者在发表于 2004 年 12 期《销售与市场（渠道版）》的文章《战略性渠道管理——品牌建设的硬支撑》里做出预判：“从未来快速消费品的市场结构看，渠道投资代替广告投资是一个必然趋势，今天没有建立渠道优势而大把在大众媒介上进行广告投资的品牌，在未来的 3 ~ 5 年内将逐步消亡!”2005 年以后包括食品在内的快消品发展，完全印证了这一判断。但是，这个结论并不意味着否定创意、广告和媒介的重要性与成长性。整个中国市场消费正在从恢复性、基础性消费向结构性、改善性消费大规模升级，整体市场的规模以令世界吃惊的每年 8% 以上的速度持续二十多年递增，经济总量已经翻了 3 番。

繁荣里面有饿殍，行业景气趋势中也会有倒闭企业。就食品包括快消品行业而言，没有把握前面“先渠道后广告”（先后指资源配置的优先性，而不是时间顺序）营销战略的企业，大多凶多吉少。

从食品（快消品）行业的大格局、大趋势角度，来考量局部成功企业区域外拓展或全国化瓶颈的问题，就能看清楚症结所在，也才能找到破解的道路。

一句“怕上火，喝王老吉”让王老吉从广东地方药饮变成了全国人民共同的饮品。这话说得很浪漫诱惑，惹得大批食品企业从定位、品类里去找“货卖全国”的秘方。很多企业将货卖全国这样一个物理过程，想象成一个“定位 + 创意 + 广告”改变心智认知的化学过程，忽视了物理过程比化学过程需要更长时间、更多条件（资源、努力等）这个基本常识。

在中国，渠道建设及实现目标区域销售终端的铺货、上货和动销，必然是一个物理过程，而不是有一句绝妙广告语、一线明星代言，再加央视等全媒体投放几亿元广告费，就能完成心智植入、转变的化学过程。品牌及产品知名度可以速成，全国销售渠道终端的建设，却从来没有速成的。

局部区域实现大规模销量的品牌，如养元六个核桃这样的优秀企业，无疑在渠道运作上是成功的，为什么这样的区域成功品牌也会遭遇区域外扩张的瓶颈呢？

根据过去 20 年食品、快消品全国化扩张成败案例，从成熟市场向异域复制主要存在以下五个难点：

复制难点一：这些企业对于自己局部成功的关键成功因素并没有搞清楚。

成功企业不知道自己为什么成功，这种情况可能吗？事实证明，大量的企业落入“错误归因”的陷阱，这往往是导致成功企业不能复制成功或优秀不能迈向卓越的根源。

很多企业在做大规模、有一定的品牌影响之后，就忘记了自己当年是如何成功的，忘记了天时地利人和这些古训，将成功归结为某种

"后发的"、非关键驱动力的要素，如将雅客 V9 将成功归因于所谓维生素糖果创意，甚至是代言人广告带来的形象提升。

其他成功过程中的偶然因素还包括：与强势经销商的成功合作，如香飘飘；厂家在局部市场的倾斜性资源（人员、配送、促销、广告等）投入，如养元、同福碗粥；市场层级差异造成的市场启动难易度不同，能够在三级、四级市场攻城略地的品牌，未必能顺利进入一线城市，如金丝猴。这些导致企业取得过去成功的必不可少的"偶然性要素"，往往成为区域外复制辉煌的障碍。

复制难点二：强大竞争对手的狙击。

啤酒是受竞品狙击而局限于短半径销售的品类，牛奶行业的地方企业同样被两大全国性品牌压制，即使在饮料行业，娃哈哈的营养快线后来居上，将早期的浆果奶昔等逼退市场；2012 年正在发生的康师傅、统一和今麦郎"冰糖雪梨"大战，同样在对众多耕耘市场多年的赵州梨、莱阳梨企业进行战略压制。

复制难点三：市场动销手段容易被跟风。

借助洋河蓝色经典旋风，被当作白酒行业"二名酒"（地方名酒）崛起的盘中盘渠道运作方法，就是一种很容易被跟风、复制，甚至滥用的动销手段，这是造成口子窖交出南京市场主导权、高炉家全国拓展受阻的根本原因。

饮料里的"再来一瓶"，包装食品里的"刮刮卡"，啤酒、白酒的瓶盖兑换现金等加速动销的促销，显然没有多少技术含量，依靠这些方法获得局部成功的品牌，往往是占了时间差的便宜，这种容易被复制的动销方法一旦遭到地头蛇企业的山寨，就很容易"市场易手"。

复制难点四：不同地区的消费习惯差异、市场差异。

这是企业非常纠结的一个问题：露露北方强、椰树南方强是否是因为地区消费习惯的差异？事实证明，绝大部分食品饮料是没有跨区域消费障碍的，除非如西藏的酥油茶、糌粑之类的地方食品。凉茶的成功，不是潮汕、珠三角街头地道的广东凉茶店的凉茶被全国消费者接受了，而是加多宝对凉茶进行了饮料化的口感改造。王老吉180亿元销售额背后的消费者，至少80%以上不知道正宗广式凉茶是什么。

核桃露、冰糖雪梨等饮料的扩张，是否会碰到地区消费习惯的障碍？如果真的有，那只能说明企业的产品口感“特产化”，而没有“大众化”。

复制难点五：企业内部的费效比考核机制。

企业按成熟市场的费效比考核标准要求新开发市场，薪资体制也无法在销量比例大小与新开发增量大小之间平衡，导致企业的精英业务人员更希望留在成熟市场，不愿去新市场当炮灰。因此，新市场的开发会出现业务人员频繁更换、经销商频繁更换、市场遗留问题多等“毒刺”。

模式复制的力量

企业应该如何解决上述阻碍区域外扩张或全国化的障碍？

很多企业迷信招商，甚至有个别企业连续三四年都在拿同一产品系列招商，这是极不正常，也是错误与效益最低的区域拓展做法。

还有一种错觉即所谓的“先样板市场后全国复制”的路径。这种教条主义看待样板市场的错误，忽视了样板市场的真正意义是磨炼动销方法、路径与武器，而不是样板市场的复制。企业在样板市场往往投入过量的资源，这种模式怎么能大规模复制到全国市场呢？

史玉柱的市场口诀“样板市场快不得，全国市场慢不得”，是规劝那些连商业模式、动销方法都还没有思考成熟，就想通过招商、随机性市场开发获得增长的企业，却从没有说要“原样复制、移植”样板市场。

著名的脑白金江阴试点，本质是“磨剑”——将驱动顾客购买的方法、武器试验提炼和总结为动销模式。脑白金真正全国化的过程，是在解决了终端动销模式后，采用了大广告拉动的典型保健品营销路径。江阴试点的核心，是要掌握脑白金这种新产品的消费者反应及购买驱动因素，绝不是复制“江阴样板”。

动销模式才是驱动企业实现全国化的核心与前提。没有动销模式的招商，对合作伙伴是耍流氓，最终对自己是“找伤”。

动销模式的核心是什么？主要由以下五个内容组成：

（1）**销量在哪里产生？**具体说，在哪些渠道、哪些终端类型里产生？在这些类型的渠道、终端要采取哪些方法让渠道成员愿意铺货、愿意进货，并且产品能够上架、有好的陈列位置？具体步骤是什么？渠道价值链如何设置？是否比竞争对手有更大利润？

（2）**如何促进销量的持续增长？**尝试购买、重复购买和习惯购买的购买三段论是如何一气呵成的？两次关键性的“销量拐点”在哪里？是由哪些手段构成的？

（3）**完成上述市场动销的费效比是多少？**3～6个月甚至12个月的销量与资源配置预算是否清晰？能否实现最低销量保障？控制的措施及应变措施是什么？

（4）**采用何种渠道模式？**是直分销结合，直销拉动、分销跟进，大经销商制，还是一步到位的深度分销？确定的渠道模式是否能够适应大部分市场环境，能否执行？

（5）**厂商关系及市场与销售职能如何分解？**怎么实现铺货？怎么拿到终端订单？怎么对终端进行循环拜访及理货等服务？怎么对市场运作的进度、真实性进行管控？厂商协作的游戏规则是否达成共识（最好有书面签字确认的市场执行计划）？

我们以食品饮料的地级市场为例，来说明动销模式的一种组合形态。

中国地级市场，即非省会以外的地级行政区市区。其中，东部发达省区有77个地级市，中西部有209个地级市，辐射324个县级市、县城。这些地级市、县市的人口占全国人口的35%，创造的GDP近

50%，是中国产业工人的聚集区域，属于非常典型的大众化产品消费市场。中国任何一个食品饮料品牌如果能深度覆盖三级、四级市场的70%，年销量将可以轻松迈过十几二十亿元的规模门槛。

三级、四级市场的动销模式有什么特点？这些城市的销量靠什么驱动？根据博纳睿成的咨询经验及研究，可以将三级、四级市场的动销模式总结为“两段五连环”：“两段”指渠道与消费者驱动两段，“五连环”指消费者快速启动的“市场围攻五连环”战法。

进入三级、四级市场，首先是要获得渠道成员的接受及配合，及经销商、分销商、零售终端对产品的接受。获得渠道成员接受的核心是两个：渠道价值链设计和市场动销方法，市场动销方法即消费者启动方法。至于产品是否有代言人，并不是必需的，核心是产品本身的战略设计及产品驱动力的设计，此处不具体展开。

排除产品的品质、包装和代言人等问题，即使是一个貌不惊人的产品，只要企业形成成熟的市场启动模式，并能够协调厂商资源强化执行力，产品进入三级、四级市场也没有障碍。

三级、四级市场食品饮料动销模式的一般特点，我们总结为“市场围攻五连环”，即通过五大渠道和传播要素的“地面化”整合推广，快速形成知名度并拉动销量，具体如图6－2所示。

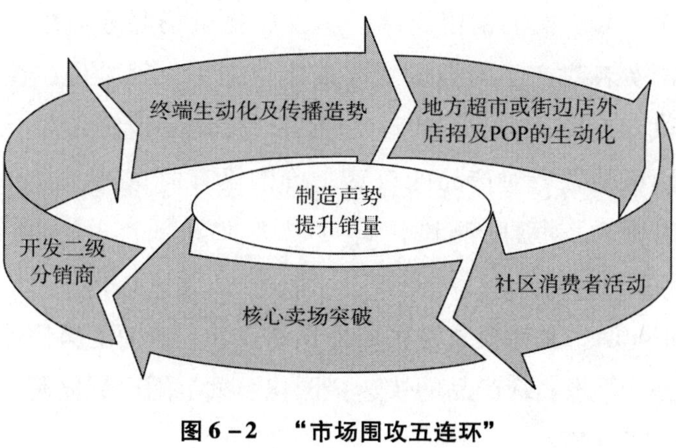

图6－2　“市场围攻五连环”

如图6－2所示，第一步是终端生动化及传播造势：这个环节的重点是要做到“一夜成名”，首战要猛，要在极短时间里，让新品在城区家喻户晓；如果能制造持续性的话题传播，则更佳。

第二步是地方超市或街边店外店招及 POP 的生动化，这个战法借鉴学习当年丝宝的做法即可。

第三步社区消费者活动，如制定一个在 30 天里将居住人口密集的社区全覆盖的社区活动，采用大力度的买赠礼品促销、免费品尝和派送小礼品等活动。

第四步核心卖场突破，即选择一两个当地人气最旺的大卖场，做 15 天的超级堆头促销，或者在资源允许的情况下，对超市实施多点陈列，增强强大品牌的气势。

第五步开发二级分销商（即批零商），并对二级分销商首批进货派人进行终端铺货主销，以加快分销商的二次进货。

上述五步的具体终端数量、投入方式、促销成本、人员配备和销售目标等都要进行精确的计划，五步连环。地级经销商的首单进货将会很快就铺货完成，需要二次补货，这就可以进入第二轮的销售促进。

五步的操作顺序，由于各地情况及执行力的原因，不会完全一样。但抓住五步，并尽量让五步的宣传、促销和销售能够互相衔接，甚至波浪冲击，在 30 天内完成第一轮动销周期是不困难的。

第二次、第三次的销售周期，不仅需要市场服务与维护，而且决定于地区消费者对产品的满意度与重购意向，也就是说，企业在进行实际的二段五连环攻击前，应该对产品进行地区消费者品尝或试销测试，看看地区消费者对产品的口感、价格等有何意见，这种前置的试销或消费者产品满意度测试，将可以大大降低产品全线铺开后的麻烦。

总之一句话，动销模式是区域外招商成功，进而能够快速全国化的核心与前提。要想实现产品的快速全国化、大范围区域复制，必须先将动销模式研究清楚。

【案例6】饮料的啤酒化卖法

企业按规模及影响力可分为三种类型：强龙、地头蛇和地龙（即蚯蚓）。强龙企业到处抢食，有娘就要奶；地龙企业到处找食，有奶便是娘；地头蛇企业圈地护食，自家娘自家奶。地头蛇企业都擅长培育差异化的渠道与产品偏好，这类企业是区域市场或细分品类里的隐形冠军。

中国营销对强龙品牌关注与研究过多，对地头蛇品牌的研究相对较少。在地头蛇企业战略里，稳健增长与盈利是第一位的，快速扩张、广域运作、快速规模化是第二位的。地头蛇企业如何保证稳健增长与盈利？必须靠不同于强龙企业的差异化战略，才能保证不被强龙企业的压迫式营销击溃。

1992—2002年，可口可乐、百事可乐大量兼并或击溃了众多本土汽水，如北京北冰洋、上海正广和、沈阳八王寺和重庆天府可乐等。而宏宝莱（为四平宏宝莱饮品股份有限公司的简称）实际是在可口可乐、百事可乐冲击下没有倒下、从建厂起就运作周转箱饮品的企业。

宏宝莱保存至今还在稳健增长的原因是什么？对刀光剑影的饮料江湖有何启示？

宏宝莱的成功之道很简单，可一言以蔽之，就是在过去饮料企业都放弃餐饮市场的时候，始终坚持深耕餐饮渠道，最后在餐饮渠道得以扎根。

饮料在餐饮终端销售本是正常现象，但众多将餐饮当作高毛利渠道的饮料企业，都遭遇卖不上量、运作成本高和投入产出倒挂的烦恼。显然，餐饮渠道的高零售价格、高毛利只是“看起来很美”。

除餐饮店自制饮料，对包装饮料企业来说，餐饮渠道的成功营销秘诀究竟是什么呢？我们通过解析销量50%以上来自餐饮渠道的宏宝莱饮料企业，看看饮料品牌操作餐饮终端的成功基因。

产品基因：

宏宝莱是一家以饮料、冷饮产品为主的综合饮品企业，其蜜香豆坊冰淇淋是一个具有全国知名度的明星冷饮产品，饮料品类从早期的碳酸饮料汽水逐步发展到今天在植物蛋白（花生露）、植物纤维（生榨果汁、果汁鲜）品类拥有众多明星品种的产品群，产品形态以周转箱玻璃瓶与胶瓶为主。

以周转箱卖饮料，是当下饮料销售的另类形态，却是一座潜伏的金矿。以周转箱卖饮料的最大好处有三点：①一旦完成渠道铺货，可以有效占据零售终端的空间，销售稳定；②每一次进货都是批量销售，单店价值较高；③餐饮终端对差异化产品的接受度高，不需要一般饮料新品的广告支撑。销售周转箱饮品，店家的毛利也比较高。

周转箱的产品运作规律是，低端产品进入、高端产品渗透。宏宝莱是依靠一款并没有多少优势、一做就二十多年的汽水，抵御住了碳酸饮料霸主“两乐”的冲击，在吉林、辽北地区餐饮渠道培养了一批消费者。最近五六年才形成围绕餐饮渠道需求，逐步开发、导入植物蛋白和果汁新品，获取更高毛利的产品战略。

以花生露为代表的宏宝莱胶瓶产品，除运作一般零售终端外，也大力度向餐饮终端渗透，形成即使是花生露，也在零售终端里玻璃瓶与胶瓶共存的情况。这种共存并没有被终端及消费者排斥，反而因满足了同一消费者的不同需求（容量大小及便携性），使宏宝莱花生露成为吉林地区餐饮市场的一朵奇葩。

渠道基因：

产品基因决定渠道基因，渠道基因也决定产品基因。餐饮渠道的包装饮料总体分为两类：一类是以单品明星品牌自然渗透进餐饮渠道，如椰树椰汁、露露花生露、王老吉、加多宝凉茶和汇源果汁等；另一类就是依托餐饮渠道运作能力卖包装饮料产品渠道，代表性的南有杨协成（豆奶），北有宏宝莱（汽水、花生露）。

也就是说，在餐饮渠道卖包装饮料有两大类型：品牌驱动力和渠道驱动力。除此之外，品牌力不够，渠道力不强的饮料企业，即使企业认为自己的饮料产品再好，或最适合在餐饮销售，也难以取得预期效果。这些前赴后继、不断夭折的定位或进军餐饮渠道的饮料产品包括一品乳、苹果醋、山楂露、杨梅汁和桑葚汁等。

宏宝莱、杨协成集团餐饮运作的渠道基因是什么？核心是目标渠道定位与动销。

周转箱饮料的目标渠道是大众化餐饮终端，即行业里所说的餐饮C、D类终端。大众餐饮是自主消费，消费者图的是实惠，只要产品对味、品质可信，并不在意产品的品牌、档次和广告影响等，自点率非常高。

在动销上，这类饮料因为差异化的定位，竞争对手几乎为零，自然也不需要高竞争性品类如啤酒、白酒等的进场费、买断费等，只要将终端生动化做好，投入必要的生动化物料，如冰展柜、台卡和 POP 等，就能产生较好的品牌传播效果。宏宝莱在终端生动化上的创新与执行力，比杨协成集团甚至更具特色，在吉林市场，从市场呈现度来看，不逊于加多宝的餐饮终端运作能力。

终端生动化的效果，有两个指标：第一，生动化物料的创意与制作品质；第二，生动化物料在终端的覆盖率，尤其是饱和覆盖效果（无处不在、最大呈现、渗透细节）。

加多宝在酒店外墙玻璃上的红色覆膜贴谈不上多少创意，但是当可以在一个城市大多数酒店都可以贴出来的时候，这比线上投多少电视广告的效果都好。

终端生动化，执行力本质上比创意更重要。宏宝莱的终端生动化，从物料设计上看比一般饮料企业显然用心很多，却也没有多少新奇创新。然而，当在吉林地区几乎所有的C、D类餐饮店里都能看得下面的终端陈列与生动化物料的时候，任何人都无法不对宏宝莱这个品牌刮目相看。终端生动化具体如图6-3、图6-4、图6-5、图6-6、图6-7、图6-8和图6-9所示。

图 6－3　宏宝莱终端生动化（一）

图 6－4　宏宝莱终端生动化（二）

图 6－5　宏宝莱终端生动化（三）

图6－6　宏宝莱终端生动化（四）

图6－7　宏宝莱终端生动化（五）

图6－8　宏宝莱终端生动化（六）

图6－9　宏宝莱终端生动化（七）

团队基因：

杨协成集团在广州做周转箱豆奶，是其胶瓶豆奶在全国市场已经建立品牌之后新导入的企业战略，从一定角度说，杨协成集团选择在广州大本营做周转箱，是被市场逼迫的战略突围之举。宏宝莱实际是在"两乐"冲击下，没有倒下、从建厂起就运作周转箱饮品的企业。宏宝莱保存至今，不仅得益于母公司（红嘴集团）的实力，与其团队基因关系也很大。

时至今日，宏宝莱饮料的团队从高层到中层，都来自集团兄弟企业金士百啤酒（早年的红嘴啤酒、巴斯啤酒）公司。这种团队构成，使宏宝莱成为可能是国内饮料企业里唯一一个用啤酒营销思维及销售手法操作饮料产品的企业。

与啤酒在餐饮终端的高度竞争相比，饮料产品的餐饮渠道竞争度，可谓是冰火两重天：一个是暴风骤雨，另一个是和风细雨。啤酒运作及管理的精细化、稳健和系统等，是形成宏宝莱的团队基因。

通过前面的分析，我们给有意运作餐饮渠道的饮料企业或经销商提出以下结论与建议：

（1）**高端餐饮需渗透进入：**全国或区域范围内走高端饮料或差异

化饮料切入餐饮渠道战略，在终端投入上要慎重，最好以渠道补充的方式渗透进入餐饮，不要采取大广告、大力度（如买店）和快速运作（如强势铺货）的运作模式。即使像汇源这样的品牌，大张旗鼓地运作中高端餐饮，结果都劳民伤财，差一点铩羽而归。

（2）**大众化餐饮渠道的饮料市场是一座金矿**：企业及经销商应该采取合适的产品战略、渠道战略和运作模式去开发占领这座金矿。

（3）**选择大于努力**：如果选择错误的产品、错误的进攻方向，再多的技巧甚至费用投入，都会打水漂。要选择顺势而为，才能稳健成长。所谓饮料运作餐饮之难，是因为选择错误，容易是正确选择之下，持续努力的成果。

（4）**市场机会巨大**：摆脱周转箱产品的半径限制，胶瓶装、罐装和利乐装饮料产品，尤其是零售价格不高于5元/瓶的产品，在C、D类餐饮渠道都有较大的机会，这是饮料企业培养基地市场、坐稳品牌的一个机遇。

如处于上升势头的粗粮饮料，如果改变大包装、高价格的错误路线，认真运作、培育一两个省或省会城市，会在3~5年内突破10亿元的销量门槛，比到处流寇式蜻蜓点水、广种薄收更有利于企业的成长。如果能把培养基地市场与拓展全国市场有机结合，那么即使做不了娃哈哈，做到加多宝规模的机会，也不是不可预期。

第七章
渠道隐杀

——老板如何管营销

渠道效率决定销售盈利。

红海市场盈利术

王老吉的崛起、加多宝的继续强势，是“心智大于事实”定位的成果吗？为什么中国最早的哈尔滨啤酒、号称国啤的青岛啤酒都输给了只有短短20年品牌历史的雪花啤酒？饮料里的创意冠军农夫山泉，为何规模还不到娃哈哈的20%？有几个蓝海、新品类不会很快变成红海甚至血海？驱动品牌持续增长的关键因素，尤其是可以保持规模高利润的关键因素究竟是什么？

可以肯定地说，不懂渠道隐杀的品牌，不仅无法保持领先或持续增长，而且想获得盈利更是难于登天。

红海竞争的特点，一是竞争白热化，二是对手体量大。这种高级竞争不仅表现在品牌传播的铺天盖地，如加多宝、茅台、洋河和雪花啤酒等在各大媒体的饱和轰炸，更残酷的竞争是渠道，从分销商到终端“针尖对麦芒”式的渠道对抗。在这样的竞争环境下，规模往往不是利润的保护伞，有规模、无利润是竞争输家的共同特点。

如何在红海甚至血海里生存或盈利，并非简单问题。蓝海战略、转型升级、创新产品和开创新品类等都是外向发展的路径，企业如果没有内生性竞争武器，没有“立地成佛”的办法，结局就是被击溃或被并购。

实践证明，所谓的行业亏损、红海竞争，在消费品行业尤其是产品形态变化不大的品类，如食品、饮料、酒类、日用品等中，并不如工业品，如钢铁、能源等行业般不受企业控制。

消费品企业的亏损，尤其是规模企业的亏损，绝大多数原因是企业战略模式、销售管理和营销运营方面出现重大错误导致，与行业平均盈亏水平关系不大。

学会先进的渠道管理技术，是红海竞争盈利的核心关键。在大海里生存，必须学会与鲨鱼共存的技巧，渠道价值链管理工具，就是这种与鲨鱼共游的盈利之道。

渠道结构决定分销速度与深度，即分销质量。企业渠道结构的设计是销售模式的核心，这个结构不仅决定企业资源的投放结构，也是应对竞争的重要举措。

在一个产品从成本到零售价之间的所有环节，就是渠道价值链。一般而言，包括五个“利益环节”：厂家、一批商、二批商、终端和消费者。前四个环节是经营主体，最后一个是购买或消费主体。

消费者对产品价格的接受度，与行业平均价格水平、促销及品牌溢价三大因素相关，传统营销的产品定价，主要讨论的是消费者价格。但在产品销售的实际过程里，尤其是渠道先于品牌驱动的行业或产品，渠道价值链是更复杂、更决定产品销量的因素。

渠道价值链设计的重要性体现在以下五个方面：

（1）终端利润预期与终端推荐力。

（2）二批商作用与利润预期。

（3）一批商作用与利润预期。

（4）消费者拉动或促动。

（5）前面四项市场费用决定了第五项设计，厂家毛利与市场投入结构。

任何厂家或品牌都不可能无限度满足前四个环节利益最大化的需求，只能阶段性地满足某几个关键渠道环节的利益需求——这是渠道价值链设计的核心原理所在。

不同的产品发展阶段，渠道价值链规划的重点也有所不同。

产品导入期，有以下两种渠道价值链形态：

（1）利益重心倾向于“一批商（即有广泛分销网络的超商）+消费者”的拉动或促动，此形态下，分销商、终端利润水平不是最大的，即这是靠一批商的“面子资源”推新品。

（2）利益重心倾向“深度分销商（直接二批）+终端（如买店、买堆头等）”，省去一批商环节，这就需要厂家有较强的销售团队。

进入成长期，价值链重心则需要根据产品竞争特点进行调整，可能出现以下两种情况：

（1）处于终端垄断竞争，必须采用售点控制，资源优先向优质终端买断或促销投入。

（2）非垄断终端竞争，则需要强化二批商利润，占资金、占仓、占资源和占时间。

成熟期即市场份额较高（超过40%）且相对稳定阶段，价值链重心要根据竞争对手情况灵活调整，即错位竞争，以避免盲目跟进促销“因小失大”：对手加大消费者促销力度时，成熟品牌可以锁定优质终端，对消费者与竞品促销进行阻隔；对手加强二批商促销时（如渠道搭赠促销），成熟品牌可以通过消费者活动或终端活动，对终端占仓减弱竞品的进攻影响力等。

渠道价值链这个工具不是对市场现象或产品价格结构的简单描述，而是企业的一种战略性的“精巧设计”，这个设计的结果不仅会影响渠道质量和市场份额，还会影响厂家的利润。

通过对标价值链，企业要对以下问题做出判断：

（1）二批商（直销商）的销售毛利有无优势？内部核心品种与辅助品种的毛利是否有差别？这种差别是否会造成二批商更乐意销售辅助品种？

（2）一批商的分销毛利是否可以调动其积极性？如果一批商兼具直销商，应该如何规划其盈利结构？

（3）终端销售利润如何？买店费用的投入效果如何？在总量不变的情况下，如何改善专销店销售品种的结构，实现公司盈利？是否存在不合理的促销政策，如专销店里投放奖盖等？

销售质量看似复杂，实则简单，核心就是渠道价值链政策的有效性、合理性。有效性指是否能有效应对竞品政策，或者能提升市场表现，即以“六率”为核心的销售目标。“六率”指标的提升，是销量完成的基础。合理性是指投入产出比（ROI）是否正确。

渠道价值链管理是啤酒、饮料和食品等低溢价品类产品进行渠道管理与控制的重要系统工具。很多企业有对渠道环节的价格设计，但并没有掌握渠道价值链管理效能的要领。

渠道价值链操盘法

企业要利用渠道价值链工具做四件事：诊断销售质量、制定销售预算、销售费用审计（即投入产出比评估）和销售过程及结果追踪监控。

（一）诊断销售质量

终端是销售效益的指示器：一个品牌在市场上处于什么状况，通过零售终端的检查，如抽查或普查，就可以做出判断。

反映终端管理效果的是“七率指标”，俗称“非常6+1”，即外部市场表现“六率”：覆盖率、专销率、占有率、产品组合率、生动化陈列布置率和业务员拜访频率，加一个内部终端效益审计指标：投入产出率（终端盈利率）。

终端检查（或网点检查）是起点与过程，企业要通过市场表现去挖掘导致这些结果的销售因素，即通过终端检查，结合渠道价值链诊断销售质量，搞清楚以下问题：

为什么覆盖率不足？针对不同终端类型或区域，哪些是需要改进的重点？用什么方法？

为什么专销店效益不高？专销店单店产出量如何？销量的质量如何，即中高档产品销量比例是否偏低？专销店促销投入是否合理？

提高占有率的重点是什么？这涉及市场结构和品种结构的分析，在哪个价格区间里，占有率偏低？导致这种结果的主要因素是什么？这个价格区间的核心品种及产品组合、终端类型覆盖率等有何问题？

终端的产品组合存在什么问题？不同类型终端的产品组合是否达到让消费者多样化选择、差异化消费的目的？这种组合终端店是否满意？

终端生动化效益如何？生动化布置率如何？生动化措施有无创新？消费者是否喜欢？终端店主是否欢迎？

业务员拜访效益（客情）对货龄、动销和费用管理有何影响？业务员拜访周期如何？每次拜访是否有改善？是否存在后进先出的问题？是否有店内促销？促销员（如果有）状态如何？客情关系如何？店主或服务生是否对本品牌进行第一推荐？

上述市场表现并非孤立指标，都涉及与竞争对手的比较。如何判断竞争对手的策略，或发现本产品销售政策的问题，需要通过对标品种渠道价值链，诊断企业在渠道价值链各环节资源投入情况。渠道运营及销售质量，是终端表现的驱动力量。

（二）制定销售预算

明白了上述原理，用渠道价值链进行销售预算就不难理解。营销费用有线上（品牌传播）与线下（销售促进）之分，渠道价值链的销售预算管理，是对线下费用管理的精细化。

销售预算的核心，是要明白以下问题：

需要花哪些钱？尤其是花哪些钱具有优先性，即对保障销量有关键作用？

花多少？是否会产生亏损？

如果产生亏损，企业为什么要承受这种亏损？这种战略亏损的边际效用是什么？未来止损的措施是什么？

是否存在品种空缺，即是否有必要投放新品？

必须避免稀里糊涂花钱，尤其避免因盲目跟随竞品促销政策产生的亏损，或者对亏损缺乏冷静的认知与判断，这些销售亏损，即有销量、无利润的现象，是必须高度警惕的。

必须强调的是，所谓的行业亏损在消费品行业里并不如钢铁、能源等工业品行业般不受企业控制。消费品企业的亏损，尤其是规模企业的亏损，绝大多数原因是企业战略、模式、销售管理和营销运营等方面出现重大错误导致，与行业平均水平关系不大。

销售预算步骤如下：

（1）市场总体销售计划，首先是根据分终端类型制定销量计划，如表 7－1 所示。

表 7－1　根据分终端类型制定的销量计划

<table>
<tr><th colspan="2">渠道</th><th>售点数量（个）</th><th>总容量（件）</th><th>平均单店容量（件）</th><th>渠道容量占比（%）</th><th>本品目前销量（件）</th><th>目前占有率（%）</th><th>2009 年 8 月目标量（件）</th><th>2009 年 8 月目标占有率（%）</th></tr>
<tr><td rowspan="2">餐饮、烧烤</td><td>AB 类</td><td>180</td><td>8000</td><td>44</td><td>8.2%</td><td rowspan="3">4239</td><td rowspan="3">20.2%</td><td rowspan="3">8000</td><td rowspan="3">38%</td></tr>
<tr><td>CD 类</td><td>1034</td><td>12000</td><td>12</td><td>12.2%</td></tr>
<tr><td colspan="2">中型超市</td><td>85</td><td>1000</td><td>12</td><td>1.0%</td></tr>
<tr><td colspan="2">小夜场</td><td>82</td><td>7000</td><td>85</td><td>7.1%</td><td>3356</td><td>47.9%</td><td>5500</td><td>79%</td></tr>
<tr><td colspan="2">大夜场</td><td>30</td><td>26000</td><td>867</td><td>26.5%</td><td>2395</td><td>9.2%</td><td>5000</td><td>19%</td></tr>
<tr><td colspan="2">KA</td><td>8</td><td>2000</td><td>250</td><td>2.0%</td><td>741</td><td>37.1%</td><td>1000</td><td>50%</td></tr>
<tr><td colspan="2">城区士多店</td><td>808</td><td>6000</td><td>7</td><td>6.1%</td><td>3760</td><td>62.7%</td><td>4000</td><td>67%</td></tr>
<tr><td colspan="2">乡镇</td><td></td><td>36000</td><td></td><td>36.7%</td><td>700</td><td>1.9%</td><td>1000</td><td>3%</td></tr>
<tr><td colspan="2">合计</td><td>2227</td><td>98000</td><td></td><td>100.0%</td><td>15191</td><td>15.5%</td><td>24500</td><td>25%</td></tr>
</table>

其次是各品种销量计划，具体如表7－2所示。

表7－2　销量计划

销售品种	净销量（件）	品种销量占比（%）
DL纸箱/10.5度640ml/12/0.0768Q	148	1%
DL纸箱/10.5度/350ml/12/0.0420P	4484	30%
DL纸箱（新品）/9度/640ml/12/0.0768Q	4673	31%
DLV8纸箱/10度/480ml/12	410	3%
DL纸箱（绿瓶）/10.5度/500ml/12/0.0600Q	3406	22%
DL塑箱（绿瓶）/10.5度/500ml/12/0.0600Q	2070	14%
小计	15191	100%

（2）实现路径：终端目标计划。

示例：某区域市场中餐户口（点位）开发计划，具体如表7－3所示。

表7－3　某区域市场中餐户口终端目标计划

开发时间	户口类型	场次类型	目标户口	普查月总容量	普查月销量	普查占有率	目标月销量	目标占有率
3月	A	包场	川渝食府	140	30	21.43%	140	100.00%
3月	A	包场	卓超酒店	103	50	48.54%	103	100.00%
3月	B	包场	麒麟鲜鱼店	200	0	0.00%	200	100.00%
3月	C	包场	小小香土鲫鱼	11	3	27.27%	11	100.00%
3月	C	包场	风味小吃	11	4	36.36%	11	100.00%
3月	D	包场	金福园	11	0	0.00%	11	100.00%
3月	A	普通场	吃不厌精	50	20	40.00%	25	50.00%
3月	A	普通场	老曲靖	42	12	28.57%	15	35.71%
3月	A	普通场	玉皇火锅场	35	16	45.71%	20	57.14%
3月	B	普通场	军供宾馆	40	5	12.50%	9	22.50%
3月	B	普通场	气弟渔府	40	5	12.50%	9	22.50%
3月	B	普通场	大排档饭店	35	4	11.43%	8	22.86%
3月	C	普通场	罗曼大酒店	10	3	30.00%	4	40.00%

续表

开发时间	户口类型	场次类型	目标户口	普查月总容量	普查月销量	普查占有率	目标月销量	目标占有率
3月	C	普通场	麒麟鸭子	10	3	30.00%	4	40.00%
3月	C	普通场	食运来	10	3	30.00%	4	40.00%
3月	C	普通场	顺通园餐厅	10	3	30.00%	4	40.00%
3月	C	普通场	天龙大酒店	10	3	30.00%	4	40.00%
3月	D	普通场	老四川	11	0	0.00%	6	54.55%
3月	D	普通场	贵阳小火锅	10	0	0.00%	2	20.00%
3月	D	普通场	贵州羊肉馆	10	0	0.00%	2	20.00%
3月	D	普通场	和味园	10	0	0.00%	2	20.00%
3月	D	普通场	红灯笼川菜馆	10	0	0.00%	2	20.00%
3月	D	普通场	花花酒家	10	0	0.00%	2	20.00%

（3）开发终端费用预算表，如表7-4所示。

表7-4 开发终端费用预算表

户口名称	渠道类型	月容量（件）	开发形式			终端促销						服务员	促销员		投入费用（元）	分摊投入费用（元）
			包场	专场促销	协议场（包里）	买店费	开店费用	赠酒	终端返利费用	冰柜	终端生动化投入	瓶盖	工资	资金		

续表

户口名称	渠道类型	月容量(件)	开发形式			终端促销						服务员	促销员		投入费用(元)	分摊投入费用(元)
			包场	专场促销	协议场(包里)	买店费	开店费用	赠酒	终端返利费用	冰柜	终端生动化投入	瓶盖	工资	资金		

注：此表户口（终端）为开发清单里设定的目标。分摊费用为固定投入如冰柜等按折旧月份计入本月的费用。

（4）销售费用汇总表，如表7－5所示。

表7－5 销售费用汇总表

项目	渠道								市场	管理		费用小计	摊销小计（元）	费用占比（%）
	AB类即饮户口	CD类即饮户口	KTV及酒吧	商超士多	KA团购	二批	…	…	市场活动	业务员	经销商	（元）		
冰柜														
店招														
大伞														
店内生动化（喷会及展架）														
PG														
赠酒														
礼品														
资金与补贴														
…														
总计														
销量（件）														
单件费用（元）														

表7－5是各销售单元月度销售费用总计，分四大类别：渠道费用（终端投入＋渠道商返利等）、市场活动费用（生动化、主题促销活动、店内促销等）、管理费用（含销售人员薪资、差旅费等）和摊销费用

（固定费用月度摊销）。

终端类型分类和销售费用类型由各企业根据具体情况确定名称并予以定义。

基于渠道价值链的销售预算，可以清楚地看到销售费用在不同渠道环节的分布，不仅可以评估“销售驱动力”，也便于未来费用审计时进行“单点核算”，即看清楚每一笔费用是否花在必要合适的渠道环节。

（三）销售费用审计（ROI 评估）

销售费用审计的核心是计算每一个销售单元的盈利情况。如果是区块制，则可以从每一个基本销售单元，即区块业务员开始，层层累积，审计每一个区块、办事处、销售部的投入产出比或盈利情况。

一批商、二批商渠道利润相对固定，变化及比例较大的是终端及消费者促销费用，是销售费用审计的重点。

销售费用审计步骤如下：

（1）销量目标达成情况，如表 7－6 所示。

表 7－6　销量目标达成情况

渠道	售点数量（个）	9 月净销量目标			10 月净销量目标			11 月净销量目标			12 月净销量目标		
		目标受控售点数（个）	铺市率（%）	销量（件）	目标受控售点数（个）	铺市率（%）	销量（件）	目标受控售点数（个）	铺市率（%）	销量（件）	目标受控售点数（个）	铺市率（%）	销量（件）
中餐烧烤	1114	500	45%	4000	600	54%	5000	650	58%	5500	700	63%	6000
中型超市	62	50	80%	710	55	88%	1000	55	88%	1200	55	88%	1500
小夜场	82	70	85%	2500	75	91%	3000	75	91%	3000	75	91%	3000
大夜场	54	15	28%	5500	18	33%	6000	20	37%	7000	22	41%	7000
大超市	6	6	100%	2500	6	100%	1500	6	100%	1500	6	100%	1500
城区士多店	808	100	12%	500	150	19%	600	350	43%	800	400	50%	1000

续表

渠道	售点数量（个）	9月净销量目标			10月净销量目标			11月净销量目标			12月净销量目标		
		目标受控售点数（个）	铺市率（%）	销量（件）	目标受控售点数（个）	铺市率（%）	销量（件）	目标受控售点数（个）	铺市率（%）	销量（件）	目标受控售点数（个）	铺市率（%）	销量（件）
乡镇非即饮				1500			2000			2500			2500
合计	2126	741	35%	17210	904	43%	19100	1156	54%	21500	1258	59%	22500

（2）开发费用明细表，如表7－7所示。

表7－7　开发费用明细表

开发费用	3月				
	夜场	中餐	烧烤	士多	合计
终端	0	0	0	0	0
（1）买店费	10000	0	0	0	10000
（2）专场促销费	0	0	0	0	0
（3）开店费	0	0	0	0	0
（4）赠酒费用	1408	4680	1380	1590	9058
（5）终端返利费用	1280	0	0	0	1280
（6）促销道具费用	0	25280	7900	0	33180
（7）终端生动化投入	5400	3300	900	0	9600
消费者促销	0	0	0	0	0
（1）促销品	5000	0	0	0	5000
（2）瓶盖费	0	0	0	0	0
促销员	0	0	0	0	0
（1）工资	0	0	0	0	5000
（2）资金	0	0	0	0	0
合计	23088	33260	10180	1590	73118

注：此表是销售费用数据来源，务必做到精确及时。

（3）销售费用评估，将渠道所有费用带入设定计算表格中，按照月度实际销量折算销售费用率（百升/元，或单箱费用：元/箱），由各级管理单元根据销售策略进行审批。如设定平均盈利标准为80元/百升，评估各销售单元的盈利情况，如表7－8、表7－9和表7－10所示。

表 7-8　各销售单元的盈利情况评估(一)

合同编号： 客户代码： 客户名称：××市××区 ×××部	利润分析(2008)		销量	促销费用参数				到岸价	运价	是否收押	系数	BOM	瓶押金	酒水价	产品码
				促销奖励		合同项目号	回瓶补贴								
产品名称	销量(百升)	元/百升	件/桶	元/件	%		元/件	元/件	元/件	(Yes/No)	百升/件	元/百升	元/件	元/件	
大理纸箱(新品)/9 度/640ML/12/0.0768Q	2,688.00	233.48	35,000	4.21				26.50	0.72	Yes	0.0768	88.45	4.80	20.98	0713
大理纸箱/10.5 度/640ML/12/0.0768Q	2,073.60	283.56	27,000	5.28				31.00	0.72	Yes	0.0768	96.81	4.80	25.48	0711
大理纸箱/10.5 度/350ML/12/0.0420P	1,596.00	342.08	38,000	4.05				22.00	0.39	Yes	0.0420	127.68	4.80	16.81	0714
大理纸箱(绿瓶)/10.5 度/500ML/12/0.0600Q	1,680.00	344.16	28,000	5.28				29.50	0.54	Yes	0.0600	117.00	4.80	24.16	0715
大理 V8 纸箱/10 度/480ML/12/0.0576Q	864.00	425.42	15,000	9.70				34.00	0.53	Yes	0.0576	124.46	4.80	28.67	0719
大理塑箱/10.5 度/500ML/12/0.0600Q	2,400.00	297.15	40,000	7.33				29.50	0.60	Yes	0.0600	87.32	8.04	20.86	0717
	-	-									-	-	-	-	
	-	-									-	-	-	-	
	-	-									-	-	-	-	
	-	-									-	-	-	-	
	-	-									-	-	-	-	
	-	-									-	-	-	-	
	-	-									-	-	-	-	
	-	-									-	-	-	-	
	-	-									-	-	-	-	
销量合计（百升）	11,301.60	302.66	183,000												

表 7－9 各销售单元的盈利情况评估（二）

项目	金额	元/百升
销售收入	3, 420, 487. 18	302. 66
消费税	－277, 809. 72	－24. 58
销售毛收入（3＋4）	**3, 142, 677. 46**	**278. 07**
产品销售成本（变动）	**－1, 155, 938. 86**	**－102. 28**
销售费用（与销量相关）：		－
促销费用（按出厂价计算）	－880, 641. 03	－77. 92
回瓶补贴	－	－
		－
		－
销售费用（与销量无关）：		－
10 名 PG10 个月基本工资	－50, 000. 00	－4. 42
		－
		－
促销费用合计	**－930, 641. 03**	**－82. 35**
其他变动费用		－
塑箱回空运费	－	－
坏账准备	－17, 102. 44	－1. 51
商标使用费	－	－

表 7－10　各销售单元的盈利情况评估（三）

运费	－122, 523. 36	－10. 84
		－
边际利润 1	**916, 471. 77**	**81. 09**
固定成本		－
制造费用	－193, 394. 55	－17. 11
生产折旧	－127, 840. 53	－11. 31
边际利润 2	595, 236. 69	52. 67
ATL 费用	－	－
包干费	－23, 174. 70	－2. 05
销售/市场/发货费用	－10, 353. 26	－0. 92
销售折旧	－1, 138. 36	－0. 10
销售利润	**560, 570. 36**	**49. 60**
管理费用	－104, 332. 11	－9. 23
管理折旧	－16, 168. 64	－1. 43
税前营运利润	**440, 069. 60**	**38. 94**

（四）销售过程及结果追踪监控

从销售管理角度看，这个销售预算也是销售进度追踪、销售过程管理的工具。终端业务员销售执行监控步骤如下：

（1）月度售点控制目标计划，如表 7－11 所示。

表 7－11　月度售点控制目标计划

<table>
<tr><th rowspan="2">渠道</th><th rowspan="2">售点数量
(个)</th><th colspan="4">上月售点开发情况目标</th></tr>
<tr><th>上月目标受控售点数
(个)</th><th>上月实际受控售点数
(个)</th><th>完成率
(%)</th><th>覆盖率
(%)</th></tr>
<tr><td>KTV</td><td></td><td></td><td></td><td></td><td></td></tr>
<tr><td>酒吧</td><td></td><td></td><td></td><td></td><td></td></tr>
<tr><td>中餐</td><td></td><td></td><td></td><td></td><td></td></tr>
<tr><td>烧烤</td><td></td><td></td><td></td><td></td><td></td></tr>
<tr><td>KA</td><td></td><td></td><td></td><td></td><td></td></tr>
<tr><td>士多</td><td></td><td></td><td></td><td></td><td></td></tr>
<tr><td>…</td><td></td><td></td><td></td><td></td><td></td></tr>
<tr><td>合计</td><td></td><td></td><td></td><td></td><td></td></tr>
</table>

（2）明晰月度终端操作目标计划与监控，如表 7－12 所示。

表 7－12　月度终端操作目标计划与监控明细表

<table>
<tr><th colspan="5">户口明细</th></tr>
<tr><th colspan="5">包场（家）</th></tr>
<tr><th>户口名称</th><th>户口容量</th><th>本品期初份额</th><th>活动销量</th><th>期末份额</th></tr>
<tr><td></td><td></td><td></td><td></td><td></td></tr>
<tr><td></td><td></td><td></td><td></td><td></td></tr>
<tr><td></td><td></td><td></td><td></td><td></td></tr>
<tr><th colspan="5">促销专场（家）</th></tr>
<tr><td></td><td></td><td></td><td></td><td></td></tr>
<tr><td></td><td></td><td></td><td></td><td></td></tr>
<tr><td></td><td></td><td></td><td></td><td></td></tr>
</table>

续表

户口明细				
上 PG 场（家）				
协议场（家）				
普通场（家）				

（3）月度重要活动计划与监控，如表 7－13 所示。

表 7－13　月度重要活动计划与监控表

考核指标项目	上月目标量	实际达成量	达成率（%）	备注
销量				
AB 类签场				
CD 类动销				
新开售点				
超市形象店				
餐饮形象店				
…				

（4）月度执行情况汇总，如表 7－14 所示。

表 7－14　月度执行情况汇总

终端名称	投入费用（元）	投入方向	预计销量（件）	实际销量（件）	分析
…					
…					
…					
…					
…					

续表

终端名称	投入费用（元）	投入方向	预计销量（件）	实际销量（件）	分析
…					
…					
总计					

（5）市场质量评估，如表7－15所示。

表7－15　市场质量评估表

渠道	售点数量（个）	总容量（件）	受控售点数（个）	铺市率（%）	销量（件）	占有率（%）
KTV						
酒吧						
中餐						
烧烤						
KA						
士多						
…						

（6）下月计划与策略，如表7－16所示。

表7－16　下月计划与策略

渠道	上月目标（件）	上月实际（件）	本月目标（件）	情况分析	增量策略
KTV					
酒吧					
中餐					
烧烤					
KA					
士多					
…					
合计					

通过监控，实现基于终端增量的销售运作闭环滚动。

渠道价值链工具是消费品，尤其是红海竞争行业的战略性销售管理工具。

渠道价值链管理是超越传统渠道促销理念的新型渠道管理系统，通过与各渠道类型主要竞争对手的价格对标，发现渠道结构里蕴含的机会，从而设计攻击性的价值链组合，推动产品在渠道里的销售并提升整体份额。

从销售管理角度看，基于渠道价值链的销售管理，可以做到销售管理的精细化和精益化，即目标清晰、费用投入精准和销售过程可控，并可以推动销售单元从执行思维和销量导向向经营思维、利润单元转化。

广告创意的较量，是一种显性智慧的较量；渠道对弈，是一种隐杀的较量。谁能实现精准运作，谁就是赢家。

【案例 7】看不见刀片的“绞肉机”

以一家啤酒公司为例，如何帮助市场份额占 80% 的地产啤酒品牌抵挡“大品牌”（2008 年奥运赞助商）的攻击？

如何在一个市场份额下滑至 20% 以下的危机市场上将品牌的市场份额快速（6 个月）提高到 45% 以上？

如何在一个因大品牌（中国 NO. 1）进入而激烈竞争、销售费用剧增 50% 的市场，降低销售费用的同时，保持市场份额不丢失？

答案是：精确的市场情况调研与分析，详细到每条渠道、每家店的销售状况，洞察敌我双方的策略、运营手法、渠道组织、费用投入和投入效果，再基于这些数据，制定清晰的市场策略与计划。

结果是出现以下几种情况：

防守型市场：抢先在大品牌的奥运宣传攻势到来之前，将所有高产出的终端锁定，在竞品开始产品铺货及促销的时候，密切追踪。在其新产品上市 15 天即第一轮铺货完成后，立即进行终端、消费者调研，掌握市场对其新产品的反应，找到竞品在产品价值链、促销投入效果上的薄弱环节，进行针对性的围堵。5个月后，随着奥运会的落幕，2008年的竞争收官，企业市场份额提升到85%，利润增加了15%，目标竞品市场份额由10%下降到7%。

提升型市场：经过调研及数据分析，发现当地啤酒消费格局很奇怪：啤酒销量的50%在夜场（卡拉OK、歌厅），餐饮占26%，烧烤店占11%，非现饮占20%。而夜场里前10家的大店占据整体夜场销量的60%，这里面百威占据80%的份额，百威也因此成为当地啤酒销量第一品牌，另一品牌因占据了烧烤里的前20家高产出店，获得了20%的份额。

面对这种市场结构，按照一般啤酒操作——餐饮、非现饮铺货、促销——的品牌如金星、燕京、珠江等，都是铺货时热闹一阵，两个月后销声匿迹。

我们的策略是，锁定夜场中型歌厅（约150家）里的50家高产出店，在餐饮店（200家）导入周转箱产品，增强产品的利差优势，在非现饮市场里的超市（70家）做堆箱展示。同时，还进行了经销商整改、办事处整改和业务员整改等管理优化（简直是“手术”）。4个月后，预定的市场覆盖目标、售点控制目标、销量目标达成。

费用优化型市场：销售人员在这种时候都会玩“狼来了”：费用一控制，市场份额肯定保不住。市场费用当然对支持市场份额有决定作用，但是，有没有优化的空间呢？都说有。问题是没有人知道哪些是该花、哪些是不该花的费用。

仍然是基于详尽的调研数据及企业内部数据，我们让管理层看到真正的问题所在：由于企业没有建立费用追踪管理系统，只有费用申请－监督－统计等简单流程，数据分布在销售部、督察部和财务部三个部门，三个部门数据统计单位（销售用“箱”、督察财务用“元”）、统计方式和处理软件等无法对接，查任何一个数据都需要较长的时间。当然就没有人能搞清楚哪些钱该花、哪些钱不该花，而且即使最后知道了，也是马后炮，费用都已经按合同支付执行完了。

更重要的是，由于没有分析整体市场结构及各渠道里投入费用终端的实际价值，销售部只能从战略上凭经验制定渠道策略与投入政策。

因此，我们设计了一个费用管理系统，从规范渠道定义、终端编码、数据格式和三个部门数据系统衔接开始，再制定业务员操作规范、督察操作规范等执行措施。为了处理80多人的销售团队、每天2000多家终端的数据信息，增加了3名数据录入人员。

通过这个市场费用管理系统，每个渠道类型、每家店的进货（每日送货数据）和投入（实际兑现的）费用，都清晰可见。

销售部可以从宏观上把握市场渠道结构的销量和投入，同时，每个销售人员在每月的5日前都会收到一份所辖终端投入产出数据分析报表，由各大区经理与业务人员每月自行制定终端网点费用投入优化计划。

我们的设计思路是：最好的管理就是让一线人员自己整改校正，总部将原则、规则制定清楚即可。

如每份报表里客户分为三类并由系统形象化标记出来：正常标笑脸，问题标哭脸，超出规定的投入产出比标黑脸。

怎么整改，只需要销售团队发挥正常管理职能即可，不用再像以前，总部领导要砍费用，业务员就来讨价还价。

与增加三名常规录入人员工资、购买电脑和开发系统软件等（总计年支出30万元）相比，优化20%费用的收益是多少呢？2000万元。即使仅优化10%，也是1000万元。

上面简单阐述了这家啤酒公司在战略导向下，是如何根据各地情况寻找解决方案的。每一个战略都要有清晰的目标、解决方案、执行计划和监控计划等。

这种战略，从基层销售团队的执行里，绝不可能找出有战略价值的做法。同时这个案例也表明，即使针对啤酒这样低价值快消品的区域市场，没有战略导向，也只能使销售以及销售费用变成一场冒险与白忙。

因此，决定销售、盈利的是正确的战略，而不是基层个体的某些“战术”做法。要提升销量、改变盈利，必须由高层决策制定一以贯之的战略，这是现代系统竞争时代对企业的必然要求。

第八章 市场布局

——老板如何管营销

先布局再做点，局成点活。

中国企业市场战略的歧路与迷途

无论是过去三十几年中国企业的营销实践，还是借鉴中国革命的发展历程论市场，都可以看到，从做点到复制再到全国布局这样的“发展路径（扩张模式）”是不存在的，就是说“一块一块复制样板市场发展壮大”的案例并不存在，那些坚守在一个地区的企业都是不能长大的企业。

中国白酒行业中，有3万多家企业盘踞在中国的三级、四级县村市场，有的在一个县级市场年销量都有两三千万元。这些企业产品销售价格低、企业利润微薄，是迎合全国性品牌不愿也无法满足的低价消费区间，大部分缺乏发展后劲与动力。

中国白酒行业的实践表明，“用布局思维做点”的企业都获得了不同程度的成功，龟缩在一隅“小富即安”的企业没有前途。

川黔一线名酒（茅五剑泸水）、二线名酒（郎沱全）都是全国化、区域化布局，另加重点省区投入。全国地方老名酒（西风、汾酒、古井、洋河等）、地方三线名酒（高沟、迎驾、稻花香、四特、仰韶、杜康、宋河等）中，在过去10年白酒复兴浪潮中能翻起一点浪花的，都是采用布局加做点的策略，而企图“以点养点、以点带面、滚动复制”的企业，几乎都折戟沉沙。

2000—2004年凭借盘中盘渠道运作策略崛起的口子窖、高炉家酒，在安徽市场先合肥后全省的市场启动路径奏效后，在南京、西安、深圳和北京等地进行了所谓“等高线扩张”的“样板市场”攻坚，最后无一不铩羽而归。不要说快速复制不可能，就是集中了企业很多资源也没有再打出一个如发源地那样的“优势市场”，而且在老巢市场也被新进入者挑落马下。

这提示了一个重要的市场规则：如果不是资源极其充分，且竞争对手已经减少的行业（如啤酒），所谓第一市场份额市场地位未必可以持久，更不要说这种“样板市场”一定可以使资源投入得到利润回报。

我们为什么提醒中小企业不要按照“做点复制”的策略去做？

对于中小企业来说，即使找到领先品牌的相对薄弱市场，可以打但不可押宝在这些市场上，因为市场份额之争必然是一场“拉锯战”，中小企业没有能力建立起维持第一市场份额地位需要的资源壁垒。

企业今年在A样板市场的资源投入，未必可以带来投资回报，战略亏损的可能性是必然的；明年这个A样板市场还需要企业继续亏损投入，企业减少投入，等于前功尽弃，继续投入，还是无底洞。这样的集中资源怎么能制造出一个以战养战的样板市场？

商业与战争不同，以战养战是指战争中掠夺敌方资源，“因粮于敌”，这个原则不适用于商业竞争。

我们强调做好布局对于企业发展具有战略优先性，只有做好布局才能保证企业可持续发展的稳定性。

口子窖、高炉家酒在有钱投放大媒体广告时，快速进行全国或区域市场的布局（撒点），在品牌传播攻势退潮的时候，才可以凭借“机会性”的渠道资源、基层执行力的差异保住总体销量的稳定与增长，这是布局策略下为企业留下的星星之火。如果是集中资源先打造一个第一品牌市场，然后再一个一个滚动式扩张，企业恐怕已经一蹶不振了。

所以，布局与做点是涉及企业市场扩张的大战略，是企业生死存亡的大决策，不可不慎重考虑。

中国消费市场的最大优势，是巨大的人口消费力；最大的障碍，是广大的市场空间（五个层级）及复杂渠道环境对产品落地的“层层截留”。这是企业战略的出发点，也是企业长大必须利用的结构性机会。

这两个基本的现实判断是什么意思呢？我们认为包含以下策略内涵：

第一，企业的首要战略是选择细分产品：此处的细分不一定是传统营销以精确人群为标准的细分，可以是以品类消费价格带为标准的细分，事实证明价格带细分是更加实效有用的细分战略。

第二，在此细分及定位基础上，制定市场进入的渠道策略。关于经销商选择标准、经销商选择理由和渠道支持策略等内容，可以阅读本章“布局：局成点活”里关于做点方法的阐述。

第三，根据产品属性及企业资源确定市场布局的基本策略，即确定按消费潜力需要进入的总体市场范围及市场分类标准，最小的市场范围可以是2个以上的地级市区域，最大的范围可以是全国，在上述市场范围里确定1~2个重点市场。

第四，组建销售团队按照基地市场、战役市场和游击市场三原则进行资源配置与策略开发。

第五，在品牌、品质等要素皆未具备的情况下，市场拓展的核心驱动力是一线销售人员，必须解决一线销售人员的激励驱动与热情干劲的问题，通过薪酬、管理、培训和文化等多种方法，打造一支“爱打仗”的渠道坚兵。

企业可以按照上述五条基本战略要点，检查一下自己的市场运作方法是否具备“战略导向”，即将布局与做点有机结合在一起。当然需要提醒的是，每一步都需要更细致、更严谨、更具体的专业解决方案。

最后谈一下如何从中国历史特别是毛泽东思想里汲取“作战经验”。

毛泽东对中国革命的战略与战术思想，目的是解决如何“以弱胜强”。我认为毛泽东总结的中国革命的实践战法是：要把战略上的兵力分散（隐蔽）与战术上的兵力集中（攻坚）统一起来。即面对总体上强大之敌，要“先为不可胜，以待敌之可胜。”避免陷入全面对抗、阵地战、攻坚战和消耗战中，变成“小敌之坚，大敌之擒”，这些都是《孙子兵法》的基本思想。

首先，第五次反围剿即使战略上没有错，中央苏区也不可保，战略转移是必然的，只是伤亡多少的问题。抗日战争时期，蒋介石想让胡宗南闪击延安未果，解放战争时期，重点进攻时还不是就轻松拿下？这说明了在强大之敌面前，根据地是暂时的，特别是中央苏区（样板市场）更是不足为恃的。

但拿下延安也不能消灭中国共产党的有生力量，就像日本占领南京不能消灭国民党、消灭中国人民的抗日精神一样，为什么？因为中国共产党的全国布局为革命赢得了战略机动空间，如果集中有限的革命资源把延安当成“样板市场”去建设，要建设好了才全国复制，那才是对方最高兴看到的事情呢。

其次，寻找战机、把握战机，“待敌之可胜”，就是快速集中兵力，以多对少歼灭“孤立、冒进”之敌，甚至可以打城市攻坚战，如济南战役，这就是毛泽东的首要战略原则“集中优势兵力打歼灭战”。

速战速决之后，要再次快速分散转移，不计较一城一地的得失，比如著名的孟良崮战役；如果战斗不能速决，且敌人不断增兵，就要迅速撤出战斗，保存实力，如四平之战。

为了创造这样的歼灭战机会，必须进行运动战、敌后战、游击战，造成“敌志乱萃”（《三十六计之声东击西》），从而创造战机。

毛泽东的战法充分体现了布局与做点的关系，其核心原理在《孙子兵法》中都能找到。

在总体实力敌强我弱的情况下，所谓的集中都是一种机会型的战术集中，保存实力、丰满羽翼（发动群众）才是资源性的战略分散。

此外，毛泽东还有一个极其光辉的思想，甚至是《孙子兵法》所无的，即“存地失人，人地皆失；存人失地，人地皆存。”这是将战争的本质思想上升到了战略方法论的高度。

为什么在解放战争而不是抗日战争时期提出这个说法？这句战略名言，已经不仅是战争的战略原则，而是照亮革命者思想与斗志的“精神原子弹”，是“决胜天下”的战略原则，这个原则在营销上也具有启发意义。

总结布局与做点的关系，适用中国消费市场的基本战略必然是：不布局只做点，点死局破；有布局兼做点，方能以点带面，点面皆活。

样板市场：美丽的陷阱

企业都接受了“样板市场”这个概念，但大部分企业把样板市场的因果关系倒过来了：是企业在机会导向下的个别区域实现了“冒尖”式增长，形成亮点市场，被总部树立为榜样市场，进行全系统推广学习；而不是企业靠规划、计划，集中资源去打造一个样板市场，然后进行异地复制。

对样板市场打造及复制过程的错误认识，是一个可怕的营销大陷阱：不知道多少企业在所谓的样板市场攻坚战中损兵折将、折戟沉沙！

样板市场首先是来自市场一线的差异执行力（同等资源下，总有个别销售人员可以出类拔萃），而不是总部一厢情愿规划的成果，这是两种截然不同的因果关系，错误理解这种因果关系，对于企业来说意味着冒险与风险。这个因果逻辑与企业大小无关，与企业战略资源多寡无关，与是本土企业还是外资企业也无关。

先说外资企业是如何进攻市场的。

外资企业与本土企业最大的差异，是这些跨国企业可以进行“前置性市场费用投入”（不对称投入原则），即我们所说的可以战略性亏损进行市场投入，这是本土企业做不到的，是骆驼与兔子的区别。

所有的跨国企业进入中国，没有一家是以一块接一块市场的滚动式策略进行开发的。我们看到可口可乐等企业进入每一个市场时都采用天地一体的饱和轰炸战术，这不是他们在做样板市场，而是可口可乐的基本市场战略：将进入的每一个市场变成基地（根据地）市场，即成为当地市场份额的 No.1（可口可乐的 3A 与 3P 原则，3A 即 Available、Acceptable 和 Affordable，3P 即 Pervasiveness、Preferece 和 Price to value）。

这是跨国品牌在资源相对充裕情况下的市场战略，与先样板市场后滚动发展的思路无关，没有一家跨国品牌采用“样板市场滚动复制”

的战法进入中国市场。

值得注意的是，跨国品牌对于市场层级定位非常清晰。比如德芙最早是抓省会及发达地级市的大卖场渠道，所以在所有卖场糖果货架区，德芙的排面、堆头、导购都无处不在；可口可乐是以瓶装厂所在的省区及 100 公里物流半径为核心基地市场，以市场 No. 1 为目标的进攻战术。

那么，中国本土的品牌有没有采用先样板市场后滚动扩张模式的成功案例呢？

比如王老吉，2004 年以前销售区域仅限于广东，尤其是以东莞市场为核心的珠三角区域。很多人事后诸葛亮地将王老吉的发展描述成先东莞、后珠三角、广东、华南，最后全国的扩张战略，与王老吉真实轨迹不符。

王老吉 2004 年前之所以聚焦在珠三角，一是加多宝同期的绿茶等饮料产品，是在珠三角进行"市场拉锯战"，其渠道资源、人才、广告资源等都投在珠三角区域；二是王老吉在 2004 年前，还没有走出"凉茶"的品类障碍，是靠渠道的推力在坚持。

王老吉 2005 年后的飞跃，一方面是"怕上火"概念引爆了饮料消费动机，另一方面是加多宝砸出上亿元的广告费，推动了向全国的快速扩张（分销网络 + 区域灌装厂布局）。

小企业或新产品是否可以采用滚动开发的战略呢？小企业需要相对聚焦区域、市场层级、渠道及资源，但绝不能采取一个一个样板市场滚动开发的市场策略，必须采用先布局再做点的基本原则。

例如，一家云南的乳品企业，只能生产最普通的巴氏奶，以当地的订奶及批发市场为主要渠道。该企业所在地在乍甸镇，就算把乍甸镇的市场全部拿下，企业规模也不过 3000 万元，而做传统产品的利润很低，这样小企业就会进入"小而弱、弱而小"的恶性循环。

企业要发展，就必须扩张，必须实现跨越式增长。怎么扩张？凭什么扩张？该企业做了什么来改变现状？

- 现有产品销量提升：先在家门口打一仗，解决现金流问题。发动冬季红河州攻势，快速从乍甸镇扩张到红河州，乍甸镇、个旧市等市场回款增长3倍以上，确保企业的生产线淡季不淡。

●品牌与产品的品相升级：陆续推出三款新品，在命名、包装、概念和品相上寻找突破点与亮点。

●用儿童袋装奶切入细分市场，建立分销网络，加快资金周转速度。

●蓝颜知己饮料屋顶盒包装专供餐饮渠道，针对女性人群，杀入昆明餐饮市场，将销售总部迁至昆明，突破人力资源瓶颈。

●牛奶果盘、水果加牛奶，在营养快线还没进入云南前，就投放市场，进入昆明大卖场，春节期间卖断货。

●销售团队组建与全省布局：年后借增长之势，快速招兵买马，快速渗透云南全省各州，开发经销商，并成功举行了第一次全省新品发布会，企业的省区分销布局基本完成。

在此之后，市场竞争更加激烈，企业在随后的2年里最终实现了3亿元年销量的目标，与之前不足3000万元相比，规模增长近10倍。

这样的案例不是个案，2007年同福碗粥（当时叫三鹿碗粥）新品上市，同样是先布局再做点的扩张模式。

鉴于三鹿饮品公司在八宝粥等产品上形成的北方市场、三线市场层级的分销网络资源，我们提出市场操作四项原则：快速组建新团队、快速招商、快速铺市和快速动销。

这四个“快速”与产品的市场调研、策划、设计、广告片创意等咨询成果，都在短短的3个月内完成，同福碗粥从此走向了中国八宝粥一个新品类的道路。

因此，我们的结论是，在中国的快消品行业，先布局再做点是一个必然道路。先做样板市场，再逐步复制的滚动式扩张路径，是一个美丽的陷阱。

这种样板市场滚动复制模式，将企业从小变大的关键因素倒果为因了，这种思路任何企业去执行都是死路一条，与资源多少无关。样板市场、重点市场，要不要做呢？当然要做，但千万不要在一棵树上吊死。

任何企业、任何人即使拥有“无限（饱和）资源”，都不可能一定能成功打造出一个“第一份额”市场。等待这样的第一品牌市场样板去复制、去滚动发展，企业还没看到曙光，可能就已灰飞烟灭。

没有一家跨国企业有此战略，也没有一家本土企业靠这个战略获得成功，按此战略去做的企业，每战必败。小企业、新产品尤需慎之又慎！

中小企业的市场布局之道

我们强调布局在先、谨慎做点的理念，并用啤酒行业战例说明了做点对资源、策略的要求很高，风险也很高，而且未必可以复制，想做点的企业家必须对此有清醒认识。“不尽知用兵之害者，则不能尽知用兵之利也。”

《孙子兵法》的警言，需要企业家认真反省、谨记在心：“其用战也胜，久则钝兵挫锐，攻城则力屈，久暴师则国用不足。夫钝兵挫锐，屈力殚货，则诸侯乘其弊而起，虽有智者不能善其后矣。”“攻城之法，为不得已。修橹轒辒，具器械，三月而后成；距堙，又三月而后已。将不胜其忿而蚁附之，杀士卒三分之一，而城不拔者，此攻之灾也。”

我们反对中小企业对做点的效果预期过高，将资源集中在一个市场谋求突破或争取第一的想法尽管听着很给力，但并不明智。

点（销量根据地）要不要做，无需讨论，怎么做点才是关键。我们的经验结论是，中国的中小企业必须有以下两点认识：

（1）布局先于做点：布局就是寻找机会，寻找自己可以进入市场的薄弱环节。

（2）做点未必一定要从家门口开始，要从布局中寻找到的任何一个机会点（区域）开始，这就要把握机会、把握战机。

我们提倡中小企业要有布局在先的思维，因为“看菜吃饭”是中小企业的思维惯性，但真正能快速突破的中小企业都是“找局下菜”。中小企业市场布局的核心是机会与试验，因为这个阶段的中小企业往往未必能对市场、产品做出精准的判断——不是因为企业家或CEO是否有主见，而是这个阶段企业的哪些策略最有效，还没有得到市场的充分验证。

还是以中国共产党的发展为例。

首先，毛泽东提出建立武装根据地的思想，主要是针对党内主张政党联合的右倾思想，强调了武装夺取政权的必要性，这对中国共产党来说是用血的代价换来的教训。

其次，毛泽东在革命低潮时期，亮出“星星之火，可以燎原”的鲜明旗帜，论证了农村包围城市的总体解决路径，这是基于中国社会矛盾的症结（农民问题）及国民党政权薄弱点（山区）的战略洞察。

但是，历史的实际进程并没有沿着“红色根据地—复制扩大—最后夺取全国政权”的路径去发展，而是在红色根据地坚持党的领导、采取发动群众和土地改革等措施。

这使解放军的真正战略资源——自愿参加革命的士兵，得到源源不断的充实，并不断壮大，党的领导是组织能力的根本保证。

国民党是征兵、拉壮丁，军饷需要南京国防部拨付，没有军饷就打劫富商、走私物资和搜刮穷人；中国共产党的军队是自愿参加革命，目的是解放像自己一样的全国劳苦大众（阶级感情），军队的补给主要来自打土豪分田地，而不是延安。

这就决定了两支军队的本质与战斗力（营销里的驱动力与执行力）的差异。

1946年开始的解放战争进程大大超出所有人预料，解放军四大野战军在西北、东北、山东和中原战场很快转守为攻，国民党的王牌“御林军”（74师）与五大主力陆续被消灭。这显然不是从根据地进行区域复制的发展路径，而是运用在根据地积累的资源，进行战略决战。

在解放战争这个战略决战棋局上，没有 1945 年四大野战军区的抢先布局，如何对付战争初期蒋介石的重点进攻？光有布局却没有积累起真正的战略能力——能打仗、不怕死、不要“钱”（要的是解放、翻身做主人）的士兵，自然也不行。

解放军的战斗力，来自于布局、做点的有机统一。做点、建立根据地，这只是一个过程，而不是结果，复制根据地更不能实现全国胜利。

做点的核心是为加快布局提供资源与经验，这才是做样板（根据地）市场的核心目的。

重要的是，样板市场不仅提供经验，也提供内生性资源——企业“可战之本”，而不是利润或销量的增长。

“因粮于敌，取敌之利”，这是以战养战之形，“车杂而乘之，卒善而养之，是谓胜敌而益强”，这是以战养战之神。

布局：局成点活

市场环境下，中小企业市场布局要遵循以下五大原则：

原则 1：不怕远。

缺乏布局思维的中小企业往往受到眼界的限制，比如公司所在地是某个内地的县城，抱着“做点复制”的思想，就是先占领家门口市场，建立根据地，再逐步扩大，就像一颗石子投入水中的涟漪扩张。这种“涟漪策略”听起来不错，实际上大多数时候是错误的。

企业需要寻找自己产品不仅可以卖，而且可以创造销售机会的广大市场，而不是抱着就近取利的懒惰思想。

大部分制造企业所在地是县镇，守在自家门口，能有多大出息？世界最大的啤酒集团发源地都是小镇甚至小国，在啤酒这个规模制胜的产业，这个现象很值得深思。

你的眼光放到哪里，哪里就是你的市场。

有时中小企业所在地往往同类企业集中，比如合肥的炒货、大连炮台的罐头等，企业必须向外走，才有机会。

中国白酒中小企业，过去都是只耕自己门前地，觉得没有资源去向外扩张。现在渐渐开始明白，原来走出去没那么难，走出去天地更宽。比如安徽的迎驾、江西的四特等，都开始走向外省区域。

中国市场机会很多，不愿意投入一定资源去“猎杀”这些机会，围绕企业发源地的县、市和省转，才是企业快速成长的最大瓶颈。

原则 2：不怕偏。

我们已经提到中国市场的五个层级（操作上可以聚类为四个层级，如图 8－1 所以），三级、四级市场一直是中小企业积累资本的重要战场。

中国市场的广域深度透视

市场盈利性	四级市场分类	区域范围	经济特点	消费形态	消费特点	市场特征	市场格局形态
	品牌制高点	· 直辖市 · 部分省会/特区 · 发达地级市	· 44个人口100~1000万级城市吸收了11%的人口，创造了43%的GDP	信息化社会	· 网络影响 · 信用消费 · 时尚消费	难攻难入	多元格局
	区域核心市场	· 东部地级市	· 77个百万人口左右(加上进城务工人员)地级城市，以5%的人口创造16%的GDP	工业化社会	· 大众传媒 · 量入为出 · 理性消费	难攻易入	两大寡头/三国鼎立
	内线支持点	· 中西部地级市 · 县级市、县城	· 533个不发达地(县)级市及县城，人口占比29%，创造GDP的32%	半工业化社会	· 地方媒体 · 储蓄为主 · 节俭消费	易攻难入	独领风骚/三国鼎立
	县镇乡腹地	镇、乡、村	· 除去进城务工的农业人口，实际上农村基本上是一个“留守型”(老弱幼残)的社会	农业社会	· 户外广告 · 储蓄为主 · 大件消费	易攻易入	群雄纷争

图 8－1　中国市场的五个层级

有些人从“北上广”等地来看中国产品市场，这是一个非常大的偏见。“北上广”市场的产品种类是被反复淘洗过剩下的部分企业、品牌及品种，这些市场根本不能代表中国广大区域市场的市场机会。

中国市场的广域、复杂，甚至具有的地方特色，给中小企业提供了独一无二的生长空间。你不去积极谋局寻找机会，非要如飞蛾扑火般往热点市场挤，很容易成为产业链“食利者”的牺牲品。

实力不济，先往下沉，不要怕偏、怕孤子，不要怕不能连点成线、连线成面。你越是分散，风险系数越低。销量越集中在少数市场，反而越危险。

原则3：不怕小。

很多企业动不动就要做市场第一，想用投放几颗手榴弹的资源炸掉一座堡垒。其实大多数企业不应该也不需要有做市场第一的想法，而应该深入研究清楚“做小”、“做中”的驱动力与战法问题。

以小博大，是指企业先在整体规模上由小变大，而不应是在局部市场上“以小击大”。由小变大，首先需要从广大市场里寻求补缺性份额，而不是优势份额，更遑论第一份额？

如果有这样以小击大的策略思想，无论你如何集中资源、如何找到机会点，在实力总体弱小的情况下，都必然是偶尔小胜、经常大败。现实是，在企业成长到一定规模之前，任何一个销区市场（根据地）都是保不住的。

我们再次提醒运用“星星之火，可以燎原”策略的企业家注意，中国共产党并不是沿着“零星根据地—扩大复制（区域扩张）—全国胜利”这个道路胜利的，陕北的根据地如果不是放在抗日的大背景下，胡宗南攻克延安的事件早已发生，哪里会有可以复制的根据地？

中小企业固守有限的根据地市场，必然疲于应付对手的冲击——市场保都保不住，还有可能是费用无底洞，如何去让老市场为新市场提供资源呢？因此，必须寻找各地区市场领导品牌（龙头老大）、挑战者（过江龙），甚至当地小品牌（地头蛇）都不太关注的增长空间，集腋成裘、积小成大。这样的机会不是很少，而是极多，关键是你是否愿意在打仗之前，多花点时间与心思去勘察地形。

原则 4：不怕累。

前三个原则是布局里需要优先考虑的，但并不是让企业不敢“刺刀见红”。一条泥鳅就是再会钻，也不会变成鳄鱼。

中小企业一定要敢于战斗，但不是到大企业盘踞的优势渠道、媒体上去拼资源、拼品牌的力量，而是要做到大领导品牌没有做或者并没有认真去做的事情。

比如快消品里 C、D 类即饮、非即饮零售（餐饮）店的循环铺市，屡试不爽，虽然在开始时对销量贡献不大，但能够有效地带动分销，宣传品牌。在高端产品里，礼品渠道的开发、团购客户的品鉴会，对礼品公司都是有效的销售途径。

对于局部的机会型市场，我们建议可以采用“渠道围攻”战法。不是孤注一掷，而是采用多点进攻、围攻瓦解的战法，为产品找到落脚点。

这种战法实际上是中国独特的渠道与终端结构提供给中小企业的机会。中国市场渠道“宽通路”的特点，给在渠道类型、时间和方法上进行灵活组合创造了条件，也可以有效降低进入市场的成本。

渠道围攻战法，需要的是企业销售人员必须不怕累、不怕跑，就像解放军的运动战一样，以空间换时间，具体如图 8－2 所示。

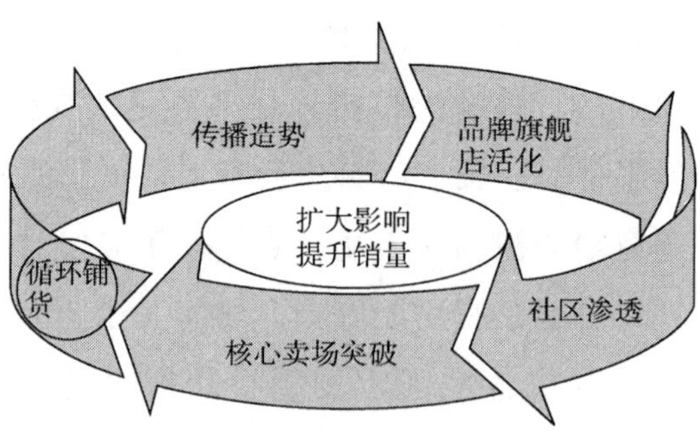

图 8－2　渠道围攻战法

原则 5：不怕繁。

我所说的这个繁，不是指执行层面的细节化，而是企业领导层要不怕频繁。

中小企业常说的口头禅就是“差不多就行了，先干起来再说。”这话对执行层可以讲，培养他们马上行动“干事”而不是论事的执行文化。但越是要求团队马上行动的企业，越要对老板、高管提出“不怕繁”的要求。就是管理层一定要投入足够的时间进行调研、分析、论证和咨询，而不是先降低对自己的要求，再无限度抬高对销售人员的要求。

中小企业的管理层，如果不能对自己狠一点、严一点、苛刻一点、坚韧一点，却要求一线人员马上执行，那就是在“渎职”，这样的管理者是在用大企业的做派来管理中小企业。

中小企业没有大企业那样完整的上、中、下层组织架构体系，中小企业的本质是靠上下同欲，没有中间层或者说中间层的作用不大。中小企业必须强化领导核心层对销售一线的直接管理，加快反应与决策速度；如果要设置大区层，那么必须把权力下放给大区总监，而不要采用大企业的层级管理体制。

不怕繁，最好就是勤跑市场，现场办公、现场决策、现场解决问题，不要依赖“报告流程”。所以，做点是技术，布局是科学；做点是战术，布局是战略。战略与战术统一，科学与技术必须贯通，才能有真效能，这是我们在战略大讨论里反复论证的战略“一以贯之”的本质，没有谁决定谁的问题。

究竟是围绕做点进行滚动复制，还是基于布局的策略做点，这是中小企业必须做出的抉择。

销量的“成色”：追求高含金值销量

钻石的价值不仅仅取决于大小，成色、净度等不同，钻石的价值差异也极大。鸽子蛋、海洋之心等本身是稀缺甚至独一无二的，严格地说它们已不是商品，因而价格不受一般商品价值规律的约束。

销量的“成色”大致可以沿着以下阶梯进行探测和评估，5 分为满分：

（1）先货后款：图书行业的不良行规，最不好的销量形态。

（2）先款后货（含预付款）：“茅五剑”的账面上都有高额预付款。

（3）经销商销量：大部分的招商产品都是这种销量，是货物的库存转移。

（4）渠道销量：靠铺货（大部分是经销商垫资赊销）形成的销量，依然是一种库存转移。

（5）首单销量：加盟网站里 90% 的产品都是这种只能实现首单销量的问题产品（项目）。马晓宇提到的健康产业采用“产品车轮战法”，也不少是这种销量。

（6）水平销量：向区域、市场层级招商“摊大饼”的销量。摊下去，能动销，就是布局；不能动销，就是泡沫。

（7）翻单销量：翻单销量是销售人员的福音，到此处，销量的成色：1 分。

（8）持续翻单销量：这是上帝的声音，销量的成色：2 分。

（9）有折扣销量：有促有销、小促小销、不促不销，这是危险的销量，什么时候大促大销，就是销量掉头的拐点。

（10）低或无折扣销量：为这样的销量祈祷吧！别忘了抓抓产品质量，给供应、生产部门的人发点奖金，质量验收标准要严格，否则好景也不长。销量的成色：3 分。

（11）加价减量销量：成本、广告费用增加，或企业要走高价值产品战略，提价后销量下滑，这是危险的信号。不要以为加价 15%、销量下滑 10% 是赚了，若销量再下滑 10%，降价 20% 都难扭转销量下滑的趋势。

（12）加价不减量销量：中国一线白酒品牌过去 10 年间，已经上演了澎湃壮观的提价增量大戏。销量的成色：4 分。

（13）高费用比销量：汉王、霸王、美特斯 · 邦威等都是这种高费用比驱动的销量，当然这些传统企业与销售额 5 亿元、费用额 10 亿元的团宝电商们相比，还是小巫见大巫。

（14）低费用比销量：奢侈品里面的顶级品牌如蒂芙尼、PRADA 等 2011 年年报都显示，由于受到亚太地区消费者的热爱，销量与利润率都大幅增加。

（15）趋降式销量：诺基亚、柯达的命运多少与它们在趋降式销量出现后的措手无策有关。诺基亚为何在智能手机时代成了边缘品牌？因为选择了错误的操作系统以及定价策略。

（16）持续增长（含平移）式销量：快速消费品最容易出现持续销量，即使是对健康无益的可乐，也能通过强大的营销系统维持稳定的销量。但家电（如白色家电）的命运就没这么好，受制于大环境，根据“普及率 + 房地产 + 技术革新”模式，一旦普及率提高、房地产低迷与无技术革新三个增长曲线向下交叉，就是销量下跌的死亡交叉，如 2012 年的中国家电产业，尤其是白色家电。销量的成色：5 分。

销量的成色虽然只有 5 个等级，却有 16 个及更多的阶梯，就像钻石等级一样。销量的成色取决于在销量的哪个等级，成色评估能得几分。

谈销量，不细分销量的成色，岂不也是一种空谈？用这种未鉴别成色的销量去否定品牌，岂不是以鬼吓人？

笔者在“产品炼金术”里提出“品牌是产品销量的剩余”。这里的销量就是指经历销量阶梯的淬炼，从畅销、长销（长寿产品）到高价销的产品销量的剩余价值。

没有高成色的销量，不会有高价值的品牌；没有可持续的销量，自然也不会有长寿的品牌。泡沫销量自然只会有海市蜃楼式的品牌。质量都不能保证的产品，销量如何可持续？更别说有什么品牌了。

使销量成色变差的不仅仅是产品的质量与服务，我们通过检查销量的成色就可以做出诊断与判断。企业需要警惕销量的成色变坏，即关注成色不佳的七个危险信号。下面七个信号里增加了两种原本销量等级里没有且需要消费者研究及通过产业数据对比才能发现的销量成色问题：

（1）水平销量。

（2）首单销量。

（3）经销商及渠道销量。

（4）顾客老化销量：某五加啤酒原来的消费顾客老龄化，而“新增”的老年人（即中老年人）又都不太喜欢喝，所以这样的产品前景堪忧。企业必须认真研究产品口感与当代消费者的结合等问题。

（5）相对增速低销量：相对增速是指与竞争对手相比的销量增速较低，比如白酒行业销量年均增长 12%，其企业也年增 12%，看来是没有问题的，但行业领先者如 TOP5 或 TOP10 企业的增量都是 30% 以上，那么年增 12% 的企业的销量含金量也不算高，甚至是危险的。

（6）折扣销量。

（7）高费用比销量。

企业是否重视品牌、经营品牌，以及选择什么方式、用多少投入做品牌，看来得取决于产品的销量成色在哪个等级、得几分。

销量没到相应的等级与成色，品牌的做法自然不同。实际上，从产品销售之前的无销量到成色 5 分的销量，都可以通过相应的品牌做法，给产品加分。

要谈销量，就把销量的成色辨识清楚；要谈品牌，就把品牌的技术也了解明白，然后再谈销量与品牌的互动逻辑，这样就不难找到（产品）销量与品牌互馈的、正循环的成长路径。

【案例8】中国啤酒市场的攻坚战法

我们探讨布局与做点的战略问题，核心观点是中小企业必须建立先布局后做点的战略思维，这是一个可持续增长的安全战略，而不能采取集中资源做成一个样板市场，然后再复制扩张的市场策略。

笔者相信任何企业都不会天真到按照后面这种一个一个复制的“纯粹方案”去做，而是将相对集中的资源投入重点市场的同时，尽力拓展机会性市场，或者游击市场。但这种做法不是笔者强调的布局思维，这样做的企业最后还是会发现所谓的重点市场会变成市场投入的无底洞。

布局思维是一种“策略在操作（销售）之先”的战略决策。笔者所说的策略是指企业要洞察并在营销上做出基于中国广大消费者特性的营销组合，也就是根据企业的资源条件，明白自己产品“能卖得动”的驱动力究竟是什么。

先把这个核心问题（战略）想清楚，然后做出资源配置及市场运作决策（战法），最后在“点”（重点市场）上验证（样板市场运作）并总结实践经验（战法总结），这才是可以复制并最终打下品牌江山的正确路径。这需要的不是简单的资源集中，而是战略思维与决策，特别是谋局、布局的思维。

布局需要技巧，做点更需要技巧，要从策略上确定攻坚方式，即战法。做点战法由于品类特性、行业集中度等因素有所差异，因此与战争方法一样，需要在理解基本规则与规律的前提下，具体问题具体分析。

以一个初步完成集中化的行业——啤酒行业为例，将啤酒市场的四种主要做点战法介绍一下，使读者在宏观上理解做点战法的特性。

在过去的 15 年里，我们主持或参与了雪花啤酒、青岛啤酒、珠江啤酒、嘉士伯啤酒（旗下云南、西藏、新疆、宁夏、甘肃省区公司）和金士百啤酒等企业的咨询项目，因而见证了中国啤酒由分散走向集中的过程。

啤酒行业是中国快消品最早进入成熟营销甚至过度营销的行业，啤酒的营销不是建立在销售方法上，而是建立在消费者使用习惯和态度研究（简称 U&A 研究）及渠道结构之上。能取得做点（攻坚）胜利及成为经典的战例，无一不是采用了“以 U&A 研究为基础的销售战法”。

2006 年，笔者总结了啤酒企业攻坚的四种战法，运用这四种战法的品牌都可以做到“打得进”，但能守多久，就要考验企业的战略及后续营销能力。由于啤酒的品牌较量主要集中在城市，因此四种战法主要针对城市而言。

这四种战法实际代表着三种战略类型：

（1）成为市场第一：转换策略的总体战。

（2）成为市场瓜分者：即成为第二品牌的对峙策略，成为第三的瓦解策略。

（3）成为市场割据者（利基生存者）：掠夺策略的侧翼战。

啤酒的消费者研究，主线是啤酒消费者的分类分析，即通过对一个市场的高频、中频、低频消费者的品牌偏好调研数据进行交叉分析，掌握每个品牌不同频次消费者的口味偏好、行为习惯、购买场合、购买动因、满意价格和媒介接触等，基于这样的消费者分析数据制定总体营销战略。

我们将啤酒目标消费者分为四种类型，即按“饮用量－人口规模”二维指标呈现金字塔分布的四个层级，啤酒进攻品牌或产品必须选择从哪个层级发动进攻，才能进行有效的“营销组合”。

简要介绍以下四种战法，具体如图 8－3 所示。

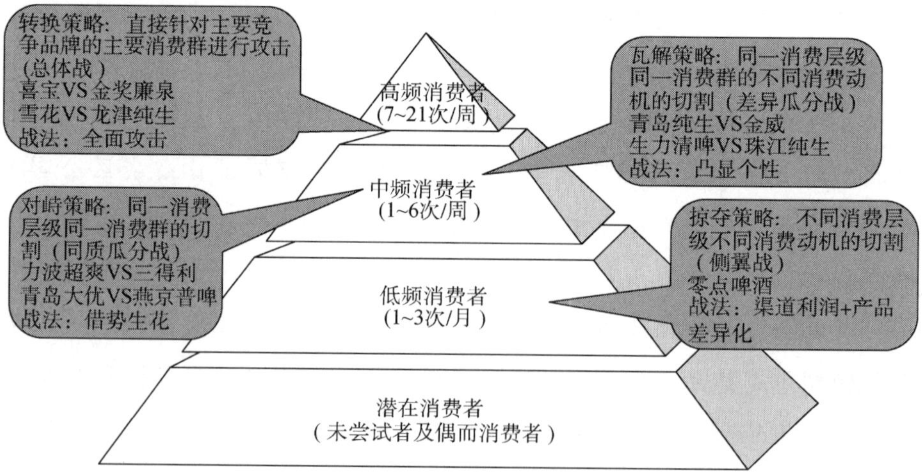

图 8－3 啤酒企业城市攻坚的四种战法

战法1：全面攻击的总体战。

这是一种以市场份额第一为目标的营销战，即品牌争霸战。

策略的核心是直接针对主要竞争品牌的主要消费群进行攻击（总体战），一般是以被进攻品牌的核心消费群（即中度及重度消费者）为目标，这是真正的品牌战。

1999—2001年，安徽的合肥市场分别上演了两场惨烈的总体战，即1999年济南圣泉集团股份有限公司（以下简称圣泉集团）新品喜宝啤酒对当时主导品种廉泉啤酒的战斗，以及华润有限公司收购圣泉集团后，雪花啤酒对廉泉之后主导品种龙津纯生的战役，最后以龙津纯生全面战败，廉泉啤酒、龙津纯生两家企业被华润有限公司收购结束，雪花啤酒从此成为市场寡头。

喜宝啤酒是圣泉集团为了进入省城市场开发的子品牌，实际是圣泉集团主品牌低端化的无奈之举。喜宝啤酒在1999年的成功上市，开启中国本土啤酒企业品牌化运作的先河。喜宝啤酒以顺口溜的广告语**“喝酒不在菜，图的是痛快”、“朋友越多越好，喝酒要喝喜宝”**等，及喜宝先生胖胖诙谐的卡通形象，拉近了与啤酒肚一族（重度消费者）的距离。

这种品牌大战，在雪花进攻成都（1998年）、青岛和济南等区域市场时也曾上演，这是啤酒企业争夺市场主导权的大战，耗费的资源极其巨大。

战法2：同质瓜分战。

策略的核心不是要取代领导品牌，而是为了实现对峙，即成为老二。因此，在策略上是对同一消费层级、同一消费群的切割，也就是说要进攻品牌，在产品价格定位、口感特性上要对准竞争品牌的主导产品，但允许在产品概念、品牌诉求上进行差异化。

如上海市场力波超爽啤酒针对三得利啤酒从1999年到2001年连续三年的进攻，力波在品牌诉求上采取“本地化”（讨好上海人）策略，但前两次的诉求过于“小气”（1999年：上海男人的故事，2000年：

启用徐根宝，上海真男人），直到 2001 年发动“喜欢上海的理由”广告攻势，才真正攻入三得利消费者的品牌阵地。

“喜欢上海的理由”是啤酒广告在本地化上的一次创举与经典之作，具体如图 8－4 所示。

旁白及字幕：

上海是我长大成人的所在，带着我所有的情怀；

第一次干杯，头一回恋爱，在永远的纯真年代。

追过港台同胞，迷上过老外；自己当明星，感觉也不坏；

成功的滋味，自己最明白，城市的高度，它越变越快；

有人出去有人回来，上海让我越看越爱。

我在上海，力波也在！

力波啤酒，喜欢上海的理由！

图 8－4　力波“喜欢上海的理由”广告

2004 年青岛大优啤酒在北京对燕京普啤的攻坚战，也是采取了类似的策略，但重点在渠道上找到了冲击燕京封闭性客户政策的突破口。

所以，这种战法一定要懂得“借势生花”，即咬住竞争品牌主导品种的弱势，无论是在品牌诉求层面，还是在渠道层面，才能突入阵地。很多来势汹汹的竞争对手之所以最后失败，就是因为进攻者把握住了这个策略。

战法 3：差异（异质）瓜分战。

这个战法是企业以差异化的产品进行市场进攻，目标也是竞品的同一消费层级、同一消费群，但是却在诉求不同的消费动机，这是一种“切割、瓦解”的策略。青岛纯生啤酒在深圳对金威啤酒的营销战，生力清啤在广州对珠江纯生的营销战，都是这种战例。

这种战法的特点是提出与竞品有明显差异的个性诉求，不仅在品牌上，更要在产品上，凸显个性。

青岛啤酒在2000年将深圳作为华南事业部的攻击重心，珠江纯生在深圳打了四五年而不得，青岛啤酒股份有限公司高级营销顾问严旭深谙珠江纯生攻不下深圳的原因，因而开发青岛纯生而不是采用“老青岛、青岛超爽”对阵“老金威”。广告攻势加上一千多个促销小姐的攻击，金威的品牌阵地当年即失守。

青岛啤酒的深圳之战，不仅为华南事业部打下了根基，更为青岛啤酒创造了一个后来居上、盈利率最高的单品——青岛纯生。青岛纯生如今已经成为中国单品销量最大的纯生啤酒。

更能体现差异化特色的是生力清啤“有点野哦”的广告运动，将啤酒的配角——年轻女性引入啤酒文化里，很好地迎合了特定场所（酒吧）的角色特性，有力地瓦解了珠江啤酒年轻消费者的偏好。

新品牌对老品牌，都可以通过年轻化、噱头化来瓦解老品牌的中度消费者，促使其进行品牌转换。

战法4：侧翼战。

这是对不同消费层级、不同消费动机的切割，即不针对当地主导品种的价格区间、核心消费者，而是错位式的侧翼战。

如零点啤酒也是由圣泉集团开发，后被列入华润雪花夜场品牌的品种。当初的设计，是将啤酒从零售价3元/瓶提升到5元/瓶，进入一个新的价格区间。2000年啤酒的价格区间结构是中间扁的形态，4～8元/瓶成为本土啤酒的价格雷区，现在已经变成“啤酒桶”结构，即中间偏上价格区间销量大增。

零点啤酒的口号是“新开始，就在零点”，并聘请了零点乐队做代言。零点把握了当时全国各地4～8元价格带无地产啤酒的有利时机，快速拓展省外市场，一个游击战法为企业赚取不菲的真金白银。

为什么要提出用掠夺策略呢？在侧翼战里面，产品差异化是一个要点，没有创意，谁会感兴趣呢？但调动渠道积极性，是更重要的驱动因素，没有超过一般产品的利润，谁有兴趣玩呢？

零点啤酒符合我们说的“小三产品”的全部属性。当年在全国不少市场，开着奔驰送啤酒的零点经销商不在少数，一后备厢的啤酒，就是1000元的利润，为什么不赚？白酒能做“小三”的产品就更多了。

除基于消费者的策略之外，在销售执行层面的啤酒战法主要是：

（1）瞄准主竞品牌：竞争者导向的品牌及产品线设计。

（2）目标锁定：系统化渠道渗透策略。

（3）组建队伍：拉开战线、部署阵势。

（4）化敌为友：最大限度地整合渠道客户资源。

（5）消费者互动：与社会主流群体建立关系。

（6）执行当地化：管理人员、广告公司和媒体等以本地为主。

（7）灵活务实的攻击策略。

其他品类或许不需要像啤酒行业这样做那么深度的U&A研究，但销售策略是具有共通性的。如果能够用简化的调研（实际是需要有实战经验的执行者或外脑）洞察到消费者特性，再将前面7点进行销售战术组合，做点进攻的胜算会更大。

可惜太多的本土企业宁愿在市场投入上冒险，也不想在策略形成上进行投资。这样的企业一旦碰到强大的对手，等待的只有被宰杀，喊再高的口号都没有用。这是正在很多地区上演的新一轮猎杀，包括啤酒行业在内。

啤酒行业这个残酷竞争的行业告诉我们，对于市场竞争必须抱有理性的、冷静的认识，市场策略不是浪漫主义或营销大师挥洒才情的舞台，必须客观、务实、谨慎和专业。

当今各行业市场竞争的本质是内行对外行的掠夺、高手对庸手的挤压、创新对守旧的消灭。

第九章
零售绞杀

——老板如何管营销

电商重构中国商业版图。

电商：零售门口的野蛮人

2010年，是中国电子商务爆发期。18亿美元的风险投资让2011年的中国电子商务企业“不差钱”，业内都在预料2011年中国电子商务市场必然是“子弹横飞”。陈年、刘强东甚至马云都预感到，未来两年内可能发生中国电子商务“洗牌”或“泡沫破灭”，大战之后必有凶年。

但是，中国电子商务不会发生2000—2002年纳斯达克网络股的泡沫破裂。中国电子商务每天都在洗牌，却不会是泡沫，中国电子商务将真正成为一个“产业”。无论是传统的服务型电商模式如易趣、当当和京东商城，还是第二代平台型电商模式如淘宝网（包括天猫商城）、赶集网，抑或第三代网购品牌型电商模式如麦考林、凡客诚品，都在商品品类广度与行业细分深度的双重维度上，掀起电商品牌爆炸式增加的浪潮。

服务型模式的电商品牌从图书、电器向百货、服装、食品乃至建材、家居、汽车扩张，如全时电器网、库巴购物网、新七天电器网、酒仙网和上品折扣等。

网购品牌型模式更是呈现爆炸性增长，受到麦考林、凡客诚品的示范作用，从服装到百货、从食品到蔬果、从鞋帽皮具到儿童用品，几乎每一个消费品类都在诞生“网购品牌型”电商企业，如乐淘网、马萨玛索、麦包包、梦芭莎、西米网、优果网，这些以虚拟线上品牌整合实体产品的网购品牌，几乎占据了三大门户网站广告的80%，其热度可见一斑。

平台型模式则在前面两种制造商品牌与网络品牌之间寻找落脚点，淘宝网、赶集网的C2C模式确实不是最热潮的电子商务模式，但是现在就下结论认为C2C模式没有前途为时尚早。C2C模式最终成为与前两种电商模式有差异的“以价格区隔消费者及消费品类”的电商平台，仍然是一种不可或缺的渠道类型。

除此之外，2010 年开始，制造企业、传统零售连锁企业也加入电商浪潮，显然，这将带来更大的电子商务“洪流”。这种线下品牌“上线”的风潮，几乎就是将所有实体店销售的消费品搬到网络上去，这是一场比线下企业开拓新市场或新零售终端更加庞大的“销售渠道革命”。

至此，我们可以清楚地看清电子商务本质，这是一场销售渠道的革命，而且是消费品流通史上前所未有的渠道革命，这场渠道革命包括以下内容：

第一阶段的电商以提升消费者利益（降低商品价格）、提供长尾产品销售机会和消化过剩产品三种效用为主要驱动力，这一阶段是电子商务的普及期，以淘宝网、当当网为代表；

第二阶段的电商以品类细分为主要驱动力，这是电子商务的扩散期，以麦考林、凡客诚品等大批新网购品牌为代表；

第三阶段的电商以网购资源整合为主要驱动力，以品牌制造商、品牌零售商对优质商品资源垄断为标志的新一轮“网络圈地”，这是电子商务的整合期，以制造商网上商城，特别是线下零售商的线上商城为代表，如银泰网、库巴网等。

2011 年，三种形态的电商品牌既重叠又区隔发展，但最终必然进入以优质商品资源的控制甚至垄断为核心的整合期，这一整合期不仅是网上资源的整合，也涉及制造商、强势零售商线下渠道的战略调整，所以我们认为这是一场真正的渠道革命。

在这场涉及万亿元消费品分销渠道结构性变化的重量级渠道革命面前，某些电子商务大佬们认为电商泡沫两年内就会破灭或洗牌结束的判断，恐怕都会被时间证明是目光短浅。

那些从网络服务切入消费品流通的电商品牌（以淘品牌、凡客等 B2C 电商为代表），由于在中国制造产能过剩、传统渠道价格高企的背景下，很容易获得商品、压低价格，因此享受了一段时间的爆炸式增长。

但是，真正的设计师品牌（无论是原创时尚品牌还是快时尚模仿品牌）、优质制造产品、奢侈品等，最终都是掌握在品牌拥有者手中，真正的实力角逐才刚刚开始。

在这场品牌制造商、零售商和网购品牌商的渠道大博弈中，品牌制造商集体落后，网购品牌商领先并培育了网购消费习惯。强势线下渠道商开始在线上渠道谋求其霸主地位，而且从产业价值链角度看，强势线下零售连锁确实拥有更优质的供应链资源，去实现其电商战略目标。

传统零售连锁的电商转型

中国的渠道商有两种基本类型：

一类是作为现代零售连锁的终端渠道商，如百货商场的银泰百货、巴黎春天等，跨国连锁大卖场的家乐福、沃尔玛，本地连锁大卖场的华润万家、大润发、华联，连锁便利店的7－11、快客、好德、喜士多和专业零售终端的国美、苏宁；

另一类是拥有庞大连锁终端的品牌制造商，如奢侈品牌路易威登、GUCCI和万宝龙，大众消费品牌美特斯·邦威、红蜻蜓、奥康、百丽系列品牌、李宁和耐克等，餐饮服务品牌肯德基、星巴克和真功夫等。

传统渠道商的强势与否取决于其单店规模、销售份额、城市覆盖率和单店数量。这种强势地位的形成，意味着渠道商不仅建立了对消费者的品牌影响力，而且也建立了采购优势，即与品牌制造商、供货方的良好采供关系。这些为强势线下零售连锁将商品搬到线上提供了网购品牌不具备的有利条件。同时，作为专业的零售商，也积累了对制造商的品牌理解，能够较好地处理与品牌制造商的沟通问题。

目前热衷于电子商务的渠道商以电器与百货类的企业为主，食品等快速消费品渠道商如沃尔玛、华联、7－11 等对于网上购物并不重视，这反映电子商务对于传统零售的迁移作用要缓慢一些，此外快消品品牌制造商出于保护传统渠道成员利益及产品价格体系的考虑，也不愿意在网上销售其主力产品。

实际上，渠道商主动开发网上销售渠道，更多是被新生的网购品牌所推动。

国美电器收购库巴网后，仍然保持国美电器网上商城的独立发展，显示出国美电器对收购并运营库巴网带有策略性考量：一是借助国美电器的平台推动库巴网快速发展，实现规模化；二是用库巴网参与对京东商城、新蛋网等家电网购市场的竞争，对京东商城有所牵制，以实现“弃卒保车”或“围魏救赵”。

国美电器网上商城则推动依托门店的“属地化”电子商务模式：国美电器网上商城的商品品类与京东商城等网站并无不同，但服务形式却截然不同，在“切换其他城市”选项里，是按国美电器 7 大区域 42 家地区（以省会或重点城市为节点）公司为依托的属地化服务体系。

这意味着国美电器网上商城要将网上订单直接发送到各地区公司来完成“最后一公里”，需要安装服务的家电如热水器、空调、厨电等，都由制造商地区分公司或经销商提供安装服务，渠道商并不拥有这样的专业服务团队。国美电器电商模式虽然与苏宁、京东商城的统一接受订单、后台分发任务的模式不同，但在“最后一公里”的实际服务形式上，两者并无不同。

国美电器网上商城的模式刻意采用了一种新的订单处理模式，就是让目前的 42 家地区公司都要建立一支专门的网上购物运营（服务）团队，理论上看可以缩短物流半径、提高订单处理效率，但是否能切实改善顾客服务水平，仍然需要与品牌制造商协调。

与国美电器的脚踏两只船（左右手互博）相比，苏宁则推出新的电商品牌苏宁易购，是与京东商城、新蛋网完全相同的电商模式，拼的是供应链。当京东商城需要几十亿人民币去改善京东商城的供应链系统时，苏宁的ERP系统已经可以更好地满足线下、线上的订单需求。

对电子商务而言，难的是价格体系的管控，部分习惯网购的家电顾客正在形成线下看货（品牌、型号）、线上找货和三家比价的消费模式。这种消费模式的确对线下门店有一定冲击，但是强势线下零售连锁及品牌制造商现在都不再纠结，因为京东商城的快速崛起已经证明制造商挡不住网购平台低价销货的诱惑，渠道商自然明白，与其让别人挖墙脚，不如让墙角仍然在自己的仓库里。

家电零售连锁商抛开思想顾虑、全心全力进军电子商务后，京东商城、新蛋网等网购家电企业的竞争优势正受到真正有威胁的挑战。

强势线下零售商凭借遍布全国的门店、有谈判能力的采购关系和线下作业积累的顾客服务经验，将在网购价值链上与京东商城、新蛋网等展开真正的博弈。与争取顾客偏好的市场营销战不同，这种对差异性价值链、供应链、服务链的争夺，将是决定品牌命运的最后砝码。

我们的判断是，阻碍电子商务发展的早期瓶颈支付、物流和资本等价值链环节已经得到很大的改善，正在成为标准化环节，因此，决定品牌命运的价值链要素必然向差异化要素供应链、客户服务等环节转移。

在这种背景下，强势线下零售连锁商一旦转变对网上购物的错误思想（透明渠道对零售价格的扰乱），将会成为电子商务的主力军，压缩网购品牌的增长空间。我们从酒类网购商的尴尬处境中可以看到供应链对网购品牌发展的制约。

2010年5月，高调上线的酒仙网宣称由山西煤老板投资10亿元（首期1亿元），打造全国最大的酒类零售网站，提出要把酒价降低30%～50%。折腾了7个月后，首任美女CEO叶晓丽辞职。叶晓丽因主张降低酒类商品销售价格30%被酒仙网内部称为“叶三成”，而接任CEO的王晓明则自称“王四成”，要降低40%的酒价。

我们认为酒仙网的模式建立在空想的概念上，为什么这么说呢？

白酒价格确实有比百货、电器更大的溢价空间，但是真正热销的高端白酒如茅台、五粮液、剑南春等都是供应短缺的商品，也就是说，网购平台上标注低价格的这些产品实际上是“有价无货”，不要说这些商品的网络销售是在“赔本赚吆喝”，卖一瓶亏一瓶，就算亏得起也没有足够的货源。而那些折扣可以打到30%～40%的白酒或葡萄酒，都不是消费者需要的三线或不知名品牌。

酒仙网根本没有搞清楚中国白酒的产业环境，盲目复制家电、百货等产量过剩行业的电商模式。被白酒制造商品牌卡住供应瓶颈的酒仙网，怎么能发展成一种有规模、可持续的电商模式呢？

同样有供应链瓶颈的中高端百货，如银泰百货，在构建中高端百货品牌网上商城时，其对供应链的关系以及对品牌商利益的理解就产生了关键作用：高端百货品牌看重的是零售价格稳定，并不愿意让自己的“当季新品”出现在打折销售的清单里。

银泰百货为了解决网上销售当季新品又满足网购顾客得到价格优惠的需求，采取了传统百货最常采用的“关联返券促销”，即对购买了路易威登的顾客，奖励高额折扣优惠券购买GUCCI或PRADA等，这是传统百货商场最常用的促销模式，也得到了品牌商的支持。

为了保证供应，银泰百货沿袭百货业购销惯例，采取了与品牌商的买断经营模式，即在品牌商订货会上以与传统渠道商一样的4折价格拿货。但银泰网上的价格策略是零售价高于定价的7折（比商场零售价格还高，从而保证实体店利益），用大力度的关联折扣返券让网购顾客产生“惊喜”的购物体验。

比如，某顾客在银泰网消费后，可能接到银泰网客服的电话，告知获得7000元返券，可以在银泰网上购买任意商品。这种“以物促物”的促销模式，只有高端百货才能具备。

因此，2010年上线的银泰网在上线的第92天，日创建订单量过万张，平均客单价近500元，这个成绩让做了2年，同样以中高端百货品牌为主，日接单量最高约为1000单的走秀网汗颜。强势线下零售连锁利用其采购资源及对品牌商的理解，建立了一个可持续的供应链系统，这是传统渠道商进军电商的正确模式。

同样，拥有庞大零售终端的品牌制造商如百丽集团、爱慕等，也在积极展开网上销售业务。这些专业品牌商既可以将当季新品直接进行折扣销售（通常与门店折扣相差不大，大概 7 折左右），又能将更多的换季产品以更低折扣销售，从而加快尾货清仓。

爱慕网上商城还推出家居服、儿童和男士内衣等品类，将以女性文胸为核心产品的爱慕向品类更丰富的内衣延伸，这与爱慕线下实体门店和专柜也具有了差异化体验。

百丽集团、爱慕等专业品牌商的电商模式（销售、营销、盈利模式）一旦成型，将对其他品牌制造商产生示范效应，优质制造商自建网购渠道将更加风起云涌，这对强势终端商如银泰百货等的电商战略会产生一定的影响。

百货行业的制造商品牌进军电子商务似乎前景良好，而专业家电品牌如海尔、TCL、美的、联想等自建网上渠道，却普遍不被看好。

以海尔为例，海尔集团推出旗下电器渠道商日日顺电器和湖北家电连锁巨头武汉工贸联合打造的专业家电 B2C 公司全时电器网，声称是制造商与渠道商相结合的一种新家电 B2C 模式，目标是成为全国性的 B2C 网站。

海尔电商模式很显然与京东商城、新蛋网、苏宁易购、国美电器网上商城和库巴购物网等商业模式是相同的，在这种红海竞争格局下，海尔全时电器网成为网购前三位品牌的概率确实很小。

我们认为家电制造商虽然规模庞大，如海尔、美的等销售额超过 1000 亿元，但是在线下实体渠道的博弈中，家电制造商已经输给了专业零售商（苏宁、国美电器），而百丽等百货品牌却可以与任何线下百货零售商分庭抗礼，甚至由于其连锁专卖店模式，百货零售商并不拥有对百货制造商的“强权”。

这是海尔电商模式不被看好的真正原因，我们由此也可以印证强势线下零售连锁企业进军电子商务是一场渠道革命的判断。

强势线下零售连锁企业电商模式的战略要点

综合前面强势线下零售连锁企业的电商模式，可以总结以下重要的战略要点：

第一，强势线下零售连锁企业“触电”将是中国消费品分销渠道的一场革命，其最后结果远比目前的电子商务以消除暴利价格、长尾效应和消化过剩产能三大功能效用更加猛烈。强势线下零售连锁企业的电商模式将重塑渠道结构，并引发产业价值链各环节力量的重新分配。

第二，强势线下零售连锁企业拥有的线下优势，特别是采购话语权与采购关系能力，是侵占网络销售资源的重要砝码，将对未来网络品牌的整合产生关键性作用。因此，目前看线上销售是对传统渠道商门店销售的分流与冲击，长远看，是强势线下零售连锁企业占领网络销售渠道主流地位，形成线上线下双重销售渠道，这才是最有可能的趋势。

第三，目前“触电”的强势线下零售连锁企业以家电、百货为主，快消品特别是食品终端商还没有大规模地“触电”，但从市场规模看，大型 KA 卖场和便利店发展电子商务将与家电、百货一样，是电商品类发展的必然趋势。1 号店的实践，将对快消品网络销售产生示范作用。

第四，强势线下零售连锁企业的电商模式是搭建一个品牌商品的网络交易平台，与淘宝的“无名良品”（卖商品的基本功能，较少品牌溢价）、凡客诚品的渠道商自有品牌（本质上属于设计师品牌 ODM 范畴）形成鲜明的区隔：强势线下零售连锁网络交易平台的本质是承载品牌商的线上销售或者是独家网络交易平台，这有利于其扩展在线下渠道积累的优势，并可以将品牌零售这项专业化分销价值链做到更好。

第五，拥有零售终端的品牌制造商将独立建设网上销售平台，并可利用网络平台的特点进行产业链上下游产品品类的延伸，既制造与实体门店不同的购物体验，也增加销售品种。在这种趋势下，品牌制造商的电子商务试水一旦成功，将为品牌商构建产业链联盟或发展全产业链模式提供学习标杆。

第六，网络销售竞争将向寡头化方向演化，即任何一个品类或类型的网络品牌将更加符合波士顿“三四律”的规则：前三位品牌瓜分市场份额的70%以上，不能挤进前三位的网购平台将很难盈利甚至生存。

最后的结论是：强势线下零售连锁企业的电子商务最终建立的是线上品牌商品销售平台，这一平台将与新兴网购品牌（以ODM为特色）、非品牌的网购平台（淘宝为代表）共同形成网购市场的三种模式，满足不同类型网购人群的需求。

从近期看，电子商务对传统零售渠道有一定的冲击，比如线下看货、网上采购消费模式，但长远看，电子商务是强势线下零售连锁企业进入“未来”的工具：利用线下品牌影响力获取网购偏好人群，并利用网购用户注册及消费数据，进行产业链上下游的扩张与整合。

强势线下零售连锁企业早触电并建立电商营销团队及系统是必然选择，这也是渠道商进行战略洗牌的关键转折点：积极顺应，才可以进入未来；消极被动，可能被这场渠道革命淘汰。

这场渠道革命才刚刚开始。

【案例9】悬崖边的苏宁

多则惑：O2O、C2C、去电器化和Expo（超级店）新业态的战略误区。

苏宁是家电零售连锁企业里最早采用系统技术改造管理模式及流程的成功者，苏宁在家电连锁圈地战中超越国美电器，系统的力量发挥了重要的作用。然而，适合家电的系统管理却未必适合百货，为何？

首先，百货品类的复杂度、品牌的分散化、商品（SKU）标准及数量，都远远超过家电；其次，家电行业是完成了制造业的精益化、服务人海化的先进制造行业，大多数百货企业还停留在半自动化、粗放化的制造阶段。

苏宁希望借扩张百货品类之机快速做大规模，会遭遇成长瓶颈：从零起步的水平扩张速度会很快，等形成初步规模化的时候，海量 SKU 的进销存管理将会比家电复杂 10 倍，这个难题不亚于将海底捞转型为俏江南。如果按照苏宁 SKU 扩张的目标，不要说 150 万个 SKU，100 万个百货 SKU 就会让苏宁的线上线下两个系统陷入管理混乱。

苏宁在家电领域的管理经验、团队和系统都并不能快速移植到百货品类，也很难支撑苏宁过于自信的增长目标——或许仅仅因为过高目标导致的内部管理冲突，就足以让苏宁遭遇滑铁卢。

其实更大的挑战或者陷阱，是苏宁去电器化口号下的模式冲突。

苏宁目前推动规模增长的四个引擎：O2O（实体店与网上商城的 6500 亿计划）、C2C（平台化，引入凡客、百丽等电商）、去电器化（增加百货 SKU 数量）和 Expo 新业态（三年 150 家旗舰店），单看都有合理性，放在一起看，即使不是自信导致的盲目，至少可以说会因无知带来混乱。

对于苏宁这样已经是超级规模化的企业来说，有机的持续增长是最安全的战略，而不是大跃进。再好的跑车在最高等级的公路上，速度过快风险也会很大，这个常识在苏宁的过度自信面前，被野心勃勃的战略规划、最佳实践的标杆案例和以为无所不能的系统狂热抛在脑后。

苏宁忘记了，四个引擎并不是有“先进系统”就会自动“变好”，从规划到“变好”，还需要大量人力资源的支持。苏宁电器在实体店的规模扩张中之所以发挥了系统的力量，除了系统本身的先进性之外，十多年线下门店运营过程中积累的充沛人才资源，是一个被忽视了的关键要素。

四个新驱动引擎，对于苏宁来说都是“新鲜”业务，每一块业务都需要独立的新团队和大量的熟手，就苏宁的扩张目标来说，并没有留出形成足够数量运营熟手的时间。这在管理上是一个大忌：苏宁大规模四面出击，业务不聚焦，不能发挥企业核心能力的支撑作用不说，也正在进入管理误区——学习成本是人力资源的天然瓶颈，经验曲线是不可逃避的管理规则。

对苏宁来说，已经在面临以下管理挑战：

挑战1：问题不是要不要去电器化，而是以什么速度去电器化。过快过高的速度目标后面是一系列的KPI考核、薪酬、制度与流程，将给一个不成熟的团队带来冲突与崩盘的危险。苏宁易购2012年300亿元的目标，最终只完成了一半多，这意味年初制定的KPI如果不修正，忙了一年的团队将得不到回报；但如果调整了KPI，未来经营计划与考核还有严肃性吗？

挑战2：问题不是苏宁品牌是否会在消费认知里产生混乱（电器还是百货），而是O2O模式下的大规模百货大跃进究竟能不能有效管理，苏宁并无管理百货的成熟经验。百货毛利比家电高，但百货是典型的长尾性品类，多款、小批量使百货（尤其是鞋服）的存货成为吞噬毛利的“癌细胞”。凡客、美特斯·邦威、李宁在百亿规模时，就遭遇存货之殇，对于以千亿元为销量目标的“百货外行”苏宁来说，这样的存货风险根本“无解”。

挑战3：问题也不是Expo是不是要开，而是这种微型版Shopping-Mall能不能在中国存活？苏宁等家电连锁门店通常都开在一线、二线城市的次级商圈，在核心商圈里再开苏宁Expo体量的旗舰店是不现实的，那么次级商圈里的苏宁Expo与核心商圈里的ShoppingMall（天河城、恒隆、万达等）具备争夺客流的能力吗？苏宁显然还没有成功的范例，150家Expo的成长基因并没有成型。

挑战4：收购红孩子等垂直电商是否可以弥补苏宁在百货经营上的短板？苏宁对并购只有乐观的预期，却并无并购的管理经验。依据各类并购的效果看，真正成功的并购整合是小概率事件。并购后的文化冲突、整合矛盾等管理问题普遍存在于所有并购案例，苏宁对此同样过于乐观。

挑战5：将苏宁易购平台化，大规模引入凡客、百丽等成熟品牌电商，是否可以与天猫商城一比高低？简单的常识是，如果阿里巴巴都要将淘宝与天猫商城分品牌独立运营，那么将B2C业务与C2C业务放在苏宁易购一个平台上，有多少胜算？

上述基于管理常识的分析，在显示苏宁的危险：苏宁的多模式、贪大求快，正在将大跃进变成夹生饭。这是已经形成、后果还没有暴露的战略混乱风险，媒体讨论的去电器化、消费者品牌认知、线上线下同价和与京东商城的价格战等，都是战略混乱的表象，不是问题的本质。

苏宁战略复盘：丧失的机会。

苏宁从2010年开始转型以来，可以说轰轰烈烈，每一次的扩张，都沿用家电商战二十多年积累的博眼球炒作路径：引入图书，与当当开战；引入3C，与京东商城开战；开放平台，叫板天猫；去电器化，挑战沃尔玛。

现实却是，苏宁在上述战场里，至今与挑战的品牌都还不在一个规模级别上。这种到处挑战，却打一枪就消失的商战，不会给苏宁带来可累积的市场与客户资源。水平扩张的数量热闹与泡沫，掩盖不了战略的短视与随意。

复盘苏宁在过去几年的历程，除了对已经形成的模式混乱前景堪忧之外，还应该注意苏宁丧失的机会，这种检讨对于苏宁来说，或许还有机会亡羊补牢。

苏宁易购在家电渠道商的触网潮里，比“国美电器商城+库巴购物网转型”成功，但是丧失了超越京东商城的战略机会。

通过张近东与刘强东的口水战与价格战，尽管苏宁易购的流量增长最快，但双方都是输家。双方的价格欺诈，让消费者对于网购低价的信赖降低，这个损失的长远影响，现在还无法估量。

依照苏宁的规模优势、网点服务优势、采购价格优势和融资优势，在3C、大小家电领域，用2~3年时间超越京东商城并击溃京东商城，才是最应该采取的战略。聚焦在电器产品，全面压制京东商城，最后逼迫京东商城退场或合并，苏宁的O2O将真正一统中国电器零售江湖。

京东商城的百货化、图书化本来是一招败棋，给苏宁易购坚持电器专业化的路线并将京东商城、天猫的网上客户转移到苏宁易购，提供了一个战略机会。图书、百货在京东商城销售额中比例约16%（2011年全年京东商城交易额为309.6亿元，其中商城百货和开放平台的交易额约52.4亿元），这种增长对于京东商城来说，是电器网购乏力的征兆，正适合苏宁易购进行剿杀。但苏宁易购过早的百货化，放弃了这个后发制人的机会。

张近东说苏宁与京东商城不在一个“重量级”上，放在企业总量或线下门店，这个说法成立；放到网上电器，这就不成立。苏宁易购将电器网购第一品牌的位置留给了京东商城，徒逞口舌之快与自我陶醉，却没有对京东商城构成实质性的打击或超越。

苏宁的沃尔玛化，无论是线上还是线下，都只能陷入淘宝、沃尔玛的夹击之中，不仅在品牌上对苏宁的电器专业化形象是一种损伤，在规模上，也仅会维持2年的高增长率假象。

苏宁易购在百货上获得的100~200亿元的收入增长，不仅对已经千亿元的苏宁电器微不足道，与千亿元的百货巨头沃尔玛、百丽和迈向万亿元的淘宝-天猫相比，都不会产生改变行业格局的作用——这样“补缺式”的百货化，有多少战略价值？

夹生饭的结局。

如果说大跃进的失败结局是大收缩，那么苏宁的对手国美电器已经上演过一幕痛苦的收缩大戏；夹生饭的失败结局，恐怕比大收缩更麻烦，无锡尚德（200亿元的负债）就上演了首富变“首负”的夹生饭活剧。

苏宁2012年增发及公司债总计募得现金127亿元，投入系统、物流和门店等。资金投向里有这样一项：创新研发平台方面，基于云服务架构，苏宁将通过加大云数据中心、研发基地和人才引进的投入推动线上线下云服务模式的转型，并推进智能化店面的建设，升级店面平台，建立虚实互动的体验模式；同时加快云服务平台的建设，构建云技术、云资源、云平台与云应用相结合的云服务模式，为个人、家庭和企业提供包含产品、基础服务、增值服务在内的整体零售解决方案，加速苏宁向现代服务业的升级。

上述有关资金投向的描述，对于苏宁来说，可能苏宁内部，包括为苏宁提供这种云模式、大数据的系统咨询服务商，都没有能力将这些“建设”与“销量增长”紧密挂钩。

苏宁是在科技化、智能化，但真的在科学化、智慧化吗？“不想当将军的士兵不是好士兵”，苏宁看来患上了“系统万能迷信症”。

资本市场对苏宁2012年的狂热泼了冷水：尽管联想旗下的弘毅投资及张近东本人以12.15元/股购买了定向增发股票，二级市场的苏宁股价几乎腰斩，最低仅5.68元。赵令欢与张近东用溢价增发的真金白银宣示对苏宁未来十年的信心，但股民或基金经理们却选择了观望。

苏宁2012年的募集资金与年度利润比，高杠杆率与下跌的股价给苏宁带来了巨额的现实损失与压力。如果苏宁的O2O业务出现“双降”（增长与利润），奔着3500家门店、6500亿元规模四面出击（投资及业务），很快会变成“大烂尾楼”。

这个前景，已经不是危言耸听，苏宁的狂热冲锋，已经让自己站到了战略混乱的悬崖边。对于超级规模的企业来说，就像大兵团作战，不怕慢，就怕乱。

启示：战略重点与系统支撑。

苏宁已经是超级规模化的巨型企业，需要苏宁关注的是两个问题：

第一，战略重心问题：不仅要有战略，战略要有优先性，更要有针对性、具备竞争力的战略重心。

如果战略失去重心（特别是有竞争性的战略优先性），战略目标建立在自我预期与市场预期一帆风顺的前提下，尤其是这些战略存在管理逻辑的潜在矛盾，这样的战略就有可能是理想化的。

第二，系统支撑：先进运营系统的管理支撑，特别是熟练管理团队的支撑。

苏宁需要理解线下的苏宁电器二十多年发展的关键成功因素：在系统的力量之外，是苏宁团队的力量，没有这个在二十多年商战中成熟的团队，系统的力量等于零。

苏宁已经创造了传奇，过去二十多年的增长一路凯歌，在面向更宏大目标的时候，需要注意的恰恰是管理常识，不能忽视系统力量背后的管理前提：再先进的系统，也需要成熟执行者的支撑。

第十章 模式杠杆

——老板如何管营销

模式是撬动结构性增长的杠杆。

商业模式的魅力与魅惑

商业模式作为独立概念成为中国商界显学，风险投资（VC）与新经济创业潮的推动是关键。在《赢在中国》赛场上，当马云、俞敏洪、史玉柱等商界大佬问创业者“你的商业模式是什么”的时候，大部分人没有意识到，这些人在创立自己企业的时候，并没有规划清晰的商业模式，甚至都还没有把商业模式作为口头禅。

史蒂夫·保罗·乔布斯在创造 iPod 时，没有考虑这么复杂，他要为“音乐迷”（他本人就是）创造一款时尚的大容量（容纳 5000 首乐曲，多么疯狂的想法）的音乐播放器。即使在创造 iTunes 时，他也只是想要提供一个合法的、低成本的正版音乐下载渠道，因为当时市场上没有这样的平台，就像马云做淘宝网时发明的诚信通、支付宝都是被逼出来的创新，而不是创立阿里巴巴时就已形成的商业模式。

提示这个被人忽略的现象，是想说明以下与商业模式有关的错误观念：

（1）商业模式描述不清晰，说明项目不靠谱，不会成功；

（2）商业模式是企业竞争决胜的关键要素；

（3）好的商业计划书是获得风投青睐的法宝。

当年在历届《赢在中国》上侃侃而谈的优胜者，如今并没诞生一个新的阿里巴巴、新东方的迹象。最早复制 Groupon 模式的第一季《赢在中国》十二强选手任春雷创办的团宝网，2 年净亏损近 4 亿元，正处于生死边缘。

这并不是说商业模式没有价值，而是借这个事实厘清中国商界对商业模式认知的基本概念：商业模式反映企业的经营逻辑，但并不一定要先“估量”清楚商业模式，然后才能做好企业。

我们能够从任何一家成功企业分析总结出一种商业模式，但并非一种商业模式造就了一家成功企业，这两者完全是不对等的逻辑关系。

不是有好的商业模式，甚至包括所谓的关键投入（好的团队），公司就一定会成功，关键成功要素（KSF）从来不是所有企业都通用的单一及组合要素，如商业模式、定位等概念，商业模式只是企业关键成功要素之一。

为何累计亏损近 5 亿美元的 Groupon 能实现 IPO，成为市值比肩 Google 的互联网公司，而亏损 4 亿人民币的团宝网要倒下呢？显然不是两者商业模式不同，或中国团购市场太小导致。团宝网倒下的原因既不是先烧钱后盈利的经营模式犯了天条，也不是管理水平的差异，更不是投资人有眼无珠，只能说中国团购“时运不济”：2011 年中国概念股遭到大规模狙击，加上 Groupon 上市后股价疲软，对于 A2C（美国至中国）式的商业模式复制型企业，美国的资本市场已经失去兴趣，一个业绩阴晴不定的 Groupon 就够投资者烦心的了。

重要的现实是，创新性的企业实践创造了新的商业模式，而不是相反。真正创新的商业模式无不带有不可预估性，能够描述清楚的商业模式大多是平庸的“山寨式创新”，潜力有限。商业模式的创新才会带动企业的进步，甚至是无法预料的进步。

除了市值 5000 亿美元、现金贮备 800 多亿美元富可敌国的苹果，谷歌、亚马逊、Salesforce 等创新的互联网公司，都是依靠不断创造出新的产品、新的商业模式，推动企业的持续发展。

我们也不能因为市场波动，就将商业模式扔入废纸篓。商业模式的理论因新经济（互联网）而成为显学，但商业模式在所有行业都在发挥“增长加速器”的作用，那些敢于打破行业领导者的垄断及其商业模式的企业，正在成为产业格局的新生力量。

亚马逊的电子阅读产业链对传统出版产业链的改造，不仅形成出版社与亚马逊电子出版的利益分成模式，而且个人作者也可以绕过传统的出版社、书店在亚马逊系统上实现个人出版，内容的创新带动 Kindle

电子书与 Kindle Fire 平板电脑销量的暴增。

宣称与亚马逊相同商业模式的盛大文学，由于内容仅限于网络文学，受众面过窄，使盛大电子阅读器 Bambook（锦书）的销量不温不火。而偏重硬件的汉王电纸书，由于缺乏电子阅读内容的支持，加上错误的产品价格定位，正陷入巨大的亏损之中。

商业模式存在“橘生于淮北则为枳”的现实问题，说明即使相同商业模式也需要商业环境、企业资源和经营战略的支撑。Salesforce 的云计算解决方案并没有创造新的 CRM（客户关系管理），只是让 CRM 从 SAP 公司、ORACLE（甲骨文公司）等巨头的垄断中，变成任何企业都可以低成本获得的管理工具，大幅降低了管理软件的使用门槛。Salesforce 创导的 SAAS（软件即服务）模式已风行全球，在中国落地依然困难重重。

商业模式的魅力与魅惑同样巨大而真实，这需要我们从更加科学、务实的角度解剖商业模式这个“魔方”究竟与企业是一个怎样的关系，既不要神化，也不要妖魔化，而是真实地厘清商业模式与企业发展、企业进步的关系。

商业模式的本质是销售模式

商业模式的定义流派甚多，有些商业模式的观点要么玄而又玄，如利益相关者动态合约结构（魏祎、朱武祥《发现商业模式》）；要么无所不包，如实现客户价值的整体解决方案（李振勇《商道逻辑》），企业如何创造价值、传递价值和获取价值的基本原理（《商业模式新时代》）等。

这些商业模式观点都有自己的逻辑结构，成一家之言，但总体来说将商业模式凌驾于企业战略、运营管理之上，甚至提出“先有商业模式后有企业”、“商业模式是最高竞争力”等偏激论点。这样将商业模式无限拔高、泛化、神化，只会让商业模式变成中国商界总喜欢抓的救命稻草，最后成为企业迷失之源。

企业成败决不能简单地归结为商业模式、定位、创意和传播等各种被神化的单一经营要素。企业成败及竞争优势的关键是一种多要素的动态组合，每家成功企业的组合结构、要素优先性都不同，说某个单一或组合要素是所有企业成败、制胜的武器，不符合千百万成败企业的经营现实。同样的要素、同样的组合，对 A 企业是制胜关键，对 B 企业可能是毒药，如 Groupon 与团宝网。

我们认为商业模式是企业战略的一个部分，或者说企业战略是围绕商业模式对经营价值链的整合。在这个概念框架内，商业模式要解决的是企业战略最核心的问题：企业收入从何而来？这个命题包括以下细分课题：

（1）为什么收入可以由此产生而不是由彼产生（价值定位或利基定位）；

（2）收入来源的规模、结构及费效比；

（3）实现收入的关键活动、渠道和支持要素是什么；

（4）将收入结构与成本结构对勘后形成的盈利结构；

（5）最后是由此组合而成的企业商业模式在市场竞争环境下的可持续性。

企业的股权结构、治理结构、供应链和外部协作资源等都是企业成功的必要元素，但这些要素不应放入商业模式的理论框架之中，否则商业模式就会无所不包，反而失去了商业模式的“锐利锋芒”：企业收入的实现逻辑。

我们认为，企业实现收入的逻辑是驱动企业发展的核心要素，在从无到有、由小到大的企业发展各阶段都是最核心的要素，对这个问题产生的是清醒认识还是误判，才是企业胜败的转折点。而企业管理、治理结构和营销管理等在这个问题面前，都是优先级略后的运营要素。

商业模式的核心是企业实现收入的逻辑，或精确地说，是实现收入的战略及手段。将这个问题界定清楚，就是商业模式清晰化。企业的发展就是在不同阶段、不同环境下，通过及时调整企业的商业模式，推动企业达成收入目标。

新经济商业模式的五大杠杆

当我们将商业模式的本质定义为收入实现逻辑并将商业模式与企业战略、经营管理的关系确定后，就能避免过于复杂庞大的商业模式定义与理论带来的思维困扰，从而清晰地找到通过商业模式的创新、变革和优化驱动企业增长的现实路径：企业收入实现路径的创新。

传统的企业经营逻辑是设计并制造一项产品或服务，建立销售组织与分销渠道，配以线上及线下的宣传与推广形式，实现产品和服务的市场价值，这是典型的 4P 运作模式。新经济催生的新型企业如 Google、Amazon、Facebook、Groupon 等，颠覆了传统企业的经营逻辑：一家企业的价值是可以“提前”被资本预支的，投资额、估值、市值与现有业务收入及盈利没有比例关系，而是取决于对未来的预期。这种新经济带来的商业模式超越了传统企业经营逻辑。在传统的成本加成模式之外，正在诞生越来越多的创新商业模式：

（1）免费模式：流量转化广告收入模式，如即时通讯（IM，MSN、QQ、Skype 等）、杀毒软件（360 电脑管家等）。

（2）价格杀手模式：减少渠道环节，压缩渠道增值空间，如淘宝、凡客诚品、麦考林、当当网、京东商城和 1 号店等 C2C、B2C 服务网站。

（3）收入变形模式：不卖产品卖服务的收入模式，如租车、开心农场 DIY 种菜和绿化植物租赁等；关联销售，如动漫；线下线上联动，如网游。

（4）第三方收入模式：维络城电子优惠券、团购模式等。

（5）服务外包模式：线下营销外包商，如北京华谊嘉信整合营销顾问股份有限公司；企业经营（管理价值链）外包商，如客户关系管理云服务提供商 Salesforce、IBM 和埃森哲等。

以“收入实现逻辑”为商业模式之纲，能够快速切入企业发展的核心，是企业首先必须在产业、市场和竞争的大格局中确立的存在价值，是当今商业环境及资源允许企业进行大胆解构、重组的商业模式创新试验田，是商业模式驱动企业进步的现实路径。

无中生有的创新，是商业模式的魅力所在

如果商业模式只是“合理地”描述企业经营要素，那么十有八九，这个所谓的创新商业模式不过是一种抄袭与模仿，而不是创新。商业模式创新往往是在诸多要素“缺乏参照、缺乏数据、缺乏条件”基础上的不合常理的创新。没有一种创新不存在“不可理解、无法论证、难以预测”的因素，没有这些，商业模式创新、产品创新都是平庸的幌子。

正如我们所举的案例，商业模式创新都是突破原有产业、产品，甚至人类“生活经验”进行的前所未有的创新，如互联网各种创新产品（从门户到 IM、C2C、B2C、SNS、LBS、O2O 等）。人们用以往的商业规则、产品经验甚至生活方式都无法理解，才产生了商业模式创新这个课题。

商业模式的创新意义，就在于创造前所未有的新事物——新的产品形态或新的产业系统，如安卓 Android 在将苹果 App 开放化后，对数码电子、手机，包括家庭影视产品产生的革命性冲击力。

一句话，商业模式创新，绝不仅仅是对现有事物的认识与理解，而是对前所未有新事物的创新创造。用已知求未知，这是试验；用未知求

未知，这才是创新创造。

【案例10】团购商业模式还有没有活路

2012年11月9日，Groupon发布2012财年第三季度财报，其当季净亏损300万美元，每股收益为零，Groupon次日股价暴跌17%，每股跌至2.8美元，这一数字约为一年前其上市开盘价的1/7。

Groupon为何不再被资本市场青睐？看资本的理由：当Groupon年增长速度为2241%时，拒绝谷歌60亿美元的收购邀约。IPO后，还能以424%的速度增长，眼下分析师们纷纷将其增长预期减至38%——股价的跌幅几乎等于增速降幅。

团购商业模式的鼻祖Groupon股价倒栽葱，中国团购企业赴美圈钱的大门基本关闭，中国团购是否只有死路一条？

2012年的中国商业热点之一是团购商业模式从疯狂到退潮的“过山车”发展：从春节后团宝网的倒闭，到10月底24券团购网的休克死，团购网站以每天5.9家的速度减少，与总数最高峰6101家相比锐减53%。

媒体将团购泡沫破灭总结为五大因素：盲目追求低价、毛利率低下、大幅广告投放、团队快速膨胀和VC投资退场。这些要素是当下团购企业倒闭的原因，却未必是团购模式破灭的原因。

互联网时代的游戏规则，并非传统商业环境下“成本加成、利润盈余、滚动投资”企业成长的循环，而是用户规模、商业价值和边际收益互动的新商业循环。因此，低价、低毛利、广告投入、团队膨胀等是企业倒闭的一般原因，并不代表一种商业模式的内在因素。

互联网时代各种商业模式最核心的要素只有一条，即客户价值及由此转化而来的客户黏性。只要有客户价值及客户黏性，即使该项业务本身不盈利甚至亏损，也依然会有大笔资金愿意投入。新浪门户依靠广告及关联收入而不是内容编辑本身获得盈利，新浪微博人气已经取代新浪门户，且仍然处于亏损状况，但并不会阻止新浪及投资人的信心。

由此，在团购退潮的时候冷静思考团购商业模式的本质，对于团购企业来说，恰恰是最重要的事情：谁抓住了团购商业模式的本质并坚持下去，谁就可能“剩者为王”，成为下一个新浪或阿里巴巴。2000 年国内第一轮互联网泡沫破灭后剩下三大门户，电子商务破灭后变身出阿里巴巴。

如果一个行业、企业的估值指标是增速，特别是企业陷入“高增速鸡血症”的时候，行业必然会遭遇危机甚至毁灭，因为从来没有持续高增长的行业及企业。问题是，低增长也会有巨型规模、高盈利能力的企业。持续高增长，这不是商业、产业和市场的真实现实，也就不应该是企业追求的目标，仅仅是资本圈钱（高估值）需要的理由。

媒体在热议团购是怎么死的，作为专业人士，我们却要去探讨团购未来怎么活。目前暂存的团购类品牌的转型举措，如减少广告（满座网）、引入移动游戏（糯米网）、进入大电商平台（拉手网）、调整产品结构（窝窝团）和品牌折扣（聚划算），都没有触及团购商业模式的本质，很难保证未来能够存活。

想活下去的团购网站，必须聚焦客户价值及客户黏性。客户价值是解析客户日常消费形态，推出相应的优惠尝试服务，即团购的本质是产品（含服务类产品）首次购买或尝试（First Buy）的推介平台，这是团购商业模式的客户价值本质。选择优质的产品，帮助合作商家扩散知名度、增加新客户，这是团购商业模式长期存在的内在支撑力。

团购是一个典型的商业共赢利益体，必须让上游的商户和下游的客户获得收益，才能存在及稳健成长。那些死去的团购企业，包括即将死去的企业，都是因将三方关系导向自我而亡，即竭泽而渔。

团购如何培养客户黏性？核心是关联销售，而不是重复购买。关联销售的本质依然是追踪客户的“消费清单”：衣食住行、吃喝玩乐。这其实是互联网长尾的独特优势，团购商业模式可以将这种关联变成贪吃蛇式的无限衍生。具备这种生意属性的业务，怎么会短命？

短命的只是团购企业的经营模式，而不是团购商业模式本身。在剩下的2000多家团购网站里，如果能够把握团购的商业本质，此时正是稳健扩张而不是退缩的时候。

团购商业模式具备可比肩阿里巴巴规模的超级品牌，要点是立足中国消费，提供真实的客户价值。要将企业经营模式塑造成可以循环孵化小鸡的“好蛋”，不要成为依靠资本催长、指望圈钱活命的“坏蛋”。

Groupon公司CEO安德鲁·梅森曾在致股东的公开信中称，Groupon将从团购服务提供商转型为本地商务平台，其转型的秘密武器是打造“本地商务操作系统”——借助一套软件和技术服务，Groupon将整合融入商家的交易环节中。

正告还准备活下去的中国团购企业，Groupon的新战略是错误的，转型成功概率极小，因为这个新定位在改变团购商业模式的本质。

中国团购企业不要再指望Groupon这只领头羊，更不要去复制Groupon自己都没有走通的转型方法。中国企业必须按照团购商业模式本质，基于中国消费环境，创造新经营模式，才能绝地重生，甚至重演阿里巴巴、淘宝、天猫反超eBay等电子商务鼻祖的新商业传奇。

安德鲁·梅森手中的王牌有全球活跃用户3800万人和合作商家超过10万家，几乎相当于中国全部团购网站的总和。看看淘宝、天猫的数字，中国的团购商们是否该反问一下，这个数字对中国潜在的消费市场来说，能算王牌吗？在中国要做到这个数字很难吗？

中国团购企业难的不是赶上Groupon的客户数字（中国的潜在客户大过这个数字10倍），也不是团购商业模式，而是企业的经营能力，即正确的战略导向+可持续执行力。

中国团购泡沫破灭的真相，如此而已。

第十一章 品类找空

品类机会，99%在市场结构，1%在心智空间。

如何发现产品大机会

食品企业在过去的10年里热衷发明“新品类”，而真正在品类市场里淘到真金白银的有几个？是品类机会不存在，还是食品企业的营销方法错了？

价格带策略是在啤酒、白酒的操作中形成的一种产品定位方法，又有多少食品企业把握住了价格带机会，避开了价格带陷阱？产品价格带背后的规则与规律究竟是什么？

品类、价格带都是既有机会，又有陷阱，但都是真实存在的市场事实，问题在于企业是否用正确的战略思维与营销方法去发现机会、规避陷阱，而不是沉浸在“点子创意”的自我意淫之中。

品类是所有产品的战略问题，但大部分企业对品类的思考是错误的。如果品类就是为产品发明一个新名词或者找到某种差异化卖点，就能成就第一品牌，那产品营销就变成了广告怪才疯狂头脑里词语的混搭，市场营销变成宣传这个“新词”的心智战斗，这也未免太简单了。

市场不相信意淫式的激情。靠发明新词占领心智的创新品类，大多数小命不长，如雅客V9、宁夏红、五谷道场等，还有一大堆3年内就销声匿迹的“创新品类”。为什么？不是品类这个事实不存在，而是进入品类市场的企业错误地选择了品类占位方法。

什么是新品类？新品类是指超出市场现有供给类型的新产品。不是创造、发现新品类，也不是营销诉求层面产品消费特点的广告创意，而是企业开发出了未被现有产品满足的新的产品形态。

白象大骨面、今麦郎弹面、五谷道场、娃哈哈营养快线，这些是什么品类的创新呢？充其量是产品特质层面的创新优化加上产品概念及广告诉求的创意，那企业靠什么去把握住品类创新的先机呢？答案是靠品牌运营与产品品质。决定市场第一地位的，是企业营销的整合能力，不是创造一个品名就宣称代表或创造了某个新品类。

王老吉不是创造了凉茶这个品类，而是改革了广式凉茶传统的产品口感及概念，将凉茶当作一种饮料，而不是药物，才逐步获得成功；娃哈哈营养快线也不是创造了牛奶果汁混合饮料这个新品类，而是娃哈哈的产品诉求、定价和渠道系统等，超越了前辈的同类竞品，如农夫山泉的浆果奶昔、水晶活力、牛奶果盘等，最终赢家通吃。

品类是同类产品的共同名称，是一个客观存在的现实。同时，随着创新、分化、组合、杂交、跨界和混搭等各种试验，又在催生创新性产品，并随着消费者的增加而扩大了消费规模，形成新品类。

没有一个品牌产品的诉求是为了宣扬品类，如“口气清新，来粒绿箭”、“享受丝滑味觉，唯有德芙”，而不会有广告宣传口香糖的清口效应、巧克力的丝滑属性，等等。

任何规模化的产品类别里都不可能只有一个品牌。品牌产品要想取得最后的胜利，只有始终专注于可持续增长的关键价值链环节及其驱动力，才能形成核心优势，最终获得压倒性的竞争优势。

品类首创重要，但绝非点石成金的魔法棒，以市场份额为衡量标准的品类第一才具有高含金量，品类首创（First）不是品类第一（No. 1）的必然保证。创新增长与可持续增长是两回事：市场给了创新者机会，但没有为创新者承诺未来。

品类市场必须能够客观存在并保证一定的规模，即使增长缓慢，但不能很快就消失。那种倏起倏落的品类实际上是“时潮性产品”，缺乏稳定的消费者需求的支撑，如维生素糖果。

企业需要判断的是：品类需求是否稳定？规模市场是否足够大？品类需求的本质是什么？以此为标准对于不同规模的品类市场，要采取不同的营销战略，尤其是产品战略。

品类是一个真实的消费事实，企业可以通过跨界、嫁接、杂交、组合等多种方式，进行产品的创新。但这种产品创新必须有客观的消费基础，或者说当消费习惯没有形成的时候，企业需要具有忍受“消费者教育期”困难与成本的实力与坚强神经。

品类战略的四项基本原则

可口可乐是品牌成就品类的典型，可口可乐开创新品类的启示是：

（1）对于企业来说，发现、发明（创造）新产品是可能的，但是否能代表或创造了新品类，就不是靠起一个名称可以解决的，要靠真实的市场营销运作。

（2）大品种（单品销售规模巨大的）产品的成功，不在于企业是否开创了新品类，而是取决于企业是否具备持续运营能力：做出消费者高满意度的产品，树立品牌与众不同的认知形象，做好与消费者接触的所有类型终端陈列和刺激（消费者折扣/奖励促销）、唤醒（广告/公关活动）消费者的品牌购买行为。

（3）正确的做法是以品牌化的优质产品占领消费者心智，并且在消费者心智的认知“抽屉”里为品牌找到一个独特的价值定位，强化这种关联，最终形成差异化的品牌产品认知，驱动品牌在竞争者众多的产品或产品品类市场中占据不可替代的心智认同。

（4）企业的战略，必须与品类规模的大小、稳定性和价值三要素挂钩。

因此，品类战略需要注意以下四点：

（1）品类是客观存在的，不是靠发明一个品牌名就可以占领市场这么简单。

（2）第一个进入新品类是重要的，但不是最终成败的决定性因素，后浪可以拍死前浪。

（3）消费者需求的是产品或品类，选择的是品牌产品。

（4）品类规模的大小决定了品牌产品的强弱与规模。

根据这四项基本原则，我们反观真正创造了“新品类”并成为长寿产品的真实历程，就会得到靠谱的营销启示：可乐成为品类是可口可乐的创新，也是百事可乐以及可乐在发展过程中很多被淘汰的同类产品共同作用的结果。可口可乐的成功，不是朝夕之功，更不是发明了“可乐”（Cola）这个品类名词，从可口可乐过去100多年的营销经营史看，当初就是叫“乐可”（Laco），也会成就今日的地位。

品类机会真实存在，问题是企业的品类战略与营销方法对不对、靠不靠谱。

价格带：诞生新品类的富矿区

价格带指产品零售价格（一般以非现饮渠道价格为标杆）与产品销售量之间，形成的一种客观的量价对应关系，与股票市场里的“量价配合”是一个概念。但商品市场的价格带比股票价格带多了一个维度：竞品，也就由此引申出了价格带规模、价格带结构和市场份额分割形式等重要内容。

如图11－1所示，价格带战略的基本模型是以不同价格带区间里的市场规模为标杆，研究本公司及竞品的产品种类、市场份额的结构特点，制定产品组合、营销策略的方法。

价格带产品战略需要考量两个外部因素：价格带的相对市场份额和各价格带上竞品及本品的份额。价格带战略的核心并不是指全价格带覆盖，而是指围绕企业核心价格带产品，进行相应的结构化：同价格带或上下价格带产品的保护性投放。

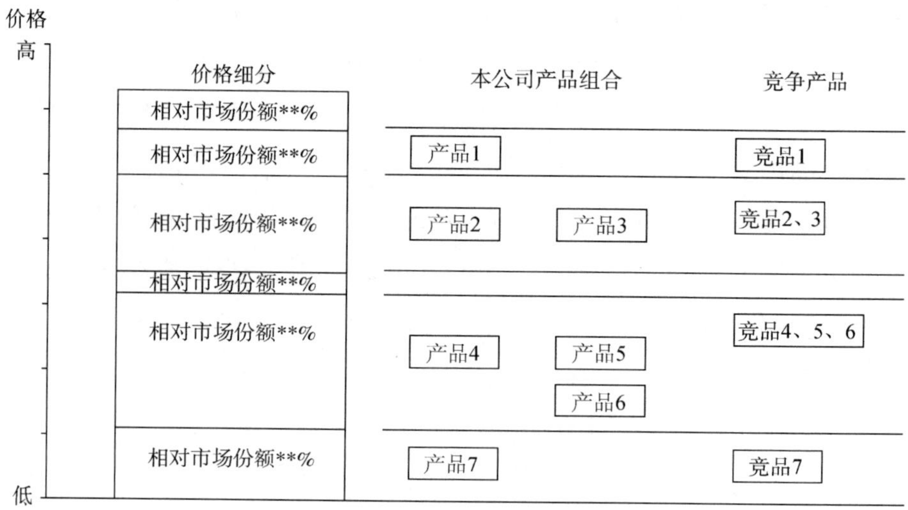

图 11－1　价格带战略的基本模型示意

具体来说，价格结构化遵循以下三项原则：

（1）核心价格带产品的聚焦化。

（2）对核心价格带产品发挥提升或衬托作用的产品。

（3）价格结构化使产品的综合盈利性较高。

以娃哈哈与农夫山泉产品群的价格带特征为例：娃哈哈的主导产品是纯净水、茶饮料、营养快线等产品，以 1.5 ~ 3 元/瓶之间的产品占主流，娃哈哈产品的价格中枢是 2 ~ 3 元；农夫山泉的主导产品是天然水、农夫果园、水溶 C100 等，以 2 ~ 4 元/瓶之间的产品占主流，农夫山泉的价格中枢是 3 ~ 4 元。

虽然只是 1 元的差距，但企业的格局是天壤之别：农夫山泉的总销售额还不到娃哈哈（500 亿元）的 10%，甚至与娃哈哈中档单品营养快线的 120 亿元销售额都差距甚远。

为什么？原因当然不在产品，而在渠道运作能力，但是也与品类相关：中国人饮料消费的 70% 集中在 3 元以下的价格带区间。

农夫山泉天然水在 2008 年前，由于错误的“千岛湖产地罐装”策略，失去了除华东发达地区以外的几乎所有市场，将一个全国性产品变成了一个区域产品，2009 年转变为“水源地罐装”策略后，才重新开始了产品全国化的征途。失去了黄金 10 年发展机会的农夫山泉，如今只能逐步赶超已经远远领先的竞争对手。以最近三年开发的新产品农夫茶、苏打红茶、东方树叶和力量帝维他命水来看，农夫山泉的产品战略还是存在过去一样的思维误区。

以这种产品战略思维运件，规模逐步增长没有大的问题，但要与娃哈哈，甚至康师傅、统一、今麦郎这些饮料第二军团抗衡，依然阻力重重。

农夫山泉的创新值得尊敬，但不值得推崇：所有的产品都要去教育消费者，这是典型的保健品营销思维。将这种产品战略放在饮料市场里，只会让产品陷入无穷无尽的“成年侏儒”——思想发达、身体长不大——的尴尬之中，根本原因是产品战略缺乏对中国饮料市场品类机会与价格带机会的交叉聚焦。

大品种滚雪球的长“坡道”

我们以饮料为例，介绍运用品类和价格带发现产品机会的方法。

（一）中国饮料市场特点：品牌集聚化 VS 品类分散化

这个基本现实意味着品牌集聚化，即每个细分品类市场里的品牌集中化趋势，是饮料市场竞争的基本规律。同时，饮料市场的品类分散化在不断制造新的产品类型，但形成稳定的品类规模，不是一朝一夕。用流行的词来说，饮料市场是红海竞争为主、蓝海竞争为辅（如表 11－1 所示）。饮料竞争啤酒化的趋势非常明显：资本、品牌集中化，“产－地－销”渠道为王等。

表 11－1　中国饮料市场的竞争格局

	其他	其他	其他	其他	其他	其他	其他	其他	其他
	银鹭	味全	三得利	三得利	怡宝	非常可乐	王老吉	光明	太子奶
	椰树	都乐	新奇士	娃哈哈	农夫山泉	百事可乐	脉动	三元	营养快线
	露露	大湖	康师傅	麒麟	乐百氏	可口可乐	红牛	蒙牛	
		茹梦	汇源真鲜橙	康师傅	娃哈哈		激活	伊利	伊利优酸乳
		汇源	统一	统一			健力宝		蒙牛酸酸乳
年均增长率	植物蛋白饮料 28%	中高果汁 32%	果汁饮料 30%	茶饮料 13%	瓶装饮用水 10%	碳酸饮料 14%	运动/功能性饮料 50%	牛奶 7%	酸奶类饮料 22%

（二）饮料消费价格带的产品生态格局

饮料市场的消费结构也是一个正金字塔结构，即随着产品价格的升高，市场规模逐渐变小。在从大众化到超高端的饮料价格带上，不仅是品牌的区分，也是产品品类的区分，总的规律是天然、稀缺、营养的饮料品类处于价格带的高端。

如图 11－2 所示，主流每瓶 4 元以下的价格带，都会形成大（品）类：碳酸饮料、纯净水、茶饮料、乳饮料和果汁饮料；高价值 4.5 元/瓶以上，形成小（品）类：植物饮料、功能饮料、全果汁/果蔬汁饮料和矿泉水。

值得一提的是，椰树与露露采取了“反向价格策略”，即高品质、低价格的高性价比策略。十几年间，两个产品价值的涨幅远远低于原料包材成本、CPI（居民消费价格指数）和通货膨胀的涨幅。这不是它们傻，而是某种精明：这样的定价有利于维持老消费者的消费惯性和消费忠诚，可以减少由于频繁涨价投入到广告、代言和促销上的无谓支出，也对竞品进入形成门槛。

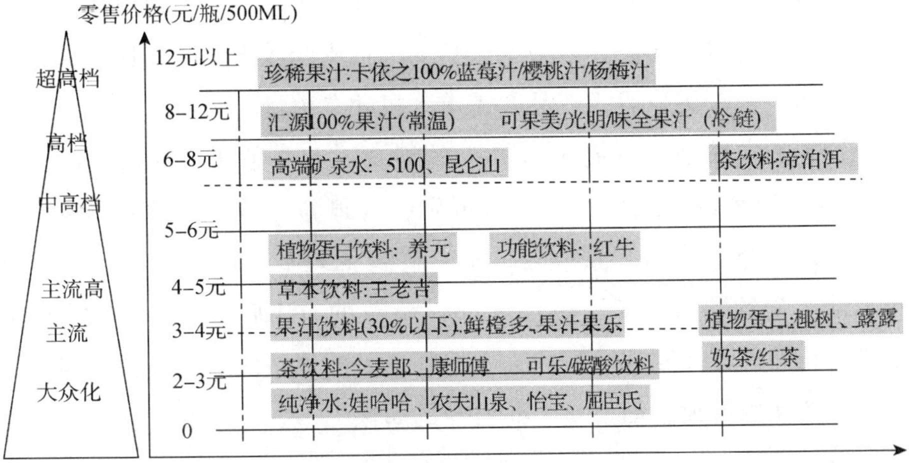

图 11－2　饮料消费市场的正金字塔结构

（三）饮料的消费者核心价值驱动有两种路径：主流型与价值型

大（品）类市场的形成伴随品牌集中度的快速提高，小（品）类市场则呈现产品形态多元差异化的格局。两种类别的饮料有各自不同的消费特征，需要不同的产品营销战略，具体如图 11－3。

	主流型饮料	价值型饮料
目标消费群	· 面向大众市场	· 面向细分市场
核心利益(购买动因)	· 解渴、口味、价格	· 营养、天然、品质
品类市场特点	· 产品同质化，品牌集中度高，市场被行业巨头所垄断	· 细分市场众多，差异化营销是主要的竞争手段
品类属性	· 必选消费品	· 可选消费品
关键成功因素	· 规模化能力 · 品牌传播 · 市场份额 · 分销网络	· 差异化定位 · USP(独特销售主张) · 产品形象/包装创新 · 品牌传播 · 分销系统

（表头“主流型饮料”与“价值型饮料”之间印有“VS”）

图 11－3　饮料消费者核心价值驱动的两种路径

需要提醒的是价值型饮料的细分问题，细分不是按消费者年龄、收入和职业进行细分，而是根据口味与消费观念进行细分，也就是产品概念及诉求是可以引导的。以中国人目前的可支配收入水平，饮料的价格已经不是一个购买障碍，产品的需求动机才是关键。

饮料的本质是“解渴 + 营养”的组合，无非是两者的比例配比不同。100% 解渴的有纯净水、可口可乐、雪碧等；80% 解渴 + 20% 营养的有绿茶、橙汁饮品、凉茶等；50% 解渴 + 50% 营养的有椰汁、乳饮料、维生素饮料等；20% 解渴 + 80% 营养的有 100% 果汁、高端矿泉水、蓝莓汁等。按照这个配比去看饮料产品的消费认知细分，才能接近消费者的使用价值，而不是产品自身的属性。

（四）饮料竞争特点：大类饮料热点轮转并快速规模化 VS 小类饮料稳步价值化并逐步向主流饮料转化

如图 11 - 4 所示，主流饮料市场每 3 年就会出现一个新“热点”，然后巨头们疯狂进入，三年内见分晓，快鱼吃慢鱼、大鱼吃小鱼是这个市场的基本规律。比如 2005 - 2008 年，含乳饮料大战，营养快线最终

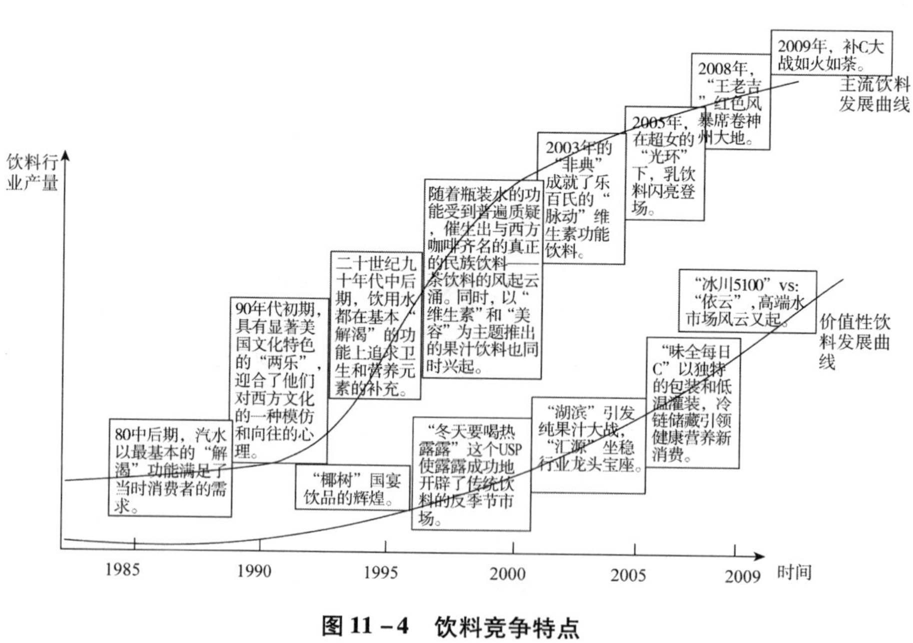

图 11 - 4　饮料竞争特点

一品独大。价值型饮料呈现“长跑型”特点，谁能坚持到最后谁将有可能成为赢家。所以，中国饮料需要的是两种基本战略导向：大品类（主流）饮料考验的是企业快速规模化能力，小品类（价值）饮料考验的是企业差异化营销的能力。

我们最后以植物饮料品类市场为例，说明一下如何发现品类机会。

植物饮料大品类可以分为植物蛋白饮料与植物纤维饮料两大基本类别，这两个类别饮料分别以相应的植物类作物为原料，都是植物饮料品类中极有前景的品类。

通过图 11 - 5 的简单比较，我们可以看到中国植物饮料市场的特点：目前中国饮料品种除了橙汁之外，大部分植物饮料是建立在小品类经济作物的基础上，如椰汁、杏仁露、核桃露等，大类经济作物的饮料品种反而市场规模小，如豆奶、玉米露、绿豆爽、红豆爽和蔬菜汁等。

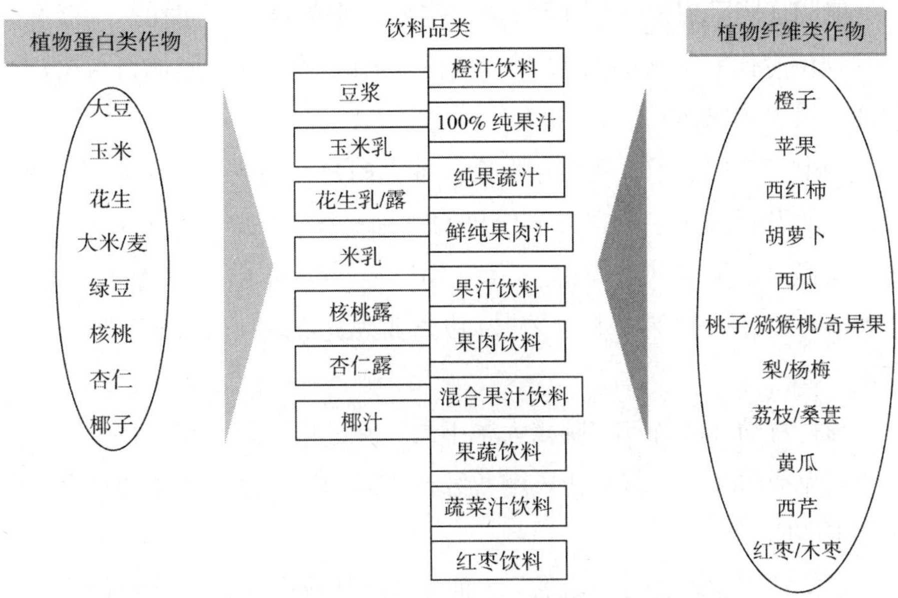

图 11 - 5　中国饮料市场品种类别机会图

品类机会在哪里呢？

图 11 - 5 透露了一个关键信息：真正的大类经济植物并没有形成大型饮料产品及品牌，如大豆、玉米等。植物纤维类里的品类机会虽然很

多，但正是多则惑，很多企业进行的是产品的开发，而不是饮料消费者的开发，如各种特色水果汁、蔬菜汁及果蔬混合汁等。

大类经济作物没有诞生大类饮料品种，小品类作物饮料缺乏产品聚焦化，这就是中国植物饮料潜在的品类机会。为什么这么多有研发及生产能力的饮料企业，都无法把握品类市场、价格带区间里的巨大机会，总是开发那些同质化的、平庸的或稀奇古怪的产品呢？

认真研究一下市场，研究一下消费者，研究一下营销专业方法论，才能发现真正的大机会。

剩下的1%：心智可以创造市场及新品类

时间证明了1980年出版的《定位》一书的价值，而在初次联名发表《定位时代》一文的1972年，两位今天的“大师”还都是一家广告代理公司30出头的员工。

四十多年过去了，两位作者已经各立门户：杰克·特劳特“占位”了定位的发明权（中国官方合作机构宣称早在1969年特劳特已正式发表论文提出定位观点），而艾·里斯则以他2004年出版的《品牌之源》（2006年8月中文第一版）作为其商业思想的核心，即品类分化的理论。

与科特勒、波特等学院派大师不同，艾·里斯与杰克·特劳特都拥有犀利流畅的文笔，其著作风趣智慧，灵思四溅，其文风更加适合中国式思维的阅读。

定位的核心思想是“心智”，而不是产品或市场，这是定位论的核心原则。但是当前“定位“一词大多数还是用在市场、产品等“实物”层面，如企业定位、战略定位、产品定位、渠道定位、消费者定位和价格定位，等等。

如果阅读并接受艾·里斯和杰克·特劳特《定位》一书的观点，

那么对“定位”一词的使用就不会像上面所列举的那样无节制。《定位》开宗明义，定位是指“在预期顾客的头脑里如何独树一帜”，以下是关于此论点的核心表述：

“定位要从一个产品开始。但是，定位不是你对产品要做的事。定位是你对预期客户（目标消费群）要做的事。换句话说，你要在预期客户（目标消费群）的头脑里给产品定位。

“把这个概念称作‘产品定位’是不正确的，好像你在对产品本身做些什么似的。定位并不是不包含变化，它也要变。不过，那只是名称上的变化，产品的价格和包装事实上都丝毫未变。

“定位最新的定义是：你在预期客户的头脑里如何独树一帜。谁都可以运用定位战略在人生游戏中领先一步。”

在《定位》一书中，有相当大的篇幅在描述“名称（命名）”对于品牌的重要性，好的命名是通往定位的捷径，而错误的命名可能成为定位的障碍，这是由于名称是进入预期顾客心智的钥匙。

显然，命名的重要性被夸大了，但是其道理却也不乏例证。突出命名毕竟还是广告创意的倾向太严重，所以两位大师今天已经不再将此作为核心（但并未放弃，艾·里斯尤甚）。

艾·里斯在《品牌之源》里的核心观点，也是被中国的品类理论奉为圭臬的观点如下：

“分化是世界上最强大的力量（从达尔文进化论开始到产品类别发明史汲取例证）。

“市场营销中的真正问题不是创建品牌，真正的问题是创建品类，然后用新品牌名主导这个品类。

“品牌名是品类所代表的特性的缩写。

“成功的公司创建新品牌去主导每一个新品类。

“打造品牌的最佳途径不是追逐现有品类，而是创建一个你能第一个进入的新品类。

“品牌有价值在于一个原因，也只有一个原因，就是主导一个品类。

“大多数品类是由非常相似的产品构成，而领导品牌拥有主导性份额。

“机会不在品牌，而在品类中。品牌有多强大取决于品类有多强大。

“顾客买的是品类，而不是品牌。”

中国各种各样品类论点的源头都在上面这些引文里。

但是笔者对于艾·里斯的上述观点总体持否定态度，主要观点如下：

（1）分化不是最强大的力量，而跨界、混搭的横向杂交也是强大的力量；

（2）品类是客观存在的，不是靠发明一个品牌名就能占领市场这么简单；

（3）第一个进入新品类是重要的，但不是最终成败的决定性因素，后浪可以拍死前浪；

（4）占据主导份额的领导品牌大多数不是特定品类的代表，单一品类代表的强势品牌是小概率事件；

（5）顾客需要的是品类，但购买的是品牌；

（6）品牌价值不在于品类，而在于品牌塑造的独特文化或品质感；

（7）品类的强大决定了可支撑品牌的强弱，但这只是机会的必需条件，而不是充分条件；

（8）成功的公司不是创建新品牌去主导每一个新品类，而是尽量用同一品牌占领（主导）尽可能多的品类。

这里不展开笔者的不同观点，相关论述可以阅读《品类泡泡：中国营销界的一场思想闹剧》，笔者想谈的是艾·里斯在《品牌之源》里的一个天才创见观点：“心智重于市场”。有关论述如下：

“打造品牌不取决于市场，而是心智。

“市场不同于心智。

“市场大小无足轻重。

“先有心智地位，然后市场才跟随心智而动。

“销售额不如认知那么重要。

“认知是一个持续性现象，认知是无价的特性。

“你丢掉销量领导地位后仍然能在顾客心智中保持你的领导地位。”

后三条是笔者不认同的，但笔者认为前四条观点包含着天才的创见，因为这些观点是对某一类产品品牌打造的法门，即艾·里斯基于《品牌之源》总结的“品类战略”：先有心智地位，然后市场才跟随心智而动。

“心智重于市场”这个观点对不对？

如果是针对一般消费品，这个观点绝对错误。对于普通消费品如啤酒、饮料、食品、日用百货和电子产品等，不要说心智决定不了市场，就是大企业都决定不了消费。因为通过中国特色的“渠道拦截、终端垄断”，就可以轻易地改变消费者选择。

于这类市场，品牌在广告上花的钱再多，都不能自动转化为现实的销量。面对这样的行业及市场，研究心智，在品牌知名度，甚至在美誉度上投资，都不如在渠道、终端上“**先投资**”更现实。

但是，心智重于市场对于有些品类来说又是核心，如服装、时尚产品和奢侈品。事实上，笔者认为艾·里斯“心智重于市场”的观点之所以是“天才的创见”，就是因为这个原理揭示了奢侈品牌的核心奥秘：先有心智地位，然后市场才跟随心智而动！

中国为什么缺乏时尚产业，有奢侈品却没有奢侈品牌？核心就是没有理解这些产业里的游戏规则与一般消费品的游戏规则是完全相反的！

每一个奢侈品牌都只代表它自己的风格及其所属的品类，如 GUCCI、PRADA、GIVENCHY 和 CHANEL 等。只有奢侈品牌是以“新品牌主导每一个品类”，绝对不可随意混搭、跨界和横向杂交，除非这种跨界本身就是品牌的风格。只有奢侈品牌的创建，才需要对品牌名称、风格等进行绝对的、清晰的定位。从某种意义上看，奢侈品牌是其风格的奴隶，就像大师级导演最终也是其风格的奴隶。

心智的先到先得（First）及唯一性（Only One）法则在此发挥了作用：大师用其所有的作品形成自己的风格，但是一旦风格得到认可，大师未来的创作无形中即成为此种独特风格的奴隶，如郑板桥之画竹、徐悲鸿之画马、齐白石之画虾等，奢侈商品或服务产品品牌的规律也是如此。

这种观点对"非必需品产业"，尤其是奢侈品品牌，其思想价值与方法论意义非常重大，对于打造中国奢侈品牌（注意：不是奢侈品）具有极重要的启发性。

这类品牌虽然因其巨星云集、广告攻势强大，制造了巨大的品牌势能与关注度，但我们必须提醒中国企业：这些品牌最多只占品牌数量的1%，是典型的塔尖品牌，而且是以大量失败的品牌做养料。

关于品类，在99%的机会与1%的机会之间，选择走哪一条路，取决于企业对自己行业属性的判断。这是品牌的死生之地，不可不察。

【案例11】"碗粥"如何成为新品类

新品类并不来自创造出一个新品类的命名（尽管命名很重要），而是来自找到产品触发消费者购买的关键按钮：目标顾客为什么买？怎么卖给他？这就是产品的"销量驱动力"按钮。

从2007年到2011年，安徽同福食品有限责任公司从无到有，成为销量过10亿元的新隐形冠军企业。三鹿饮品变身为同福食品，不仅为时势所逼，更重要的是借助了"碗粥"这个战略性产品。

同福碗粥的前身是三鹿饮品公司2007年末要推出的新品，产品形态就是将八宝粥从铁罐变成PVC碗装，上市时就叫三鹿同福碗粥，以三鹿做主品牌。后来在2008年"三鹿事件"后，启用同福作为主品牌。

一个包装形态改变的产品，能有多少战略潜能？以前以为碗粥成本比罐装粥成本低30%，到了设备调试重新核算时，才发现并无多少成本优势——依靠价格做突破口的最初想法走不通。在看来平淡、并无新奇的产品背后，碗粥做得是“另类思维”，或者这种另类其实是“营销常识思维”：“解决怎么卖”和“为什么买”这两个基本问题。

核心作业包括以下步骤与内容：

第一，通过项目小组及饮品公司全国办事处销售经理，对全国18个省区30个城市的粥类产品进行市场调研，掌握了上市区域市场粥类产品的消费偏好、价格、渠道价值链、渠道商及消费者的粥类消费习性。

第二，经过多次命名的头脑风暴后，最后定名碗粥，就以包装形态为产品核心卖点，不去突出产品内容物等特性，如养生粥、养元粥、乳鸽营养粥等。

第三，以整箱包装为主要销售形态，不以单盒销售为重点。

第四，上市时避开KA卖场（与策略三关联），以三级、四级市场渠道经销商、批零兼营分销商为主要销售阵地，并在样品确定后，邀请20位一级、二级经销商和分销商座谈，听取意见。

第五，在饮品公司市场里优选渠道网络基础较好的六个省区做首批重点市场，全国市场分三类配置营销资源。

第六，市场策略目标突出“三个快速”：快速铺货、快速陈列和快速促销，相应地制定了针对首批订货、陈列奖励和消费者促销的“三管齐下”促销方案。为此迅速清退新招聘的主张先做KA卖场、直营和组建导购员的营销总监。

第七，在饮品公司原有销售团队之外，重新组建碗粥销售团队，从三省（冀豫鲁）招聘、集中培训。历时2个月，一支新的销售新军组建完成。

第八，根据产品内容物规划了多种口味产品线，最终还是选择传统八宝粥（即偏甜）优先上市，减少消费者对新口味产品的疑虑。

第九，针对首批上市的华北地区三级、四级市场消费者，启用倪萍做产品代言，上市时已是2007年12月，推出针对“两节”的拜年版广告。

回顾在三个多月里，围绕碗粥上市所做的各项工作，上述“独孤九剑”仅仅是奠定产品驱动力的关键步骤，解决的是“产品怎么卖”和“顾客为什么买”的问题。

做粥类产品，大多企业喜欢在粥的种类与口味上做研究，项目组对全国各类即时粥、粥铺的产品类型都进行了研究，发现很难从产品口味或种类上取得突破，经过多次碰撞，最后选择了一个简单又略有风险的道路：直接诉求包装形态。

没有选择一线城市和KA卖场终端，不仅是利用三鹿饮品对三线、四线市场网络与消费形态的熟悉，更重要的是沿袭了八宝粥产品特有的整箱购买销售习惯，避免进入KA卖场单盒销售的陷阱。

此前及后来的不少即时粥新品，只要是定位在城市白领、口味创新、丰富营养和产品升级等概念上，无不惨淡收场。这个教训就像中国糖果市场里不卖散装糖果卖小包装糖果一样，都因不顺应市场固有的购买形态与习惯，必然选择错误的策略。

解决了“怎么卖”和“为什么买”，就能很好地与企业具备的资源结合，实现上市的首战必胜目标。同福碗粥，就是这样从无到有，经历风雨而弥坚，最后带动了一个叫碗粥的新细分品类。

这是一个简单却又并不简单的工作，碗粥这样一个普通产品的成功，正说明找到产品的关键驱动力的重要性，一剑封喉的产品并非是“不可能的神话”。

企业可以按以下步骤检测产品是否具备一剑封喉的能力：

第一是区分完全创新产品与部分创新或模仿产品，这两种产品的营销方法、时间和资源截然不同。分不清这个问题，是80%以上产品失败的根源。

第二是确定上述类型产品的关键成功要素与企业资源能力之间的匹

配关系。如果你只有轻骑兵，却要去打攻坚战，那肯定是送死，但如果打奇袭战、侧翼战、游击战，那胜算就大得多。产品的关键成功要素（KSF）是有规律的，但必须与企业资源相匹配，否则再好的计划和愿景都是纸上谈兵。

第三是针对资源支撑的关键成功要素，找到优先级的战术方法及关键爆破点，也就是打仗里的布阵、攻击顺序。同样的费用、人员，组合、运用的顺序不同，会造成截然不同的结果。

第四是对产品的核心买点做出精准的规划。买点与所谓的产品卖点、USP（独特销售说辞）、定位等不同，即把产品“智造”成目标买主愿意买的状态，目标买主不仅指消费者，也包括渠道成员，这是一个关键的思维转换。买点直接的产品，才能过这一关，绝大多数企业都喜欢将产品复杂化。

做产品，不要先想什么创新产品、新概念和开创新品类等这些激动人心的美妙事情，务必要想清楚产品本身。决定产品是否畅销的，不是新产品、新概念，或企业自己宣称的新品类，而是产品是否具备了与目标（市场、渠道、消费者等）匹配的驱动力。

企业必须认识到：产品策划、规划和上市是一门专业性科学，有其自身的客观规律性，尊重、研究、认识和掌握这种规律，是做出具有一剑封喉作用产品的前提。

第十二章 山寨抢道

——老板如何管营销

伟大的艺术家不是抄，而是直接偷。

——乔布斯

山寨是个好策略

推崇创新当然是好事情，但从商业的角度看，如果将创新理解为事事要原创，不仅会“重新发明轮子”，而且会令企业陷入困境。山寨式创新，或者说跟随性创新，是一个风险较小的商业策略。

那怎样理解山寨式创新呢？

简单地讲，天天在喊的“自主创新”是“天使的翅膀”，好看不好抓，技术含量太高；到处泛滥的山寨是“地狱的魔鬼”，好用没前途，本质上没有技术含量，靠的是“挂羊头卖狗肉”的障眼法。山寨式创新是介于这两者之间的状态：模仿与创新都是真实的，都有一定技术含量，因而山寨式创新不仅是迈向自主创新的跳板，也是低风险迈向成功的捷径。

以进入白热化大战的智能手机为例，来了解山寨式创新的内容与特点。

“智能手机”是多普达国际股份有限公司率先提出的产品概念，如今智能手机不仅成为一个品类，而且是功能手机的颠覆性产品，与数码相机颠覆柯达代表的感光相机一样。但今天理解的智能手机，却不是多普达提出的概念，而是以苹果、谷歌为代表的两大操作系统下的新定义。

从多普达手机使用的微软 Mobile 操作系统到苹果 iPhone4S 使用的 OS 系统，再到谷歌安卓系统以及微软的 WP7 系统，操作系统、应用程序和手机终端的变化就是一种典型的山寨式创新，这三大风格操作系统的目标都不是一个或一系列手机硬件产品，而是形成一条完整的手机产业链，即软硬件整合在一起的产品及企业集群。

2007 年 7 月 iPhone 上市的时候，大多数人认为它不过是将 iTunes 与苹果 OS 系统独特的“触摸图标按钮”移植到了手机上。但是到 2010

年，当苹果 APP 应用程序超过 30 万款以后，苹果借助 iPhone4 的上市，重新定义了智能手机。

不甘被苹果垄断的手机产业如梦方醒，包括互联网、电脑产业，开始寻找打破苹果 iPhone、iPad 一统天下的局面，谷歌的安卓（Android）操作系统应运而生。

安卓系统研发始于 2007 年 11 月，说明在 iPhone 上市后谷歌很快就瞄上了苹果 OS 系统，安卓系统实际上就是一个模仿苹果“OS + APP”模式的新操作系统。与苹果不同的是，谷歌采取了与苹果封闭系统不同的商业创新模式：安卓系统第一版上市时，即与 34 家手机厂商和运营商成立“开放手机联盟”（OHA），以开放系统对阵强势苹果系统的战略意图非常明显。

加入开放手机联盟的手机厂商中真正抓住安卓产业机会的是彻底告别多普达国际股份有限公司的 HTC 与三星 Galaxy。安卓系统超越苹果 OS 系统仅仅用了不到 2 年，即 2010 年下旬至 2012 年，安卓系统手机的 APP、用户数、手机份额和下载量都超过了苹果 OS 系统。

安卓系统的成功充分反映了山寨式创新的三个核心特点：

首先，抓住强势对手的价值链核心，寻找与自身能力最匹配的突破口。谷歌确定的突破口是“OS + APP”，这有利于发挥谷歌“强软件弱硬件”（终端）的互联网技术优势。

其次，该模仿的地方全面模仿、快速复制。安卓系统的用户体验与苹果系统大致相同，实际上谷歌采取了多种优惠措施吸引苹果 APP 设计者将程序迁移（即复制）到安卓市场里去。模仿甚至全盘复制强者最优秀的部分，是山寨式创新的关键所在。

最后，该创新的地方大胆创新，必须提供与被模仿对象有本质不同的商业价值。显然，安卓系统的成功是因为“开源”（开放源代码）商业模式的创新，才形成了“群狼斗恶虎”的局面。安卓系统不断升级，手机终端厂商则不断升级手机硬件，可以说是聚天下之力，才具备了向“软硬兼备”的 iPhone4S 发起挑战的实力。

诺基亚则成为反面案例：自主创新的塞班（Symbian）操作系统复制了苹果的封闭商业模式，希望在操作系统上与苹果一决高下，结果诺基亚正在成为新一代智能手机大战的落伍者。其在功能手机全球老大的地位没有体现在智能手机市场里——新智能手机产业对功能手机是颠覆性创新，功能手机市场的第一，在新智能手机里等于零！

诺基亚市值因此大幅缩水近80%，这说明了自主创新的巨大风险。而2007－2011年间模仿iPhone硬件外观的中国山寨机军团，从2012年起面临全军覆没的命运。

因此，模仿什么、创新什么、怎样将模仿与创新统一在商业模式中，对于山寨式创新的成功至关重要，这是一个有技术含量的“专业活”。

山寨式创新：后发制人

山寨式创新产品是指：同一类型、同一行业内后发者对领先或创新产品的模仿创新，这种产品创新本质上属于策略性产品创新的范畴，而不是颠覆式创新或升级性创新。如果后发产品带有颠覆性或升级性的产品属性，就不能被称之为山寨式创新，山寨式创新自然与革命性创新更无关联。

上述定义并不意味着山寨式创新产品难度的降低，正是因为山寨式创新具有鲜明的“标杆学习”的特点，因而其实也对山寨式创新的执行者提出了较高的要求。不难理解，模仿者的难度甚至成本，是与被模仿者成正比的。这有两个含义：第一，山寨式创新是有难度的模仿，模仿者自身要具备与模仿对象相近的核心能力；第二，山寨式创新通常并不能完全复制模仿对象，就像杂技表演不是看过的人都能照做一样。

与自主创新相比，山寨式创新显而易见是一种市场风险更小的企业经营战略，山寨式创新产品也因此成为企业低风险（未必是低成本）

参与行业竞争的捷径。

山寨式创新产品主要借鉴或复制的是领先产品顾客效用层面，如选料、工艺、技术等实物体验层面的内容，在其他的顾客感知，如品牌、风格、渠道、推广，甚至商业模式上都会进行与被模仿者有差异的创新，这是山寨式创新产品与山寨产品的本质不同。

从中，我们可以看出山寨式创新产品成功的标准其实就是两个：要么后来居上，超越领先者成为行业第一；要么成为老二，让自己成为该类产品的第二选择。

山寨的力量 1：后来居上成为行业第一

模仿式产品能够后来居上成为行业老大吗？听起来既令人兴奋又让人有点疑惑，但这是商业现实。

方便面行业的康师傅为何在大陆市场战胜了日清食品与统一企业两个大佬级的对手？正是得益于山寨式创新产品策略。现在回首看康师傅独霸中国方便面半壁江山的发展史，可以看到山寨式创新的清晰痕迹，很有启发价值。康师傅用了哪些关键措施超越老师及大佬对手？

关键措施 1：抓住产品的核心消费群及其需求特点。

从理论上看，山寨式创新能够超越创新者的原因很简单，即比创新者更准确地把握了产品的消费群及其需求特点。因为产品的物理、技术和制造层面的创新实际上只是完成了产品市场化的第一步，更大的跳跃是将产品创新转化为消费者的真实购买。而恰恰是在将创新产品转化为购买率，将购买率转化为市场份额，将市场份额转化为行业地位的过程中，成功的山寨式创新产品及企业做得比原创产品更好。

康师傅进入大陆时，魏氏兄弟并没有特别的优势，从资本、技术、产品、品牌和推广等各方面看都只是一个普通的竞争者，1988 年进入大陆设厂的顶新集团，直到 1992 年才在天津设厂进入方便面行业。与行业老大的策略不同，康师傅果断地选择了“大众化”即平价方便面的道路。当时的日清食品、统一企业等都在所谓“高档面”即口味更好、更易营销的方便面上动脑筋。

康师傅实际上第一个就放弃了走“营养化”路线的方便面，因为魏氏兄弟看到，对于那些在火车上食用或临时代餐的目标消费者来说，价格是一个重要的战略竞争要素。要实现规模化，产品不能复杂，尤其是消费者利益（广告诉求培养的选择驱动力）必须简单，于是“好吃看得见”逐步被“就是这个味”、“这个味对啦”等一系列以“味觉”为核心的产品诉求广告代替。

是的，康师傅红烧牛肉面不是最好吃的，更不是康师傅原创，但康师傅红烧牛肉面是销量最大的方便面单品，因为只有康师傅不仅率先而且持续地抓住并强化了红烧牛肉面的消费者利益聚焦点：味道。

关键措施 2：落地化的营销推广。

渠道下沉、渠道精耕、深度分销、办事处直营、人海战术、邮差渠道商和大卖场抢夺，康师傅发展的前 10 年，几乎就是中国市场营销渠道变革的缩影。也是在 2002 年，康师傅才第一次超越统一的市场份额（23.5% vs21%），但是到 2009 年，康师傅的市场份额已经达到 51.4%。

康师傅是第一个在操作层面将中国五级（省会－地市－县市－镇－乡村）市场全覆盖的食品品牌。至 2009 年，康师傅大陆市场分东、南、西、北、中五大片区 500 个小区域，设 300 多个营业点，覆盖近 5000 家经销商、55 万个销售点，每一个区域由业务代理和助理业务代理负责，要求每一名业务员每天拜访 80 个零售点。

为了确保终端执行效能，康师傅分别通过从 AC 尼尔森公司购买大卖场零售及货架分析数据，建立全国范围的 Store check（零售店稽核）市场调查体系，对销售部的渠道执行效能进行外部监督。

现实是康师傅的渠道执行力不仅狠、准、稳，而且基本实现了“智能化”，能够有效发现及应对竞争对手在各条渠道上的营销举措。很多本土方便面竞争对手只会在产品概念上玩一些招数，或主要靠促销战获得一席之地，但想撼动康师傅的地位，缺乏完备的市场资讯系统已经棋差一着。

关键措施3：产品品牌化。

康师傅把握了方便面的战略重心，也确定了方便面品类的产品概念，但将产品品牌化而不是品牌产品化，这是一个冒险而大胆的决策。产品品牌化就是将企业众多产品线里最优秀的产品作为品牌的核心识别，如康师傅将红烧牛肉面作为康师傅的核心产品及品牌的核心识别符号。品牌产品化则是在统一的品牌之下，“挂接”多种产品，典型代表就是娃哈哈的“产品－品牌”架构，康师傅的主要对手统一方便面，采用的也正是这种品牌产品化的策略。

两者有何不同？产品品牌化将核心产品放到了品牌核心识别的高度，有利于核心品种更多地聚集品牌传播的能量；品牌产品化则相对偏重于统一品牌形象及个别副品牌单品，但核心品种将并不突出。统一的老坛酸菜面已是仅次于红烧牛肉面的单品，但统一在识别上还是“来一桶”、“统一100”等占据较为突出的视觉位置。

两者并无绝对的对错，从理论上看，品牌产品化似乎更安全；但从市场效果看，产品品牌化无疑更直接、更有销售性，当然，也更有风险性。

关键措施4：产业战略布局。

产业战略布局，即为支撑市场销售的物流、生产布局体系。至2009年康师傅就设立了139个物流仓库，并进行了“啤酒化厂区规划”：直径500公里内要有一个方便面生产基地，把运费控制在销售价格的5%以内。

通过康师傅后发制人、后来居上的关键举措回顾，可以看到模仿性创新产品完全可以通过“系统创新”超越老师及大佬级对手，因为产品的市场营销、经营战略在产品市场份额、行业地位的确立中发挥着至关重要的作用。

娃哈哈的营养快线就是在农夫山泉的浆果奶昔、小洋人妙恋等牛奶水果饮料之后推出的产品，当初原创、领先的产品或退出市场，或变成区域品牌，只有营养快线一枝独秀，成为年销售额160亿元的超级产品。营养快线依靠的自然不只是并非原创的产品，而是娃哈哈的整个经营与营销体系。

山寨的力量2：借势而上成为老二

模仿性产品超越领先者成为行业第一，除了模仿者的后天努力，还与市场环境、对手的战略失误等非企业要素关系密切。也就是说，山寨式创新后来居上要天时地利人和，有一定的运气成分，但模仿式产品成为老二，则是相对容易达成的目标。

行业老二的价值显然也是被低估了，其实老二战略是一个更安全的经营战略，比如段永平对步步高电器的“老二策略”（不为天下先）：不做产品的首创者，而是做快速与精明的跟进者，如步步高学习机、无绳电话机、DVD、音乐手机、MP4、生活电器、电子词典和电子书等。

山寨式创新产品成为老二的要点有三，即跟得紧、跟得快和有个性。

跟得紧：紧紧盯住领先（领导）品牌的核心产品，进行对标学习、模仿和超越。

如步步高推出的针对中低收入女性消费群的OPPO音乐手机，其竞争力就是山寨手机的成本优势。步步高运用韩式风格迎合哈韩族，以大广告（卫视）、价格优势和终端拦截“三板斧”切入市场，这些举措都充分借鉴了诺基亚、摩托罗拉等领先手机品牌的营销手段，符合中低端手机消费者的关键选择要素，取得了较好的效果。

跟得快：模仿性创新产品要快速跟进原创或领先产品，抢夺市场先机。

国人皆知的大白兔是牛奶软糖的第一品牌，甚至凝结了生活在20

世纪 60 年代到 90 年代三代人的消费情感记忆。“七粒大白兔，等于一杯牛奶”，是大白兔根据热量等值换算出的一句产品 USP（独特销售说辞）。在牛奶匮乏的年代，大白兔奶糖是国人补充动物蛋白的替代产品。

20 世纪 90 年代后期金丝猴奶糖横空出世，抢夺大白兔奶糖的市场份额。金丝猴奶糖不仅模仿了大白兔奶糖的扭结、蓝白风格等产品形态及包装风格，在产品诉求上，甚至采取了更加夸张的广告：“三粒金丝猴奶糖，就是一杯好牛奶”。这种山寨式创新产品，确实会令领先产品非常难受，就像美国营销史上百事可乐纠缠可口可乐的广告攻势一样。

在广告法还不规范的年代，类似大白兔、金丝猴奶糖的夸大宣传比比皆是，如中华鳖精、三蛇胆胶囊等，但策略上，模仿领先对手的核心产品特点，是山寨式创新产品快速上位、成为老二的不二法门。

有个性：山寨式创新产品既要跟得紧、快，还要避免缺乏个性，这是有点难度的事情。

举一个模仿式产品个性不足导致失败的案例。步步高旗下的小家电业务单元——步步高生活电器，最后落得整体出售的结局。原因在于步步高豆浆机等，没有在生活电器品类市场中建立与九阳、美的有竞争力的比较优势。无论是产品的设计元素、定价、终端，还是广告，步步高生活电器都没有超越美的，失败的结局在所难免。

产品“漂亮”并不重要，重要的是产品的漂亮是否有个性，尤其是与领先竞争对手产品有没有差异点，如果产品缺乏个性，市场营销手法又与领先者没有本质差异，失败的概率就会很大。

有个性的成功山寨式创新产品也很多，如洗发水行业的舒蕾与拉芳。显然，宝洁等巨头的体系太强大，本土洗化品牌后来居上的路都会被封死，但舒蕾、拉芳等还是通过微小的产品概念创新，如蚕丝、小麦等产品概念，以及在推广方式（如舒蕾的终端导购、拉芳的大流通批发）的创新，分得了市场的一杯羹。

借势成为老二，要求山寨式创新产品必须抓住领先产品的核心特质进行模仿，同时在产品的其他方面，尤其是推广手法上进行创新。

我们必须强调的一点是，山寨式创新产品本质上是对标式策略创新产品，产品的成败不仅取决于产品的“模仿近似度”，更要围绕产品的营销元素、经营方式创新，这是山寨式创新产品后来居上的关键成功要素。

——老板如何管营销

第十三章 战术素养

有战略无战术，是空谈；没有战术素养，战略就成了空想。

执行：战术素养

战略思维，有高低之分。“不战而屈人之兵”的伐谋为上，与“将不胜其忿而蚁附之”的强攻硬打，是不同的战略思维与境界。但是，战争游戏规则里的胜战之道，并不是仅凭没有实力支撑的所谓“伐谋战略”就可以成功的。没有实力保障的战略只是一厢情愿的空想，战略的有效实施必须有相匹配的战术手段的支撑。

战略与战术这种一以贯之的匹配性，比将战略与战术割裂甚至对立的错误认识前进了一大步。然而，战略目的的达成、战术手段的遂行还必须具备关键一环：战术素养。

战术素养不是被中国式培训变成忽悠员工的所谓“执行力”，如心态、勤奋和4R流程等。这种执行力实际上是一种入门级的职业化素养，不是与公司战略相匹配的专业化战术素养。也就是说，战术素养不是表决心、喊口号、自我激励、勇于行动和不怕挫折等一般性行为能力，而是需要特别研究、特别训练的一种特殊技能，这种特殊技能是为保障战略目标达成而特别研发的战术。

日本偷袭珍珠港的成功里有一项关键战术，是日本为偷袭专门研发并训练的战术：为了炸毁停泊在珍珠港里的美军舰艇，日本飞机在投放鱼雷时，必须尽量降低飞行高度，减少鱼雷落水的深度，保证鱼雷有效命中目标。

为此，日本空军专门研制了三个战术：第一，改造鱼雷，在鱼雷尾部安放导向阀；第二，降低飞机投放高度；第三，根据夏威夷军港的地形，让执行任务的鱼雷飞行员训练越过山峰后快速降低飞行高度的俯冲轰炸技术。

这三个战术的研发与战术素养的训练，让偷袭珍珠港取得了日本在战略推演时都没有预料的战果：美军太平洋舰队 8 艘战列舰中，4 艘被击沉，1 艘搁浅，其余受重创；6 艘巡洋舰和 3 艘驱逐舰被击伤，188 架飞机被击毁，155 架飞机被击伤，数千官兵伤亡。日本只损失了 29 架飞机、55 名飞行员及几艘袖珍潜艇。

营销的战术素养是一种保障公司战略目标达成的落地战术及其相关人员的专业化能力，如最简单也最重要的终端铺货与动销素养，就是一种不可或缺的营销战术素养。拜访八步骤、沟通话术、异议处理、陈列规范、生动化维护、客情沟通、店头促销活动策划与实施、兑奖品发放、账款结算、拜访计划、拜访报告、品相销售数据分析、新品卖入、竞品动态及消费者意见与市场商机捕捉，这一系列围绕终端的铺货与动销技法，是消费品公司营销团队必须具备的战术素养。

这种战术能力，必须经过定制化的研发、设计、训练和实践，才能变成真正具备市场攻击力的战术素养。所谓销售团队的执行力或素质，从终端战术素养里可见一斑。

在中国企业里，终端战术素养最好的公司有康师傅（饮料及糕饼事业部）、加多宝凉茶、雀巢咖啡等。在中国四级市场的广大范围内，这些公司的各类店头展示、促销、赠饮品尝和活动，几乎从不缺席每一个周末、节假日的人流密集场所（公园、小区等）。

营销的战术素养至少还包括：产品的消费者利益点（产品话术）、媒介与公关传播（热门活动赞助、媒体关系等）、经销商沟通（培训会、观摩会、产品发布会等）及销售计划与监控（精细化的销售执行计划、预算、过程控制）。

企业的营销，不仅需要具备高明的战略、独特的战术，更需要培养独具个性的战术素养。这种融汇了战略、战术，经过训练并在销售实践中变成习惯的实操方法，就是我们所说的战术素养，这才是营销执行力的真正核心与难点。

人的力量

企业的运营比很多人认为的复杂，又比很多人认为的简单。当有人以某一单一要素谈论企业成功的时候，是一叶障目式的错误归因，企业运营远比这些“长板决定论”包含更多要素；当有人用体系、系统、全面、完整、战略、文化和宗教将企业运营管理复杂化、玄学化的时候，企业成功的正道实际要实在、科学和简单得多。

企业成功的本质，与战争的规律有异曲同工之妙，即《孙子兵法》所说的胜道五要素：“道天地将法”。

对于战争来说，从冷兵器时代到今天的太空兵器时代，变化的是“道天地将法”的内容与形式，没有变的是孙子阐述的“胜道逻辑”：“经之以五事，校之以七计，而索其情……计利以听，乃为之势。”即事－计－情－势的庙算循环，这个庙算循环就是战略评估、决策和计划。

孙子庙算里的战术素养在哪里？在“主孰有道？将孰有能？天地孰得？法令孰行？兵众孰强？士卒孰练？赏罚孰明？吾以此知胜负矣”里。

（1）“主孰有道”——战略认同（道者，令民与上同意也。故可与之死，故可与之生，而不畏危也）。

（2）“将孰有能”——CEO 胜任能力（将者，国之辅也。知兵之将，民之司命，国家安危之主也）。

（3）“天地孰得”——后勤准备、外部机会（天者，阴阳、寒暑、时制也；地者，高下、远近、险易、广狭、死生也）。

（4）“法令孰行”——行动统一，听话、真做（令素行以教其民，则民服；令不素行以教其民，则民不服。令素行者，与众相得也）。

（5）“兵众孰强”——资源充足、资源匹配（用兵之法，十则围之，五则攻之，倍则分之，敌则能战之，少则能逃之，不若则能避之。故小敌之坚，大敌之擒也）。

（6）“士卒孰练”——战术素养，战斗力（善用兵者，修道而保法，故能为胜败之政。兵法：一曰度，二曰量，三曰数，四曰称，五曰胜。地生度，度生量，量生数，数生称，称生胜。故胜兵若以镒称铢，败兵若以铢称镒）。

（7）“赏罚孰明”——绩效考核、KPI 机制、奖励立即兑现（车战得车十乘以上，赏其先得者而更其旌旗。卒未亲附而罚之，则不服，不服则难用。卒已亲附而罚不行，则不可用。故合之以文，齐之以武，是谓必取）。

战争与管理一样，影响成功的因素是一个复杂的综合互动“要素集合场”，或者说，前面的任何一个因素不具备，都可能导致失败；成功则必然是这些要素没有明显的缺陷或相对于竞争对手的比较劣势而言，这就是为什么说成功的驱动力各不相同，失败的原因却大致相似。

企业运营与战争一样，绝不是战略正确、战术得当和资源充足就会自动导向成功。人为的因素让管理、营销与战争一样，“胜可知不可为”，可以通过庙算（战略审计）知道胜利的概率，却不能从庙算自动导向结果，从知胜（能胜）到胜利之间，还有一段路要走。

走好这段路，需要兵法里的各种战法（营销方法）乃至诡道（商战谋略），需要“将能而君不御”，需要避免覆军杀将的“五危”，需要用间使诈（情报战、心理战），更需要善战——敢战、能战和会战。

“训练不流汗，战场就流血。”军队的战术素养来自战斗经验，更来自非战时的训练。不停的训练、战斗总结和战术训练，是军队的日常功课。平时不严格训练，临阵必然溃不成军。

中日甲午战争中，李鸿章派往朝鲜的叶志超淮军一击即溃，让日军轻易地攻陷平壤、跨过鸭绿江，占领旅顺、大连、威海，导致北洋水军被自己威海卫炮台的大炮击沉，彻底全军覆没。

同样是陆军，五十多年后的抗美援朝战争，武器装备落后的中国军队用不怕牺牲、敢打必胜的惊人勇气，让拥有优势作战能力的美军（联合国军），不得不放弃以武力摧毁达成目标的意志，从而回到谈判桌上来。

能不能打仗，不是靠威武的军装，而是靠扎实的战术素养，是好汉还是孬种，要看敢不敢牺牲，这是“士卒孰练”的不同结果。

没有战术素养的亮剑（勇敢），是愚蠢，在战场是白白送命，在营销是越忙越乱。王牌军与杂牌军的区别，不仅在勇敢（积极主动），更在战术素养，且战术素养是勇敢（积极性）的基础。

执行细节的专业功夫

战术素养在企业关键成功要素里是一种不可或缺的能力要素，这种能力必须通过各种形式的训练才能具备。

就营销来说，战术素养体现在营销团队执行各项战略目标和计划的过程之中。简单地说，战术素养不仅仅是中国式执行力培训的那些承诺、励志和奖罚循环，还需要熟练掌握各种达成销售目标的战术动作，如销售团队的渠道运营能力、市场团队的传播造势能力和品牌团队的创意能力等。战术素养的意义还在于，提高营销行为的投入产出比。营销投入产出比的两大指标是：性价比和速度。

那种认为只要有效果就证明营销能力的观点是片面甚至错误的。一个团队的营销能力，不仅取决于是否有效果，更在于达成这个效果的营销成本，即性价比或速度。

比如，提升品牌知名度，是否必须启用明星代言、央视广告或一次动辄三五千万元的广告运动的呢？是否有 2000 万元也能得到同样结果的方法？究竟是花费 500 万元聘请明星代言，还是花费 100 万元悬赏创意，更能让广告传播的记忆度包括美誉度、产品吸引力更好？

比如，开发市场是否必须拿出 50% 的销售回款做新客户开发的成本？一个月发展20个新客户，需不需要50万元以上的费用？有没有一年开发240个新客户，成本只要300万元的方法？

比如，终端覆盖与动销需要多长时间？能否将客户开发、终端进入、陈列展示、促销推荐和动销拉动等销售动作一气呵成？终端覆盖与动销的速度，往往决定着产品的生死，同样也决定着市场投入的费用。这些环节如果不能一气呵成，老是掉链子、出问题再想办法，必然会影响产品的快速动销。

比如，餐馆、美容等服务业，服务员的作业能力是否熟练？有没有标准作业流程？习惯用语（日常话术）是否让顾客感到亲切满意？全员营销的导向，是忙于硬推销，让顾客反感，还是在服务过程中完成推荐，让顾客主动做出购买决定？

这些案例都与达成销售目标的具体做法（战术）紧密相关，都是销量的驱动要素。这些行为能力体现了营销团队的战术素养，需要团队具备相应的专业行为能力。

因此可以更精确地定义“营销战术素养”：战术素养是一种驱动销量的营销团队的行为能力，简称“营销行动力”，即不限于销售团队，而是涉及市场、品牌甚至销售后勤的行为能力。

这样看，战术素养显然不是感恩、励志和主动积极这么简单。营销执行力，不仅需要热血沸腾、自我励志和职业化素养，更需要掌握各种驱动销量高性价比的营销技术（操作能力），反复训练与实践，最后变成一种条件反射式的战术素养，过“士卒孰练”这一关。

需要注意的是，商业与战争的不同在于，商业没有战时与非战时的明显界限，甚至可以说，商业更多的是在日常工作中训练。战争是“养兵千日、用兵一时”，商业是“用兵千日、练兵一时”。

对于企业运营、管理和营销来说，高效执行力来自脱产培训、在岗训练与日常作业三种途径，日常作业与脱产培训、在岗训练一样，是培育营销战术素养的主要方式。

第十四章 与狼共舞

——老板如何管营销

狼进了羊圈，吃掉了一批羊，让剩下的进化成了非洲羚羊。

不对称较量：跨国公司的傲慢与变脸

武装到牙齿的跨国公司，掌握着全球供应链、技术、资本和品牌的先发优势，进入中国确实带有一种天生的优越感，甚至傲慢，这是源于对其资源优势、品牌历史、产品优势和管理系统的自信。

但跨国公司在中国市场的竞争，也并非所向披靡、无可抵挡。事实上，因傲慢与隔膜导致水土不服而败退的案例，与成功案例一样多。

从三十多年中国市场的竞争实态及跨国公司在中国的营销实践看，在所有开放竞争的行业，跨国公司与本土企业的战绩，可谓平分秋色。到目前为止，跨国公司与本土企业的营销战，有四种战斗结局：

第一种，跨国企业成为行业市场份额的领导者与标杆，如汽车、日化与食品行业里的大众、宝洁、联合利华、雀巢、卡夫和玛氏等企业。

第二种，本土企业后来居上成为行业的主导者，如啤酒、饮料、方便面、家电和家电零售连锁等。

第三种，跨国品牌绝对垄断，如化妆品、时装、奢侈品等。

第四种，外资较少涉足本土特色产品，如茶叶、文房四宝、中药材、中餐等。

在中国市场，有些产业本土品牌已经失去战略主导权，如汽车、数码、化妆品、时装和奢侈品等，而在狭路相逢的产业，如家电、零售、网络、电子商务和食品饮料等，本土企业后来居上的反而更多。

从2001年嘉士伯啤酒将上海公司卖给青岛啤酒到2010年肯德基开始卖豆浆，十年之间，跨国公司在中国经历了一路领先、水土不服到入乡“问”俗的转变，这个转变所代表的，就是越来越成为普遍趋势的跨国公司的本土化。

（1）**收购为上策**。西方商业遵循一个著名的定律：“战胜不了的敌人就是朋友。”这句美国式的商道与“只有永恒的利益”的英国式商道同样著名。这些商道思想直接影响了跨国企业将兼并（M&A）作为市场竞争上策的思维。从欧莱雅收购小护士，到百胜收购小肥羊，再到雀巢收购银鹭、徐福记，收购优质本土公司并延续本土品牌操作模式，逐步改造供应链、管理系统等，是跨国公司本土化最成功的落地方式。

（2）**市场下沉**。跨国公司进入中国之初，产品价格普遍高于本地产品，造成销售集中在一线、二线发达城市的现象。随着中国城市化的飞速进展，三线、四线城市逐渐成为消费基数、购买力、市场启动速度和投入产出比都很理想的“新兴”市场。耐克、阿迪达斯、联合利华、宝洁和可口可乐，包括越来越多的奢侈品牌，都进行了十多年的三级、四级市场的渠道下沉、终端精耕，抢滩三级、四级市场的新兴商圈、卖场和零售终端等。

（3）**产品本地化与产品线延伸**。产品本地化是跨国公司开始根据中国消费者的消费偏好，对其产品内容物、包装等进行改造。嘉士伯从2005年起，开始推出清爽的“冰纯嘉士伯”（Chill），迎合中国消费者的口味。肯德基更是稳步引入油条、豆浆和皮蛋瘦肉粥等中式快餐产品。汽车、体育用品等品牌普遍采取这种品牌策略，如耐克的高尔夫系列，宝马、奔驰的不同系列车型，目的都是要“通吃”品类各价格带的主流消费空间，压缩本土品牌的空间。

（4）**疯狂广告战**。尽管央视标王悲剧里的主角大多是本土品牌，但不做标王的跨国公司才是中国媒介的真正大买主。从电视、杂志等传统媒体，到互联网、微博等新兴的数字媒体，跨国公司的媒介投放量都要大得多。时尚、奢侈品产业的所有媒体及其相关联的影视、活动等，都控制在跨国时尚集群的手上，如时尚集团、谢桦传媒、时尚芭莎等媒体，形成一个强大自我繁殖的产业链，成为本土时尚品牌、设计师品牌难以跨越的门槛。

（5）**渠道绞杀**。在经历短暂的本土品牌的终端拦截冲击之后，跨国公司开始重视中国市场渠道的复杂性。最后一米的货架战争、分销商一体化、终端控制等渠道营销战法，开始出现在跨国品牌的营销计划之中。卡夫、联合利华和宝洁在现代零售终端的强势陈列，箭牌、可口可乐在三级、四级、五级市场的分销覆盖率，洋酒、洋啤对夜场酒水供应权（或经销商）的垄断，跨国化妆品牌对百货专柜的垄断，都说明跨国品牌的本土渠道战已经进入了“绞杀”阶段。

本土企业夹缝中成长

客观地说，就中国市场而言，有些产业本土品牌已经失去战略主导权，如汽车、数码、化妆品、时装和奢侈品等。在狭路相逢的产业，如家电、零售、体育用品、网络、电子商务和食品饮料等，本土企业后来居上，反而涌现了海尔、格力、美的、格兰仕、联想、华为、苏宁、李宁、安踏、新浪、阿里巴巴、百度、娃哈哈、加多宝和华润雪花等大量行业领袖企业。这说明，在本土市场跨国公司虽然能量巨大，但优势实际上是短暂的，本土企业在本土具备一些对抗或化解跨国公司压力的“原生性优势”。

（1）**人和优势**。再强大的武器也要人去用，武器重要，拿武器的人更重要，这是毛泽东军事思想的核心，用在商战中依然有效。本土企业可以用私交勾兑的人际关系，对抗跨国公司的资源强权。如跨国公司可以买 KA 卖场的排面，本土企业可以通过“买”楼面经理、理货人员和导购人员等，获得一样的货架排面，这是零售中的“货架战争”。跨国饮料、冷饮品牌可以投放展示柜、冰柜等，本土企业可以通过投放冰箱电费等，让跨国公司的冰箱变成本土品牌的陈列道具。

（2）**本土消费文化的天然屏障**。文化可以融合并存，但很难完全同化。以衣食住行来说，不同文化下消费产品的类型差异极大。如面条在西方有意大利通心粉，日本有拉面，中国则有面食的丰富产品形态。即使进行最彻底的本土化，这种消费文化上的差异，也是跨国公司最难跨越的障碍。那么，所有与本地消费文化相关联的产业，从长远看，必然都是本土企业的舞台。这些产业当下的问题，还是本土企业的产品品质及营销组合没有真正专业化所致。

（3）**营销人才的回流。**随着《劳动法》修改及内外环境的改变，本土企业的用人思维与人才待遇等也在变化，很多规模化的本土企业，在人才吸引力上已经超过了跨国公司。跨国公司对本土人才的晋升天花板与歧视做法，让优秀人才向本土企业回归。

（4）**本土营销的创新与进步。**一部分中国式大败局的“流星”企业，并不能代表大多数本土企业营销能力的进步。通过中国企业主的EMBA化、培训热，本土营销高管的MBA化和本土企业与本土营销咨询策划公司的合作等，本土营销的进步是一个必然结果。

跨国公司的战略弯腰

尽管跨国公司不乏败退或尝试失败的案例，如家电零售的百思买、宝洁的润妍洗发水和9.9元飘柔洗发水等，但不可否认，跨国企业的本土化意识与能力在飞速提升，未来会继续强化一贯在专业化市场研究基础上的科学分析与理性决策，谋取更大的市场份额优势。

（1）**入乡“问”俗。**入乡“问”俗的思维是跨国公司未来的基本战略，首先是对产业结构的研究，包括产业发展状况、规模、增长趋势、集中度、增长驱动力、相关政策法规和竞争对手状况等；其次是对拟投放产品品类结构的研究，包括品类产业链状况、产业链各环节的供应商及其配套能力、品类消费的意愿、关键选择要素和价格承受预期等；最后是消费者洞察，包括不同人群的生活形态、价值观与消费动机、典型消费者描述、媒介接触点、品类认知度和品牌认知度等。

（2）**饱和营销。**饱和营销曾经是跨国公司营销的显著特征。跨国公司营销资源的“浪费”式投入，甚至以“宁滥勿缺”为原则，大量投放媒介及POSM（终端物料）。为配合线上线下投放，销售执行人员也是饱和配置，先扩编后精简。宝洁、可口可乐和箭牌等过去几十年在中国市场的营销，均呈现出这个特征。

（3）**专业分工**。成熟移植的跨国公司，从开始阶段就依据专业分工原则建立营销组织。市场调研、数据分析、营销战略、品牌创意、品牌设计、产品设计、渠道管理、技能培训、媒介采购和推广执行等营销价值链的核心环节，都以专业分工的形式去实现。

（4）**系统协同**。跨国公司未来会在营销智能化、自动化和系统化上进行更大、更持续的投资。智能化、自动化和系统化的结果，是让组织里的每一个人都变成系统运作里的一个“节点”，让每个节点的工作内容、作业时间、作业过程、作业成果、绩效考评和支持资源等都清晰地呈现在系统上，让管理者与执行者可以聚焦在关键难题上，减少低效沟通的时间与成本。

本土企业需要战略进化

本土营销过去采用多种阶段性的营销战法，如速度对决资源、模仿对决创新、价格对决品质、产业集群对决品牌、小终端对决现代卖场和人海战（终端拦截）对决媒体强势等，取得了一定的成绩。但跨国公司几乎从并购、市场层级、产品、渠道和媒介等全方位进行本土化转型，对本土品牌提出了严峻的挑战。本土企业不能迷恋过去成功的经验与方法，本土营销也要升级甚至进化。

（1）**拓宽产业视野**。三鹿悲剧、蒙牛的尴尬和国美电器的挫折，说明本土企业不能迷信营销驱动、私人勾兑的力量，要从产业格局、产业趋势，特别是消费者权益角度，对企业进行产业价值链的改造。不能自满于企业利益的获得，要关注和尊重顾客权益。这是大营销，即产业营销视野与思维。

（2）**营销专业化**。本土企业过去只有下一次注的机会，一般依赖企业家的直觉判断，而不是专业化的调研与分析，即“押宝营销”。中国的押宝营销成就了极少数的成功企业，却毒害着大部分的中国企业，如经验主义、依赖有限信息做出的决策、迷信直觉判断和陷于情绪化的感受等。本土企业需要基于专业化的激情营销及在科学、精细论证规划之后的激情执行，而不是从调研、判断、决策到执行都处于直觉和情绪的主导之下。

（3）**营销组织的进化**。无论是市场部还是销售部，本土企业对营销人的标准近乎是全能通才，而不是跨国公司的专业分工。忽视分工专业化，从短期看，节约了部分费用，但从长远看，并没有带来营销效率与专业化品质的提高。就跨国公司的全球化经验来看，都是硬资源与软资源（供应链、外脑等）同时“移植”到所在国。跨国公司的全球化是产业链的集群化移植，习惯全能通才的中国企业却往往是“一个人在战斗”。本土企业的全球化触礁，并非渠道、品牌不如人，产业链和软资源缺乏配套，也是重要的原因。

（4）**注重系统建设**。对比跨国公司的系统协同，不难看到私交勾兑的局限性：企业将停留在经验主义、个人主义的原始阶段，营销决策的科学性、营销过程的可控性、营销结果的投入产出比和营销人员的智慧积累（知识管理）等，都无法实现。这样的企业其实处于高风险的状态，一旦发生关键岗位的人员变动，企业就会元气大伤。

从总体态势看，本土营销战会更加激烈，而不是和平演变。

对跨国公司来说，最重要的恐怕已经不是本土化转型，即将西方市场的“最佳实践”移植到中国，而是真正的“本地化”营销，赢得中国市场的“人心”（无论是企业内部的中国员工，还是消费者及公众舆论），这也是对跨国公司的最大挑战。

对本土企业来说，走科学化、专业化正道，从对市场的理性洞察、科学决策到营销组织的专业化、用人机制的优化，是本土企业决胜市场的唯一选择。品质进化、专业化运营，是本土企业的最大挑战。

未来跨国公司与本土企业的营销战，核心不再是竞争导向下的比较性“空隙机会”，而是对最终顾客需求的创造性把握，本土企业需要也必然会诞生苹果式的品牌与产品。

【案例12】刘老根大舞台离太阳马戏团有多远

2009年，小沈阳火了，赵本山发了，刘老根大舞台开进了北京前门东大街。

二人转不是以一个艺术品种而是以一个炙手可热的“摇钱树”形象冲击中国公众的思想与情绪，一时热议如潮。

不少媒体称刘老根大舞台开进北京，标志着东北二人转这种不登大雅之堂的民间艺术门类进入了主流娱乐圈，就好比当年的徽班进京，使京剧代替昆曲成为国粹。

也有不少人觉得这个声称洗去东北二人转粗俗、黄色、自虐和丑化的“干净”二人转更像一个暴发户，带着满脚的泥巴甚至牛粪，套上西装改头换面，很难平衡“清雅的无趣”与“俗鄙之搞笑”。

这里不想讨论二人转的前途与内容，但中国三十多年的改革史告诉我们一个事实，几乎所有以高雅（或诸如此类）名义对新生商业形态的怀疑、嘲讽和打击的人，最后都不可避免地成为落伍者，被浩浩荡荡的商业潮流淹没。

原因很简单，人民群众需要一点自发的娱乐，成本不要太高，也不需要哪个组织来安排。即使小沈阳只会用他的“小沈阳腔”说一些没有意义的话，唱一些听过800遍的歌，但观众还是乐于听他说唱一两个小时，这种现象本身难道没有说明问题的本质吗?

在《蓝海战略》一书的介绍下，太阳马戏团成为蓝海战略的代表案例（年收入高达25亿美元），间接扩大了太阳马戏团在中国的知名度。2007年太阳马戏团的“神秘人”项目来到上海，成为当年上海最火爆的娱乐节目，演出60场，上座率达到80%以上。

我们从商业角度的分析观察得出的结论是：刘老根大舞台成为中国的太阳马戏团的“必要条件”已经具备，但还需要完善“充分条件”。

为什么我们认为刘老根大舞台将成为中国的太阳马戏团，而不是已经火爆很久同在前门的德云社和在上海风生水起的周立波海派清口呢？

原因**首先在于通过对本山传媒集团“全价值链”的考察，我们发现本山传媒集团收入与盈利的主要来源正是巨额的且呈现火爆增长的刘老根大舞台票房。**据披露，其 2008 年票房收入达 1 亿元。

这个现实说明刘老根大舞台不仅是本山传媒集团收入与盈利的主要来源，而且具备了规模化复制的商业模式，刘老根大舞台已初步完成了独立的产品、渠道、品牌和组织体系的建立。

从商业角度看，当一个项目（产品或服务）突破早期成长阶段的瓶颈（知名度低、现金流低、渠道不健全、投入产出不成比例、核心团队没有形成等），被顾客接受并开始呈现现金流规律性流入的时候，就进入第二阶段规模化复制阶段。而规模化复制阶段完成后，意味着该项目的商业模式已经成熟，剩下的是运用资金、品牌、管理和组织等手段去完成快速的大规模扩张，冲向品牌的辉煌期。

其次，刘老根大舞台具备了进行“规模化复制”的独立娱乐产品形态。

第一，刘老根大舞台从品牌上看，可以成为独立于赵本山，甚至超越传统二人转的新舞台表演形态。

此言一出，想必很多人会质疑：“没有赵本山，刘老根大舞台还能火吗？不表演东北二人转，刘老根大舞台演什么呢？”

这些疑问都对，但我们反问一下：“刘老根大舞台就必须且只能演东北二人转吗？如果在刘老根大舞台上出现一点别的表演形态，比如郭德纲式的相声、周立波式的清口、太阳马戏团式的马戏和严顺开式的滑稽剧等，观众就一定不喜欢吗？”

没有赵本山就没有刘老根大舞台，但再过 50 年，没有赵本山、没有小沈阳，刘老根大舞台就一定会消亡吗？从这个角度来看，我们认为，刘老根大舞台有比赵本山、小沈阳和二人转更深刻的文化内涵与生存土壤，这就是中国9亿的农民和占70%广袤国土的农村天地！

第二，刘老根大舞台从产品上看具备了快速规模化的所有要素。

前面我们也提到了几个精品娱乐节目，如德云社、时空之旅和周立波海派清口等，不需要太高深的分析，只要仔细思考一下就可以发现，这些艺术节目（或项目）都很难快速“做大”。

主要原因是去德云社、看海派清口的都是冲着郭德纲、周立波个人去的，而刘老根大舞台，赵本山渐渐变成招牌（赵本山自己甚至已经在有意识地这样做），小沈阳成了快速吸引眼球、聚集人气的明星。

这也就是说，至少是现在的情况，大家去刘老根大舞台，如果有小沈阳在，没有赵本山也不是致命的缺憾，而小沈阳本人并不需要像周立波那样一个人表演2小时，虽然串场30分钟或占到整场演出的30%，观众有点意犹未尽，但也不至于彻底失望。

第三，刘老根大舞台从渠道上看，已经具备了可盈利、可复制的商业模式。

据披露，刘老根大舞台已经开了9家，每家每晚的票房收入约20万元，基本上充分挖掘了“赵家班”从《刘老根》、《马大帅》、《一村之长》、《乡村爱情》、《乡村名流》和《关东大先生》等电视剧里培养锻炼出来的核心明星表演团队的能量。每场刘老根大舞台的基本人员配置是1个核心明星、3~5个二线明星（上过赵本山电视剧露过脸的）、10~20人学员级二人转演员和3~5人跑龙套，一台100~120分钟的戏就基本上成形了。

那么以马家班（本山传媒集团）现在100多人的二人转演员阵容，应付9个刘老根大舞台的演出虽然有点紧张，但由于剧场主要分布在北方一线城市，人员之间的调动、轮换还是可以保持各舞台剧目的更新。

2011年刘老根大舞台的票房突破2.2亿元，这成为中国娱乐史上的大事件。冯小刚与华谊兄弟传媒用了近十年时间打造贺岁片累计10亿元票房收入的传奇，刘老根大舞台不仅很有可能打破这个娱乐产品票房纪录，更有可能成为每年创造5～10亿元稳定现金收入的娱乐形态！

从1亿元起步，3亿元也好，5亿元也好，赵本山倒是显得气定神闲，毕竟这些项目、节目和演员无不浸透了他的心血。赵本山已经意识到需要运用现代企业经营的方法来管理本山传媒集团，聘请职业经理人打理，甚至自掏60万元去商学院进修EMBA课程。

确实，集团运营管理、二人转艺术形式的创新、二人转演员的培训、本山传媒集团的产业化运营和电视剧的策划与拍摄，等等，都是摆在赵本山及其经营管理团队面前巨大而繁重的工作，并不会轻松。

我们相信只要赵本山不要失去支持其成长壮大的“灵魂”，就不会出现三株集团、巨人网络式的瞬间冰消。

什么是赵本山之魂呢？就是对中国农民、对中国农村的本真、深厚的爱与感恩。

第十五章
外向赋值

——老板如何管营销

产品个性与品牌恒久价值来源的终极秘密。

有市场价值的产品差异化

产品差异化，这是产品研发者的追求，但很多时候却成为一个陷阱。企业所要的产品差异化，实际上是有市场价值的产品差异化，而不是为差异化而差异化。产品同质化确实令人烦恼，但卖不掉的差异化产品更麻烦。谈产品差异化，必须在市场价值这个前提下才有意义，否则反而是在误导企业。

产品本来都是差异化的，现实中没有差异化、完全同质化的产品其实不存在。被认为同质化的产品没有对标产品优秀，才是产品同质化的本质：不是你的产品与竞争对手同质化，而是顾客认为你的产品没有竞争对手的优秀，这才是同质化产品的真相！

基于上面的内容，我们可以来探讨究竟什么是有市场价值的产品差异化，为什么品牌创新是产品差异化的终极竞争壁垒，以及如何通过品牌创新让产品差异化的市场价值得到最大化。

有家糖果企业在设计年节产品时，想要突出产品差异化与品牌个性，于是采用大包装，以生肖为外形，尤其围绕企业的生肖 LOGO 设计出一个系列包装，造型别致，卡通喜庆。他们认为这样的产品不仅有差异化，而且有唯一性，且内部测试调研反映都说好，但有没有市场价值呢？

虽然企业依据这个产品设计思路做了近十年，但每年的结局都是节后将包装拆掉，经销商以卖散糖的利润冲抵拆毁包装物的进货损失。为什么一家在糖果市场做了近二十年且综合成长性很好的企业，在年节产品上反复出现这种错误呢？就是它不顾市场为差异化而差异化。

年节是糖果消费的井喷旺季，出大包装产品是为了简化顾客的购买行为，因而所有大包装产品不能比散装称重产品的价格高，也就是说大部分顾客不会为了新奇的包装购买“年节特制”产品。在包装上进行没有市场价值的差异化，使企业的产品定价陷入两难，最后为了消化差异化包材的成本选择了高定价，产品自然滞销。

所以，有市场价值的产品差异化，绝不是企业闭门造车的自我差异化，而是来源于以市场尤其是顾客关键选择要素为导向的四个方向产品差异化。

四种差异化隐杀力

（一）对标差异化

对标差异化就是选择市场里顾客认知度最高的产品，采取逆向思维的方式设计产品差异化，要点是抓住顾客关键选择要素，以对标竞品没有满足的要素为自己产品差异化的核心。

在智能手机市场里，苹果 iPhone4 可谓一枝独秀，单一款（颜色区别）产品卖出了天量，产品风头势不可挡。而三星 Galaxy 系列抓住了 iPhone4 的软肋——3.5 寸屏，推出了 SⅡ（4.3 寸屏）、Nexus（4.65 寸屏）、Note（5.3 寸屏）等一系列大屏幕产品，六个月内出货量超过 1000 万部，成为可以与 iPhone4 抗衡的、有品牌认知度的智能手机。

对标差异化是实用、简单和可以快速见效的产品差异化方法，企业可以针对竞争产品的任何一个有顾客认知的利益点，进行反向差异化，如牙膏产品里的预防蛀牙与止血、草本与洁白、金银花与竹盐等。对标差异化焦点选定后，就要聚焦、放大甚至夸张，以凸显产品与竞争差异化的核心所在，甚至实施攻击性的广告诉求，如百事可乐以年轻人的选择攻击可口可乐的老掉牙，三星推出让 iPhone 用户羡慕 Galaxy 大屏幕的电视广告等。

（二）产品价值链差异化

产品价值链差异化与对标差异化的不同在于，产品价值链差异化的方法是增加本产品的含金量与附加值，就是在产品价值链的上中下游环节上，寻找增加产品附加值与利益点的元素。主要有以下三个方向：

（1）**产品系统化（及系列化）**：增加产品的内涵或外延的辅助性产品，如吉列剃须刀延伸出来的剃须啫喱、剃须水和刀架等，这是将产品系统化，增加产品的附加值。阿胶从传统的切片、浆体，延伸出口服液、零食化产品（阿胶糕）等，这是通过产品系列化，扩大顾客消费的时机与场合，是具有市场价值的产品差异化。

（2）**产品专业化**：产品的专业化、专一性，是塑造产品差异化的重要手段。如德芙永远围绕巧克力进行口味多样化和包装风格化的各种产品升级，有力地塑造了在巧克力（特别是黑巧克力与牛奶巧克力）细分市场中的第一品牌地位。费列罗则塑造在榛仁巧克力里的第一品牌，M&M's 塑造在巧克力豆里的第一品牌。

在产品专一化、专业化的方向上，很多中国企业普遍缺乏定力与韧劲，很少在单一产品专业化上做出具有个性化、差异化和长寿化产品。但实际上，这种专业的差异化，市场价值是最高的。

（3）**产品资源化**：产品资源化指企业通过对原料、关键辅材、添加物或工艺的垄断，实现产品的资源差异化，如依云矿泉水、巴黎天然含气矿泉水、阳澄湖大闸蟹和盱眙龙虾等。即使在大宗产品上，也可以采取资源差异化的做法。如，100% 采用东北非转基因大豆的豆奶、大豆油；核心优质产区的大米、牛奶；百年历史酵母酿造的啤酒；意大利手工制作的家具、皮具；瑞士尤其是日内瓦原产地的手表；法国波尔多 AOC 产区的葡萄酒。

产品资源化通常都是引入稀缺甚至垄断性资源作为提升产品含金量的主要元素，这对于建立产品的长久价值是非常有效且重要的途径。

（三）参照系统差异化

参照系统差异化，指不改变产品本身的形态，通过与产品之外要素的关联，改变消费者对产品的认知并产生新的购买理由。

最简单的就是产品的礼品化，如黄金酒、白金酒，只是为产品设定了一个送礼的诉求，就把保健酒从酒类市场里“分离”了出来，进入送礼消费的“预购清单”之中。这就是一种参照系改变塑造的产品差异化。

目前流行的跨界、混搭，本质上也是通过改变参照系，使产品的用途发生变化，从而创造出新的消费需求。情趣旅馆、艺术旅馆就是一种混搭，通过将标准化的房间改造为不同主题及风格的房间，将住宿的简单需求转变为体验、欣赏的个性化需求，甚至让旅客产生入住每一个不同房间的强烈体验愿望。

诚品书店如何在网络购书的价格战里存活下来，靠的就是跨界的功夫：发挥实体店 F2F（Face to Face 面对面）的优势，通过举办主题文化活动、邀请知名作者讲座，吸收付费会员，将只会卖书的书店变成一个文化交流的“堡垒”，并衍生出餐饮、培训和展览等收入来源，使卖书二十几年就亏损 16 年的书店，从 2004 年开始实现稳定的盈利。

参照系统差异化，是围绕核心产品进行的一系列跨界、混搭，从而改变顾客的产品认知与选择驱动因素，实现有市场价值的产品差异化。

（四）品牌差异化

品牌差异化指通过品牌元素的塑造带来的产品差异化，主要有两个方向：一是品牌审美元素带来的差异化，二是品牌内涵创意带来的差异化。

品牌审美元素差异化，就是通过产品的名称、字体、色彩、线条、构图、声音、音乐、香味、触觉、人型、动物、卡通、外形和包装等元素的组合设计，塑造产品的差异性。比如电子表、石英表在 Swatch 变成了各种主题及风格的设计，Swatch 将制造成本只有 20 元的产品卖到了 300 ~ 1000 元，这就是品牌审美元素为产品差异化带来的增值。

品牌内涵的差异化，是塑造品牌核心价值，为产品的个性进行背书。耐克如果没有“Just do it”这样一句堪称绝唱的品牌口号，其产品未必与阿迪达斯、李宁等有多少本质区别，至少未必能产生如此强势的品牌吸引力，令消费者自动为耐克的产品价值加分。以至于同样的产品，如果没有耐克的LOGO，即使便宜40%，消费者也不会购买。

认牌消费，这才是品牌的力量，也是将产品差异化的市场价值最大化、持久化的终极武器。

品牌差异化：产品差异化的终极归宿

大多数企业将品牌与产品割裂，或者粗率地、简单地在产品上使用品牌元素，如贴LOGO，这是产品差异化不能最终形成强势品牌的根本原因。

仅仅在产品的技术创新、产品系列化等物质层面的差异化，是不能形成高度的顾客认知的。实际上，过多的产品型号，只会增加消费者的选择成本，让消费者糊涂。强势品牌都懂得在产品差异化的基础上进行"品牌差异化"，将顾客的购买驱动力由"产品引擎"转变为"品牌引擎"，让消费者在看到品牌的LOGO后，就产生信赖；在触发顾客需求神经的时候，减少顾客的比较时间，减少购买决策时间，从而降低产品的教育与说服成本。

麦当劳、肯德基每次推出一款新产品都会带来大量试用者，这就是品牌驱动力造就的顾客选择。没有做好品牌差异化的快餐店，每推出一款新产品，都要花费巨大的教育、说服成本，这在营销效益上的差距可以说天差地别。

以索尼与苹果笔记本电脑为例。索尼在2008年前是高价值、高品位笔记本电脑的代名词，VAIO系列虽然不是电脑主流产品，但在高端超轻薄市场里占据最高的地位，那时索尼的产品差异化与品牌差异化实现了基本统一。2008年后，索尼电脑进行产品多元化，并推出低价格的色彩绚丽的笔记本电脑，结果是什么呢？索尼的高端笔记本新品几乎都“推广”不利，截至2012年，VAIO系列产品不断升级，每次都宣称有重大的技术创新，结果是越升级购买顾客越少。

苹果笔记本却从2008年起，取消黑色系列产品，只选择银灰色（Air系列）与纯白色（Pro系列）两种色系。虽然被iPhone与iPad两款产品遮掩了光芒，但苹果笔记本，包括一体机的贡献率及增长速度都持续快速提高。

索尼与苹果，是IT界两家最具创新精神的企业。索尼的持续经营亏损与片面抓产业差异化、产品技术创新，忽视品牌差异化特别是品牌风格的一致化有关；而苹果在产品差异化、产品创新与品牌差异化上，最近几年里显然走的是正循环的路线。两家优秀企业旗下同样具有个性、差异化和创新的产品（包括企业）命运，也因此有天壤之别。

如何通过品牌差异化与产品差异化的结合，创造强势品牌？我们将这种正循环关系以一个公式总结：**产品差异化×（产品风格化+风格聚焦化+聚焦持久化）=强势品牌。**

产品风格化、风格聚焦化和聚焦持久化，是品牌差异化的三个步骤。做好这三个步骤，产品差异化就可以形成“品牌蘑菇云”，即品牌成为对目标顾客具有“核杀伤力”的强势品牌，这就是“果粉”如滚雪球一样不断增长，索尼的粉丝却在不断流失的原因。

正是从这个意义上说，品牌差异化是产品差异化的终极归宿，也是最终形成竞争壁垒的核心优势所在。产品差异化的最终归宿，就是建立品牌差异化的市场优势及强势的、符号化的品牌资产。

外向赋值：品牌创新的核心工具

品牌是产品的皮肤，产品是品牌的血肉，现代商品社会里的产品，与品牌是一体的。品牌通过独占一个名称及其相关符号，为制造及销售的产品做责任担保，并借此将担保建立的信誉转化为顾客、利益相关方选择产品及其他形式合作的信心保证，以减少交易成本（顾客选择成本、企业营销成本）。

现实中的长寿产品无非两种：一种是产品物质形态变化不大，也没有明显的技术革命，比如巧克力、香烟等；另一种就是产品物质形态不断创新，但基本功能没有变化，如家电、电脑等。无论是哪一种情况，产品本身有 Know-how 的特性与品质，即具有市场价值的产品差异化是制胜的首要因素，但是与产品不可分离的品牌元素，也要呈现与时俱进的创新。进行品牌创新即品牌差异化的核心工具，我们称之为“外向赋值”路径。

外向赋值是指通过对品牌二元要素（审美 + 内涵）的不断创新，为品牌增值，也为产品增值。这种增值首先是指让用户、潜在客户和社会公众对品牌及产品产生高度的认可、美誉，或者向往，如蒂芙尼的蓝色盒子是女人最向往的订婚礼物。

外向赋值是品牌创新的奥秘与真实路径。任何一种品牌元素创意，都可以在历史、艺术、人物、山水、动植物、风土、民俗、音乐和时尚中寻找与产品属性及品牌核心相匹配的元素，进行整合提炼，从而形成牢固的品牌联想，获得审美、移情的品牌美誉效果。如，美的空调的中国风系列，采用青花图案作为视觉元素；红花郎以“神采飞扬、中国郎”体现品牌的自信与豪迈；万宝路以西部牛仔作为品牌内涵；金龙鱼，一条闪着金光的鱼；劲量电池，充满能量的兔子；金霸王，不停敲鼓的小熊。

外向赋值在工业品上也广泛应用，如 UPS 公司推出的“我们爱物流”广告，让搬货这个冰冷机械的动作变得人性化、科技化，有力地传递了 UPS 公司高品质、爱护货物的服务态度。这种运用品牌元素（音乐）为产品加分的外向赋值，可以获得诉求产品特色无法达到的感染效果。

这些与产品物质功能及属性无关的品牌元素融入产品，强化了产品的差异化特性，使顾客留下深刻的心智记忆，让产品差异化与品牌差异化形成正循环，牢固树立产品及品牌在顾客心目中的地位。

无论是凝结在形式要素上的文化（审美元素），还是直接宣示品牌核心价值的品牌口号（品牌内涵），品牌的本质都是文化。外向赋值打开了品牌创新的无限空间，人的精神、情感和万物万象无不可以成为品牌创意自由组合的素材。

出色的品牌创意可以化腐朽为神奇、点石成金。如果岳阳楼没有范仲淹的“先天下之忧而忧，后天下之乐而乐”；滕王阁没有王勃的“落霞与孤鹜齐飞，秋水共长天一色”，哪里会成为千古名楼？

这种品牌核武器并不多见，如耐克（Just do it）、阿迪达斯（impossible is nothing）的品牌口号，包括《功夫熊猫》提炼的中国功夫精髓“inner peace”（内在的宁静），都具备了这种品牌文化的核杀伤力。

中国的品牌诉求多以自我标榜为主要特征，较少从普世价值观或宏大审美意象中寻找核动力级品牌创意。王潮歌的“印象”系列大型实景演出，是在品牌文化内涵与审美性上做出有个性创新的产品及品牌。

品牌差异化对产品差异化的外向赋值特性，是形成品牌价值的“核武器”，由于品牌具备的唯一性，这种品牌创新将构筑起无法复制的产品差异化终极竞争壁垒。

【案例13】一颗糖果的创意冒险

在为喔喔集团做营销咨询的产品策略里，我们提出由喔喔挑起一场“奶糖革命”的想法。

何谓奶糖革命呢？糖果的重度消费在年节及儿童、年轻女性，但即使在年节，家长也会担心蛀牙而阻止小孩吃太多糖，年轻女性则是担心发胖控制吃糖。

由此，我们考虑技术上是否可以创造一种“低蔗糖低热量”的新型奶糖。这种奶糖如果能够出现，可以消除小孩吃糖不怕蛀牙、年轻女孩吃糖不用担心发胖等顾虑，同时也可以保持奶糖的原有风味。

这个产品概念想法一经提出，喔喔集团管理层即很有兴趣，但是当他们看到我们给这种糖果的命名后，犹豫了。我们给这种糖果命名为“超双低奶糖”，“超双低”这种功能利益鲜明的名称体现了产品的特色。

因此，双方陷入某种僵持。有一天，李总说了实话，原来企业有领导说“超双低”那不是意味着喔喔奶糖今年销量和利润都超双低吗?我们立即理解了企业对名称不认同的原因，马上决定放弃这个命名，然后邀请喔喔团队与我们一起进行头脑风暴，创意新的名称。

头脑风暴在一个休息日安静地开始，大家时而激烈、时而沉默地讨论了近3个小时，50多个名称在兴奋中提出，又在质疑中被否定，大家都颇有倦意，看上去这次头脑风暴又将无果而终。此时，我们提出了憋在心里几天的最后一个名称“喔喔多奶蜜”。

当我们把“多奶蜜”三个字写在白板上时，会场气氛沉默，有的点头、有的摇头，但神情松弛了许多，倦意似乎没有了，于是我们开始阐述命名的创意思路。

我们在开发这个产品的时候，一开始是按照糖果消费者利益点里的“减法”思考的，即减少蔗糖、减少热量、减少发胖等。但是，这种减法怎样才能完成呢?这恰恰需要做“加法”!

减少蔗糖，糖果的甜从何而来呢?必须用替代物，首选当然是天然健康的蜂蜜!也就是说，新糖果的甜味来自蜂蜜!我们询问过企业工艺生产主管，蜂蜜替代蔗糖成本会有所增加，但在我们的预期定价下，增加的成本是可以消化的。

那么，这种新奶糖是功能糖还是奶糖呢?

当时正是雅客V9之后“功能性糖果将引领糖果方向”之说甚嚣尘上的时期，包括各类润喉糖都一时风起云涌，但是我们经过对10个省市市场的调研，用事实与数据证明了喔喔集团必须坚持做大奶糖的战略方向。

新奶糖不能走功能化路线，必须是奶糖的升级版，是一种技术创新型的健康奶糖，必须坚持喔喔在奶糖原料、奶糖技术上的传统优势与特色。因此，这个新奶糖的产品核心是：以蜂蜜代替蔗糖的新一代健康奶糖。

这样一想，产品命名的思路就可以变为“加法”，而不是“减法或消除”。多奶蜜，当这个名称跳入脑海的时候，我们都为之狂喜。同时多奶蜜的谐音是“哆－唻－咪”，是一个非常音乐化的、有节拍和容易记忆的名称。多奶多蜜，一样甜蜜，更多奶味，也健康，这不正是新健康奶糖吗?

后期，我们对产品概念进一步完善，对多奶蜜包装进行了设计，并创意了多条 TVC 广告。如将方墩技术按照其制造过程，改造命名为“临界析晶”，喔喔奶糖与其他产品相比不粘牙特点，就是因为这道技术工艺。

喔喔多奶蜜产品概念示意图如图 15－1 所示。

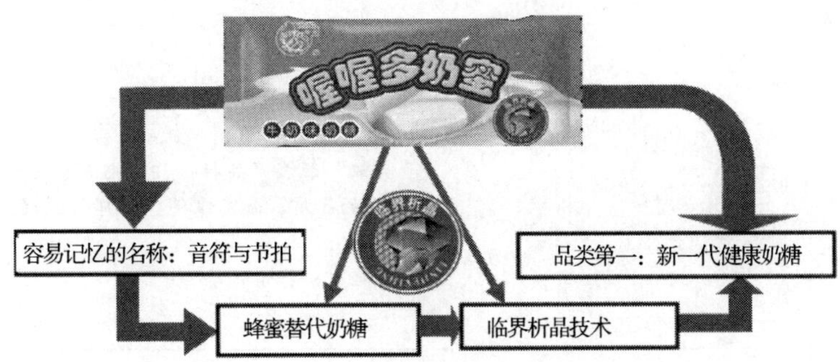

图 15－1　喔喔多奶蜜产品概念示意图

多奶蜜的核心诉求与 TVC 创意，有音乐篇、童年篇、蜂场篇等近十个版本，虽然选择了“过足奶糖瘾”这种品质诉求方向，但是笔者个人喜欢的却是下面的“女人篇”。

喔喔奶糖 TVC 片大纲【30′】脚本

VIDEO：	AUDIO：
开篇：一个 30 多岁忙碌的女人，围着孩子、老公和家务打转 	**都说，女人就像围着家的陀螺……** （引发目标消费群体的心灵共鸣）
女主角：近景 	**其实，爱家的女人，** **就像喔喔多奶蜜……** （给予肯定与理解，引出品牌）
展示产品：原料镜头 浓浓的牛奶和浓浓的蜂蜜交融 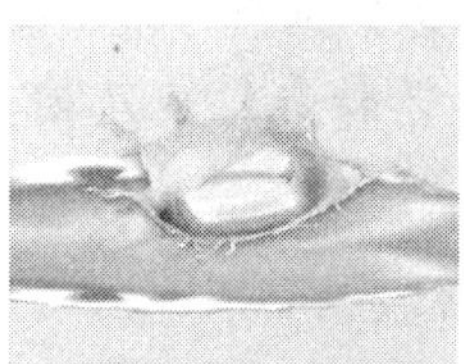	**多一份浓纯，少一份单纯……** 前句喻产品，后句喻人（后面相同）。 浓纯展示奶糖用料纯正；喻成熟女人更情浓、纯厚，而比年青时少些单纯。 （配轻柔、抒情音乐）
展示产品：过程镜头 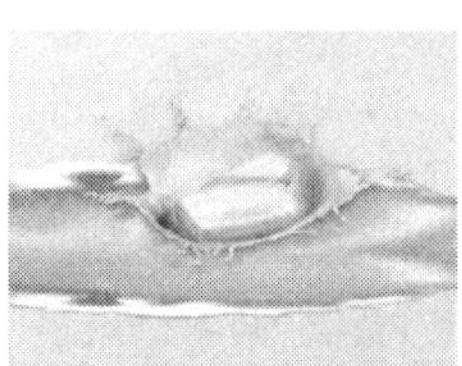	**多一份柔韧，少一份柔弱……** “柔韧”既指产品特性，又指成熟女人的坚强、坚韧的品质；而不像年少时那般柔弱，容易受伤害。 （配轻柔、抒情音乐）
展示产品：成品镜头 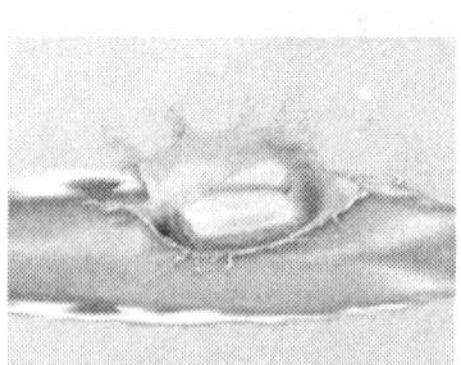	**多一份细腻，少一份粘腻……** 既指奶糖特性，又喻女人到中年，感情更细腻、精致（对儿女、丈夫、父母、朋友……），不会像年轻时粘粘腻腻。 （配轻柔、抒情音乐）

续表

VIDEO：	AUDIO：
分享美味：一家人其乐融融分吃奶糖 	**多一份分享，少一份独享……** 女人到中年，最关心、关爱的不仅仅是自己，快乐也好，幸福也罢，总想和她所关心的人（家人、朋友）共同分享，不像独身时一个人的独自享受。 （配轻柔、抒情音乐）
广告语： 	**女人如蜜　蜜成糖** 多奶蜜产品在画面的视觉重心位置，活泼的女儿粘在妈妈身上，无限满足地将一颗多奶蜜放进妈妈的嘴里。
背书标板： 	**喔喔　多奶蜜** 哆－唻－咪：快乐三音节（声音记忆点）

笔者历来不同意“产品同质化”的提法，实际上有人说产品同质化，是产品没有特点甚至品质不佳的委婉说法。

产品战略的核心，首先是寻找产品自身的差异性，或者说品质个性；其次是用已经存在的社会价值为产品“加持”：让产品成为一个“有情感的、人性的”符号，即一个有故事的产品，这是所有优秀品牌最着力打造的“认知”资产。

第十六章 营销进化

——老板如何管营销

一切入云端，无云不商业。

新消费形态驱动商业变革

今天的中国商业是一个共时性的生态系统，从小农经济、工业经济到信息经济、社交经济等形态，都并存于一个社会商业体中。从各类型经济对应的营销模式来看，产品营销、顾客营销、体验（互动）营销还没来得及彻底改造中国传统的小农文明，社交经济对应的新创意营销已经扑面而来，这就是云营销：云商业时代的新整合营销。

新生活方式驱动着商业的变革，商业云端化的“产业生态链”正在形成、扩大，但人类已经无法逃脱被“黏”上云端的现实，除非退回到前信息化生活方式之中。

云营销是一个刚刚拉开序幕的新商业时代，按最早的诞生时间（以 Twitter、Face book、iPhone4 + iOS/Adroid 等陆续诞生之日）算，距今也只有短短几年时间。在这几年间，新的互联网环境彻底重塑了商业的基本面貌，从生活、消费、工作、管理、媒体和营销等各个方面，今天的商业生态与几年前的信息经济发生了质的变化（原有的经济形态并未完全消失）。这就是人类从来没有如此被紧密地连接在一起，并且历史性地第一次实现了绕过所有中间媒介（报纸、杂志、广播、电视等）让每个人与所有人进行自由交流的新媒体，从互联网上的微博、视频到移动互联网（手机），以及家庭终端（智能电视）。

为这种无缝的、自由的连接提供核心动力的，正是被称为“云计算”的新信息技术，也是我们称云营销是云商业时代的原因。具体说，与农业、工业和信息经济的商业生态相比，这个云商业时代的生态发生了三个显著的变化。这三个显著变化，不仅改变了商业生态，也改变了营销模式。

当托马斯·弗里德曼写作《世界是平的》之时，商业刚刚进入以 Web2.0 为特征的信息化二次升级时代，在 Web2.0 时代创造出来的新商业形态，如免费、长尾、众包、维基、搜索引擎、博客、部落和视频等，突然在2008年发生了质变：一个过去靠接受大众媒体（包括互联网，下同）信息，然后通过口碑传播再反馈到大众媒体的信息传播路径，被每条只能发140个字符的Twitter及可以上传照片、视频的社交网络Facebook颠覆。

从FT媒体（Facebook + Twitter的缩写，即中国以微博为代表的新媒体，下同）时代开始，每个人可以与正在发生的事件、现场者和非现场者同步交流彼此的观点与情绪。Twitter CEO迪克·科斯特洛称，Twitter改变了美国的选举生态。FT媒体的出现，在国际及国内重大事件上，已经显示了巨大的力量，如阿拉伯之春、占领华尔街、2011年的动车追尾事故等。中国商界还没来得及从各种社会事件“即时参与”的兴奋感中回过神来，FT时代的商业应用与商业价值淘金热已经兴起。显然，FT时代是一个在对Web2.0时代各种互联网新模式、新工具和新商业的整合中发生了质变的新时代：社会及个人生活都在改变。

中国一部分（尤其是以北上广为代表的核心城市）进入FT时代的城市及人群，生活方式与消费形态发生了显著的变化：媒体广告不再是他们做出购买决策的主要依据，而是圈子里、网站上的用户对商品的评价；这些人依然热衷于逛街，但会在看到喜欢的商品时，拿出手机到电商网站搜索比较产品的价格；这些人去吃饭、美容、健身甚至看电影、旅游等，会到大众点评网、途牛网或团购网站上，搜索是否有自己喜欢的产品团购优惠，然后以原价2～4折的价格订购产品或服务；对于年轻的时尚潮人来说，通过LBS（位置服务）如陌陌、微信等，可以很容易找到距自己最近的陌生人，经过看照片、签名信息及短暂交流，可决定是否相约共进晚餐。

这种新生活方式及消费形态的出现，意味着继续在传统媒体上大投广告的品牌，浪费不说，广告有效性和含金量也会大打折扣，甚至收效甚微，因为消费者接收信息、评估商品和购买决策的方式正在发生质变。新生活方式驱动着商业的变革，商业云端化的“产业生态链”正在形成、扩大，甚至到了侵犯个人隐私的底线边缘。但人类已经无法逃脱被“黏”上云端的现实，除非退回到前信息化生活方式之中：不上网、不用智能手机和不用银行卡等。

云计算是一种新的信息技术，其商业化应用就是社会化商业新生态，即由社会化媒体、搜索引擎、电子商务和移动互联网组合而成的社交网络，即“云平台 + 三屏（手机、电脑、电视）合一 + SoLoMo（社交 - 位置 - 移动）”的新商业生态系统。与人及行为有关的信息和数据，都被这个系统收集、分析并输出为新的刺激元，推动着企业营销方式的改变。如电商企业依据浏览、购买、关注、收藏和转发等网上行为，分析消费者的商品偏好与购物意向，发送推送邮件、短信和微博等，刺激消费者的关注及购买欲望。B2B 企业更是发展出“社交化销售模式”，依托社交网络，向关系顾客发送推荐或其感兴趣的信息，从而完成培育客户、活动和成交的“销售漏斗”全过程。

在消费者的云生活方式背后，是企业的云商业模式与营销模式。云营销模式虽然时间很短，却已经呈现出清晰的脉络，即社会化营销路径初步形成。

营销的“路径革命”

SNS 营销在传播模式上的巨变，就是从传统围绕知名度的叫卖创意及单向控制的媒体，向云营销时代以美誉度为核心的创意、口碑积累的双向互动模式转变。

无论是传统营销模式里的 4P、STP（细分 - 目标 - 定位），还是标准化、大规模制造、大众传播媒介和数字化，在新的社会化营销模式里，都在受到挑战甚至颠覆。应该说，社会化营销模式正在对传统营销模式进行一场“路径革命”，这是云营销的核心，我们简称为“SNS 营销模式”，即重新从数字化的技术革命回归到社交化的生活方式革命。

SNS 营销模式不仅是一种打破传播与媒体界线的模式，也是打破消费者需求与企业运营模式界线的模式，云营销比营销的其他时代具有更强的革命性与颠覆性，具体表现在传播模式革命：创意成为企业营销的核心价值链环节。

在 1991—2010 年间崛起的中国企业及品牌，实际上被三大规则主宰或驱动，即知名度、渠道力和执行力。将这种判断放在云营销时代里，可以看得更清晰：云营销正在打破昔日的关键成功“法宝”。

在营销 3.0 及以前的环境下，消费者总体是被动、滞后地接受厂家的“媒介轰炸”。也就是说，企业只要有足够的资金投放媒介，就可以掌握引导消费者购买偏好的钥匙。在媒体（包括互联网）掌握舆论权与话语权的时代，媒介“声音”的大小，决定着品牌的江湖地位（排除蓝田莲藕汁造假、秦池等没有品质支撑的广告轰炸失败的个案）。

一些恶俗广告、事件炒作广告等，都是用媒体量吸引眼球的“单向控制”传播模式。这些广告以恶俗、平庸的创意霸占主流媒体的黄金广告时段及位置，消费者就只能被恶俗广告“强奸”。消费者的厌恶、学者的声讨，都不能快速连接在一起，反而反对这些恶俗广告的行为被强势巨大的企业广告、新闻和公关（水军）淹没。蒙牛、伊利 2011 年年报显示，两家企业平均每天的广告费高达 1700 万元，比他们每天赚取的利润还要多。

在云营销时代，这种依靠媒介量而不是品牌创意、依靠知名度驱动而不是美誉度驱动的传播模式，正在受到强大的挑战。在社会化商业生态里，一个不起眼的事件，很有可能被放大为爆炸性的事件。2011 年春节前，百胜旗下的百事可乐、乐事薯片等品牌的微电影“把乐带回家”贺岁广告，用近十分钟讲述了一个完整的家庭故事，将百事各产品反复植入故事情节中，并动用了张国立、古天乐、周迅、张韶涵和罗志祥等出演，照顾大陆、港澳台的受众。在春节回家的大背景下，这个广告在门户、视频网站和微博上引发巨量的点击，且好评如潮。

社会化媒体的传播模式，显然在颠覆注重知名度的单向强迫传播模式。即使现在还没有形成对创意传播的广泛重视，社会化传播本身不可预测与控制的爆炸性传播能量，已经足以令企业必须重视“美誉度是如何炼成的”这个过去不甚在意的问题。

在云营销时代，是否投放社会化媒体还不是重点，重点是企业必须关注社会化媒体上各种自发的评论，乃至与品牌、产品及企业的美誉度相关的微小事件，否则，都有可能带来始料未及的困扰，如罗永浩砸西门子冰箱事件。如果继续恶俗广告创意，恐怕也会面临网友恶搞，使广告投入变成“负传播”，甚至“毒传播”，如2011年360与腾讯大战时，马化腾一句“做了一个艰难的决定”的书面声明，变成网友嘲讽腾讯的导火索。

社会化商业是一种碎片化但又具有不可思议“连接力”的网络生态系统。正如中国的FT时代由微博开启，云营销的创意也形成了一个“微”字头的产业集群：微博、微信、微电影、微支付、微创新、微视频和微关系等。

这种现实情况带来的好处是，企业可以不去硬拼传统媒体的广告费用，多花些心思与时间在社会化媒体的创意及传播上，一样可以扩散品牌知名度，甚至创意够好，美誉度也可以瞬间建立起来；还可以通过与电子商务系统的链接，将流量（关注）、美誉度直接转化为购买力。

这种现实情况带来的坏处是，社会化商业让营销变得不那么简单甚至有些难以捉摸，要找到带来龙卷风的那只蝴蝶的翅膀，如大海捞针。

无论企业对社会化商业生态抱有怎样的态度，社会化商业已经是一个客观的、不以任何人意志为转移的自组织生态系统，也是社会化营销即新整合营销必须面对并提供操作方法论的新课题。基于社会化商业生态的云营销，将呈现以下五个特点。深入认识并把握这些特点，才能找到新整合营销的钥匙。

云营销的五种新势力

云商业时代让我们从营销 3.0 时代的媒体营销转移到了云营销的内容营销，媒体营销的本质是权力与资本的游戏，内容营销则是创意与创新的舞台。

总结正在形成的新生事物是冒险的，因为不断诞生的新产品、新模式一定会刷新前面的总结。但是，云商业时代的轮廓已经出现，我们有充分的理由相信，这些已经初露峥嵘的新势力，即将成为云营销时代的主流趋势。

（一）跨媒体的无缝整合

传统营销的媒体概念是所谓多媒体（Multi-Media）整合营销。互联网产生的富媒体（Rich-Media）是一种植入式广告形式，如 Button、弹出式广告等，已在互联网上广泛应用。云商业时代的 FT 新媒体，我们称之为跨媒体（Crossover-Media），即跨界媒体的无缝整合，这是云商业时代媒体的革命性本质。

传统电脑（台式 PC + 笔记本）、平板电脑、手机和电视等，正在共享同一种媒介资源。对于任何一个信息源来说，企业已经不再需要针对每个媒体专门制作相应制式或格式的传播物，任何一种文本、视频都可以在各种媒体之间无缝连接。只要用一个账号，音乐、文件、视频和微博等信息，都能在电脑、智能手机、平板电脑及智能电视机等终端上随心所欲地打开、欣赏、修改、存储、交流和共享。

（二）C2B 新商业模式：顾客反向搜索并定制产品

如果不是社会化商业环境、云计算技术、移动互联网等，人类很难将无数个体以如此低成本连接在一起。陌生的人群一旦被连接在一起，并能够通过自由表达结成某种部落，这就是一种新生的力量（Power）。

这股力量不但可以助推“茉莉花革命”、“占领华尔街”，同样也可以充当新商业世界的意见领袖，成为社会化商业世界的促销力量。一个有趣的案例是罗永浩在其《一个理想主义者的创业故事》演讲里提到的几本专业书，销量都明显上升，因为该视频被点击高达500万次以上。

如今在这种利用社会化媒体，即意见领袖、粉丝群、关系网和媒体组成的新传播路径里，一种C2B（顾客到企业）的产品搜索、推荐及定制的商业模式正在出现。随着相关C2B平台人气、流量的提升，C2B将从简单搜索（美丽说）、反向团购（蘑菇街）向真正的个性定制（Plukka，一家珠宝定制网站）发展。

C2B模式是迎合消费者追求自我个性的一种商业模式，是一种云商业时代独有的创新商业模式之一，这种模式将高高在上的高级定制变成了普通消费者也可以体验、享受的服务。同时，C2B模式将激发设计师、众包、消费者自我设计和粉丝团认同设计等多种创意形态，并将其转化为真实的产品及服务，这将是有巨大发展潜力的一股商业驱动力。

（三）营销自动化：数据库技术的新玩法

云商业时代的最大特点，是海量数据的存储、处理和解析。从营销角度看，如何从海量数据资源里淘金、炼金，是云商业时代营销的必备武器与最大挑战。在云商业时代的海量数据面前，营销3.0时代的数据库营销，在数据流量规模上，只能望洋兴叹；在处理方式上，从人工判断转向智能化的自动识别（通过算法设计）。传统的数据库营销技术与MA（营销自动化）工具的技术含量及处理能力相比，更不可同日而语。

从商业智能（Business Intelligence，简称BI）技术里逐步诞生的营销自动化技术，将搜索引擎优化（SEO）、网络营销、植入（插件）营销、社会化媒体、跨媒体数据源处理、CRM（客户关系管理）和社交化销售等市场营销及销售过程整合在一起，提供自动化的客户搜索、培育和筛选管理，将海量的“盲流”转变为有预期购买意愿的潜在客户，为导向最后的成交提供源源不断的“客户池”。

（四）内容营销：创意元按钮（Button）

云商业时代是一个消费者“自由地虚拟连接”并由此产生真实影响力的时代，云生活方式决定了云营销的本质，使营销从营销3.0时代的媒体营销转移到了云营销的内容营销。媒体营销的本质是权力与资本的游戏，内容营销则是创意与创新的舞台。

在现代市场经济，营销创意最早就是内容，从奥格威到李奥·贝纳，国际4A广告公司都是在最近几十年里成长起来的，且无不以内容创意为起家之本。中国市场经济赶了个“晚集”，在工业化经济末期的媒体强权时代，才积累创意经验与国际4A广告公司竞争。在媒体强权面前，创意的价值并不明显，因为知名度就可以带来短期的价值；一条叫卖、庸俗和炒作的创意，只要敢砸钱，都能成名牌，这是中国很多央视标王出现倒栽葱式败局的根本原因。

在云商业时代，媒体的强势地位已不复存在，但仍有影响。博傻式的媒体投放风险已经越来越大，媒体碎片化与社会化信息交流的现实，让内容创意与自发的美誉度（正向口碑）重新回到企业营销的核心。与营销3.0时代已经流行的病毒营销、口碑营销和圈子（关系）营销相比，云营销时代下创意营销的独特之处在于，新创意营销拥有巨大的空间及更加丰富的表现手段来展现品牌或产品的创意，如在过去几年里大行其道的段子（句式）创意、微电影。

新创意营销要求创意本身必须具备触发目标族群“心灵按钮”的功能。2011年一部《失恋33天》的小制作电影，比张艺谋巨资投入的《金陵十三钗》，在票房、盈利上都要高很多，这充分显示了内容创意的威力。新创意营销实际上可以为绝大多数品类及企业所用，比如在网上遭热度追捧的“杜蕾斯套鞋防雨”事件，仅用几条微博，将产品、社会情境与白领的生活进行了“魔幻式”的连接，便产生了戏剧性效果。

要明白的是，创意营销的创意元按钮不是企业的叫卖、产品优点说明和庸俗的明星代言等，而是在消费者内心情感或价值观的“情结”。创意者需要在大众心理、文化和情感的丛林里，找到与品牌精神相匹配的公共“情结”，在此情结之上，制造“创意元按钮”。也许这个元按钮就是一句话、一段音乐、一个场景、一个人物、一段故事……记住，不是营销3.0时代强制塞给顾客的品牌LOGO。

（五）公论传播：云商业时代的乱流与挑战

当我们热情欢迎并拥抱云商业时代的时候，也必须意识到云商业时代的挑战与危机：在营销3.0及互联网时代有“水军”、“五毛党”，如今出现了“暗箭者”、“阴谋制造专家”等新“职业”甚至“产业”。

云平台可以低成本、高效率地传播美名，自然也可以低成本、高效率且杀人无形地毁坏声誉，这就是社会化媒体时代的独特现象。公论传播，就在不断转发、评论的滚雪球式传播中形成的一种“观念共同者”声音。

有人说这是“网络暴民”，其实失之偏颇。云商业时代既有职业化的水军们，也有出于共同兴趣、观点的自由联合者，包括不计个人回报却愿意探究真相的人。认为反对自己的网民都是暴民，这本身就是一种有问题的态度。

公论的乱流确实会导向一种以恶俗趣味及毁灭为目的的传播：流氓传播。但公论传播是流氓阴谋还是公共正义，不是由公论传播渠道本身决定的。公论传播的产业利益及低成本传播渠道的存在，告诫企业在云商业时代必须做到内外如一，否则很容易因为一个微小的疏失，造成不可收拾的严重后果。

在味千（中国）控股有限公司的“骨汤门”中，就是在卧底式打工者的曝光下，味千（中国）控股有限公司不得不承认使用的是浓缩料包而不是浓缩骨汤，由于董事长潘蔚最初的狡辩，“骨汤门”重创了味千。类似事件的肯德基“豆浆门”，则以肯德基公示豆浆系豆奶粉冲调而和平收场。差别不是肯德基比味千（中国）控股有限公司动用了更多资源去封口媒体、公关，而是在这种危急关头，没有心存侥幸，回到实事求是的生意之本上。其实这种爆料，内部员工的一条微博及照片都很难说绝对不会发生。

云商业时代公论传播的复杂性与影响力，足以让企业“躺着也中枪”，这给企业的危机管理提出了新挑战，需要引起高度重视。传统的媒体关系、封锁消息、用广告费封口和公关暗箱操作等“欺瞒捂”作法，都不顶用了，企业必须从价值观与企业文化上正本清源，尽量消除经营隐患。

云营销的价值链轮廓

从中国营销界来看，云营销或许是中国营销第一次站在世界营销进化前端的机会。中国营销在过去的三十几年里，一直在引进、学习和仰视西方工业时代及营销 3.0 时代的先进思想、方法、工具，甚至品牌。

在云商业时代，从云营销开始，中国经济、中国市场和中国营销展现出其“广大深杂”特性带来的方法论创新以及文化创新面貌。我们可以预期，中国营销可以用云营销的实践、思想、理论、方法和工具的创造创新，对世界营销的创新有所贡献。

云营销，正是包括传媒与广告在内的中国营销整体进化的先声：一个新的整合营销时代已经到来，云营销价值链的基本轮廓已经清晰可见。

第一，电子商务市场的崛起。2011 年网上交易额为 5 万亿元（含 B2B），占 GDP 的比例约为 13%，其中网络零售（B2C、C2C 电商）交易额约 8000 亿元，占社会消费品零售总额的比例不足 5%，显示出巨大的增长潜力。比数字更重要的是电商的支持系统：网上订单、支付、物流和结算的商业体系已经成熟。

第二，媒体预算的结构性变化。社会化媒体崛起，让传统的电视、纸媒、户外媒体，甚至互联网门户，都受到冲击。跨媒体（Crossover-Media）即跨界媒体的无缝整合，以新浪微博为代表的社交媒体的影响力与商业价值已经显露，正在改变企业媒体费用的投放结构。

第三，一云多屏、无缝链接的终端（Terminal Device）世界。从互联网上的微博、视频、移动互联网（手机）到家庭终端（智能电视），甚至车载电视、显示屏媒体（写字楼、住宅、超市等），都将被无缝连接在多个不同的云系统（iOS、Andriod 等）内。

第四，云生活方式初见端倪。对中国一部分（北上广为代表的核心城市）进入云生活时代的城市及人群来说，传统媒体广告不再是他们做出购买决策的主要信息来源，而是圈子、网站的用户对商品的评价。这一群人已经生活在“云端”（一个虚拟却真实的网络社交圈里），可以与任何地点的人自由连接互动。

第五，社会化媒体及新营销方法勃兴。社会化营销正在对传统营销方法进行一场“路径革命”：从传统的围绕知名度的叫卖创意、单向控制的媒体，向云营销时代以美誉度为核心的创意、口碑积累的双向互动模式转变。简单地说，靠垄断传统媒体资源、拼实力的传播时代面临瓦解，一个依靠创意、互动和口碑的社交化媒体传播新驱动力正在崛起。

第六，云消费的商业化路径形成闭环。最具颠覆性的是消费方式的变化：这种通过社交化媒体创造的关注度（流量），可以通过与电商的无缝连接，马上变成购买力（转化率），而不是传统媒体下，看完广告、留下记忆，再到终端前产生购买行为的 AIDA 模式（注意 - 兴趣 - 决策 - 行动）。

第七，云技术、云平台及云基础设施成熟。所有的互联网大公司，都在以各种方式涉足云技术。云存储、云平台、第三方电商服务和应用技术创造的新产品，阿里云、盛大云、华为云和百度云等各种云系统，层出不穷。这些云基础设施与技术，是对云应用、云创新产品的巨大支撑与驱动。

云营销的核心驱动力是云技术，及云技术改变的商业结构、市场结构、媒体结构、营销模式、管理模式，甚至企业模式。

云营销价值链的形成、壮大，不仅是一种营销方法的革命，也是商业环境、企业模式、产品价值、渠道结构、消费形态以及品牌成长路径的革命，并将催生新商业生态系统、新营销体系，以及更多前所未有的精彩营销实践与创新思想的产生。

跋：好营销，坏营销

中国的营销为什么给消费者留下了忽悠的印记？甚至有人质问，营销能否不作恶？

责怪跳大神的“大师”（“大忽悠”）太多，或者悲叹人心不古、利欲熏心者太多，是对此简单直观的解释。但营销病症的根源，真的如此简单吗？

不乏从人文、战略、社会价值等角度开出的“校正营销”药方，但这些药方听起来有理、做起来却不知如何入手。比如说人文价值是营销的核心要素，却无法证实若没有人文价值，营销就一定会失败；也无法证实，有了人文价值，营销就一定有效。这样的营销 3.0 升级版，最多算是一种营销追求或情怀，并不能成为营销的新趋势或新方法论。

出现混乱的地方，最后的根源都是认知的混乱，或者更精准地说，是判断标准的混乱。如果赚到钱（有效果）是唯一标准，那么骗子都会被当作成功榜样。这种标准的单一化，不是自由选择的问题，而是价值标准的错乱，是对“成功”这种商业现象的认知及其判断标准的错乱。

中国营销的真正病症，是由对营销的狭隘认知造成的，也就是说，对于什么是好营销、什么是坏营销，缺乏经得起推敲的、完整的标准。

营销好坏的标准究竟是什么？总结本土营销成败的现象与规律，我们或许可以对营销应该是什么、区别好营销与坏营销的评估与判断标准，给出一个“中国解答”：好营销的九条金线标准。

标准 1：有效（effect）

营销最终都必须接受有效性的检验，但有效并不是营销的唯一标准，也不是最高标准，有效并不拥有对其他标准的一票否决特权。

营销的有效标准，必须具备真实、持久的客户价值，这是真有效；等而下之者，则是蒙骗渠道商、欺诈消费者，或利用人性弱点的巧取豪夺，如无限承诺、有限兑现的服务，这是伪有效。

有效性必定有真假之分，否则人类社会就退化到了动物世界。那些高喊有效是硬道理的，不需要与这种伪命题进行论辩，只要检视这些企业行为的有效是否经得起其他标准的考核即可。

那种只管把货塞给渠道商，却不管如何动销的一脚踢式招商，是一种以邻为壑的伪有效。连锁加盟里的骗局、招商里的厚黑，这样的营销效果，会得到认可吗？再光鲜的广告，与这种邪恶的目的相关联，还能持久吗？

营销追求的有效是第一标准，但不是唯一标准。

标准2：有料（mingingful）

广东话里的有料，指汤的味道来源（原料）真实、正宗，无料则是指用味精调出的汤。营销的有料，不单指有客户价值，而且指满足的是客户正向、有意义的需求与欲望。

有料并不取决于企业自己宣称有什么，而是产品、品牌和营销行为本身所蕴含的内容。一部《寿司之神》，让全世界知道了这家几十年如一日做最好吃寿司的日本小店，世界知名、宾客如云也不会改变这家寿司店的经营状态。格力电器一向以品质优越为追求，一句“掌握核心科技”的广告语告诉消费者使用效果背后的原因，这就是有料。

标准3：尊敬（respect）

尊敬来自何处？用专业的语言表述，就是企业收入来源不能建立在购买者利益受损或不满意的基础上。

百度的搜索竞价模式，是一种不被尊敬的商业模式，以出价高低确定搜索排序的做法，损害了用户的搜索权益。百度搜索，已经是垃圾搜索的代名词。搜索引擎可以商业化，前提是必须确保用户搜索需求的满足，而不是倒果为因地不顾用户的基本需求，将企业自身的盈利放在首位，将用户不需要的结果放在最前面。这种营销模式如不依赖垄断，早已被用户抛弃。

不少博眼球、想奇招制胜的新奇创意，如果违反了这一条标准，无论大小，都未必会有好效果。如京东商城发布的以男女关系为画面的物流系列广告，以及小三致原配一封信的某化妆品广告。

这种触碰社会价值底线的玩火创意，轻则损伤品牌，重则让企业一命呜呼。不用过多举例，企业必须明白，对用户的尊敬，是品牌的核心战略优势，不能轻易丢弃。

标准4：喜欢（love）

有人诟病迷恋品牌是一种拜物教，这种偏激观点忽视的是一个基本事实：企业有了品牌意识，才会珍惜市场声誉与关心消费者的态度。品牌所赋予产品的，不仅仅是一个注册商标、包装，而是企业对未来的一种期许与追求。企业正是希望消费者看到品牌及LOGO后，就产生信任感，乐意快速购买，甚至引以为豪、与朋友分享，所以才会花费资源在品牌的经营上。

因为消费者需要的不仅仅是衣服，所以才会在香奈儿或ZARA等品牌之间，做出选择。决定这种选择的，不仅是购买力，更重要的是消费者喜欢哪个品牌，这种“喜欢”里体现消费者的价值观、审美偏好与情感形式。在喜欢这种驱动力面前，有用、更好和更先进等，都是毫无意义的。

iPhone从硬件性能上说已经不再代表最先进的配置，即使iOS系统，也有了安卓的替代，但是从iPhone4到iPhone5s，依然引发换机狂潮。尤其是iPhone5s的土豪金，竟然打破手机拼大屏、拼厚度、拼几核处理器的硬件逻辑，让全世界都感受到一次喜欢的威力。

标准5：风格（Style）

商品的任何呈现形式，都是一种风格。但是，有风格的产品与产品的风格是两回事。

产品的风格意味着产品表现形式的“确定”——这种确定的市场含义就是，消费者已经不需要产品、品牌名称或者LOGO，仅凭借产品的其他元素，就能将产品归入正确的品牌，这就是风格的力量。

每一个品牌，最后都一定会形成若干代表品牌的风格元素，如形状、线条、颜色、构图和样式等。史蒂夫·乔布斯在世的时候，苹果推出过黑色的笔记本，现在已经看不见了，而白色是被消费者认可的、代表苹果的颜色。索尼也是在尝试各种颜色的笔记本电脑后，才发现在黑色里才能找到索尼的品牌“元气”。

潮流易逝，风格永存。可以肯定地预言，土豪金必定是一个时潮产品，绝不会成为苹果的品牌灵魂。如果出现土豪金气势超过苹果白的现象，那或许是苹果衰败的征兆。

风格是帮助品牌抗击时间与遗忘的工具。风格的核心作用，是抵抗岁月这把“杀猪刀”的侵蚀。

风格不定或多变，往往是衰败的开始。最新的案例，就是凡客诚品。凡客诚品忘记了它的前辈无印良品为什么可以持续成功。从早年人民时尚的草根气息到随意怒放的猥琐文青，凡客诚品市场的下滑与风格的紊乱之间，有明确的因果关系。

形成稳定的风格是品牌成熟的标志，它意味着企业不是偶然，而是有意识地在经营自己的风格，并且具备了拒绝与自己风格不相容诱惑的能力——风格因自律而存在，以紊乱而消亡。

标准6：德性（Responsibility）

德性是营销的保健元素：有德性不是营销成功的驱动力，但是没有德性一定是营销失败的重要根源。

营销的德性是企业文化与价值观的自然流露。比如，是否尊重顾客？是否善待供应商？是否让员工满意？是否对品质有严格的自律？是否敬畏法律？是否与社会主流价值观保持一致？

在法律（底线）与道德（高线）这两条线之间，有一部分的商业成功是不违法但不符合主流道德观的。中国有一种论调，就是认为现有的社会道德或规则本身是不合理的，企业可以通过破坏规则去创立新规则。

这种情形当然是存在的，尤其在转型期的社会。但是，真实的状况是：企业在小的时候，低于道德高线的行为，社会的容忍度会大些；企业大了，具备了较大社会影响力，如果其行为还是低于道德高线，甚至还以此自辩，恐怕社会容忍度会很低。

王石的捐款言论风波、马化腾强制终止360的艰难决定、马云的支付宝及合伙人风波，都反映德性对于大企业的重要性。李嘉诚、余彭年等长期对教育、医疗等进行慈善捐赠，这是超出企业分内责任的德性作为，自然得到社会的认可与尊重。当陈光标开始把高调慈善与推销好人凉茶等产品挂钩的时候，他的慈善已经开始变味。

营销的德性，不是指营销打着什么慈善机构的旗号，如卖一瓶水捐一分钱之类，这不是真正的德性，最多算是一次带有善意的促销折扣。

营销的德性，是指超过道德高线的"分外作为"，企业并不从这种行为里获取直接的商业回报，名声除外。因为名声，是所有德性都应该得到的天然回报。

标准7：创意（Creative）

之所以将创意放在靠后的优先级里，是因为大部分企业不需要创意，也能获得成功。甚至可以这么说，真正通过创意获得成功的企业，是凤毛麟角的个案，也是小概率事件。

这样说会让营销人不服气。但事实是中国过去三十多年里的绝大部分的传播创意，都是抄来抄去，无非是把美国的、欧洲的很多成功案例，转化成中国的表现形式。消费者自然不需要辨别创意是山寨还是原创，媒介制造出的冲击感受，就已经可以产生效果。

真正的大创意，必须具备原创性。这样的创意是真实存在的，而且一旦出现，就威力无穷。如耐克的"Just do it"，这句广告语与苹果的"Think Different"一样威力巨大，中国品牌还缺少这样洞穿人性、四海皆准的大创意（Big Ideal）。

阿里巴巴"让天下没有难做的生意"，反映了一个时代的呼声，最远也走到了西亚北非，也就到此为止；世界级的华为，却也没有世界级的观念。反观 GE、IBM、BP（英国石油公司）等跨国巨头，在世界级观念的创意与营销上，都值得中国世界级规模的企业认真借鉴。

事实是，你尊重创意、追求创意，愿意为创意付出，才有可能得到创意。否则，不要责怪创意没有来找你。

标准 8：传承（Education）

营销的传承，与人类一切事物的传承规则是一样的，即取决于事物本身的价值性，而不仅仅是诞生时的效果，如书法、绘画、文章、器物和建筑等。

营销可以有教化价值、能够被传承的，不是一个产品、设计、广告创意、传播和活动等赚了多少钱，而是那些营销带给后来人多少启发，尤其是总结为理论或方法论的营销案例及思想。

比如，以生活形态与价值观（LSAV）的消费者分析模式、定位论方法、蓝海价值曲线与四步框架、奥美 360 度品牌管家、里夫斯的 USP 和 DDB（恒美）的 ROI 工具等，这些理论与工具，让营销成为一门严谨的学科，可以持续创造营销亮点，而不是随兴所至。

一个工具被反复应用都能屡试不爽，达到预期的效果，这个工具才会由方法成为方法论，才具备传承的潜力。中国营销界的出书热，大多数提供的不是方法，而是神话：惊天创意如何让企业盈利从多少变成了多少。

若干年后，后代人对于一个品牌花了多少钱、请了什么巨星、当时如何铺天盖地这类信息，可能毫无兴趣。曾经的辉煌并不是传承的入场券，如 TCL 的宝石手机。营销的传承价值在于，不仅让人欣赏你的成功，而且可以帮助别人复制你的成功。

标准 9：经典（Classic）

经典比传承容易。因为经典是被关注最多、被不断提及的案例，经典的营销案例，是营销成为专业的最佳证据。同时，经典本身未必一定会传承，经典仅仅可以释放短暂的光芒。万宝路的品牌创造过程，是营销史的经典，却很难传承（越来越严格的禁烟限制）。

小糊涂仙酒、来福灵杀虫药、铁达时腕表和柯达一刻都是营销史上的经典，这些品牌即使风光不再，也依然闪烁光芒。它们的创意都符合李奥·贝纳总结的规律：好广告要以信心与希望穿透人心。

小糊涂仙将历史文化的幽默智慧与产品进行的巧妙嫁接，借力发力，体现了营销的最精髓价值：以小撬大、兵不血刃地占领市场，这才是营销的经典。

正在发生的营销新经典是小米手机，代表着从传统营销路径进入社交化电商时代。

小米 3 的首发记录是：86 秒销售 10 万部手机，算上部分购买配件的，手机部分现金回款超过 2 亿元。与苹果土豪金相比，小米的一年销量仅等于苹果的一周销量。与天猫相比，小米还是轻量级。但是，86 秒回款 2 亿元，与 24 小时获得 191 亿元销售额（2012 年淘宝、天猫“光棍节”销售额为 191 亿元左右），哪个更具革命性特质？

小米 3 的回款速度是 233 万元/秒，天猫的回款速度是 22 万/秒，小米是天猫的 10 倍。这说明了什么？说明中国的电商订单与银行系统的效率，已经可以支撑“天量级零售”。这是小米营销必会进入经典行列的意义所在，小米的营销模式，是一个正在到来的新世界代表。

营销是活泼、灵性、丰富和多彩的，绝不只有土豪式十指黄金戒指这一种显示成功的方式。营销的成功，可以有超过利润回报的更高价值，是营销人值得为之贡献才智之所在：用营销的金线，织就品牌的金缕衣。

2014 新书预告:“变局”系列丛书

实体店销量下滑、线上线下冲突不断,互联网、大数据、OTO……,市场一线的压力让企业痛苦,扑面而来的新名词、新玩法又让企业焦虑甚至恐惧。

谁都不想成为恐龙,怎么办?希望2014 年陆续推出的“变局”系列丛书,能帮助企业看清方向,心中有数!

- 《变局下的**营销模式**升级》程绍珊　叶宁著

营销模式怎么变,无外乎三种方式:客户驱动模式、技术驱动模式、资源驱动模式!

- 《变局下的**白酒**企业重构》杨永华著

白酒行业从扩容式增长——“你增长,我也增长”,变成竞争式增长——“你死我活”,产业整合大势中,谁能活下来?需要哪些条件?怎样才能做到?

- 《变局下的**快消品**营销实战策略》杨永华著

通胀了,成本增加,涨价也不是长久办法,如何从一招一式的被迫应战变成心中有数的“系统战”?

- 《变局下的**工业品**企业 7 大机遇》叶敦明著

产业链条的整合机会、盈利模式的复制机会、营销红利的机会、工业服务商转型机会、渠道的合纵连横机会、借船出海的资本机会、电商机会……

- 《变局下的**农牧**企业 9 大成长策略》彭志雄著

食品安全、纵向延伸、横向联合、品牌建设……是挑战,又都是机遇!

- 《变局下的……》敬请关注

图书导读

为了帮助读者更快、更方便地找到自己需要的书，让书发挥最大价值，我们精心制作了这份导读，希望对大家有所帮助！

博瑞森的书，最适合谁来读？

经营者（老板、总经理、董事长、企业家、合伙人、厂长等）和**管理者**（企业高层、中层和部分基层管理者）以及企业的**骨干员工**（思考如何为企业创造更大的价值），你就是我们的读者，共同的战友！

因为我们相信，你就是影响企业发展大局的关键人物，影响你，帮助你，和你共同学习成长，就是和中国企业一起成长！

博瑞森的书，最大特点？

我们坚持"企业视角，本土实践"的出版理念，要对企业实践产生实实在在的作用。

"本土"——理论和思想可以来自古今中外，但一定要适应本土；

"实战"——作者都是从企业、市场中摸爬滚打出来的，实战性是渗到骨子里的；

博瑞森的书，怎样"读"，作用好？

免费电子版，手机随时"读"

我们**90%**的书都提供**免费**的**全文电子版**，下载到手机（或Pad、电脑）里，让惜时如金的你，获得最大程度的阅读自由！

操作方法：回复图书编号（封底下部或内文第1页底部的4位数字）和你的邮箱地址。例如回复"1205 + zhang***@126.com"到手机13611149991，2个工作日内即可在邮箱收到图书的全文电子版。

QQ群，读者间讨论着"读"

加入"**博瑞森读者群**（202230847、190415943）"的QQ讨论群，你的困惑、感受和读者、作者随时深入讨论！

操作方法：入群口令为"图书名称 + 手机号"。提个醒，群里有事说事，别乱发广告、搞笑段子，会被踢的。

作者见面会，带着问题"读"

"书看了，很好，但还是不知道该怎么做！"——正常，实践没有那么容易。参加作者见面会，带着自己的问题，现场指点很重要！

操作方法：作者见面会每月都有，不收取任何费用。加入我们的微信公号

(bookgood2005)查看或给 bookgood2014@126.com 发封邮件,咨询详情。

微信、书摘邮件,天天点滴“读”

“书太厚,不容易读”——通过我们的微信公号(bookgood2005)或者你的个人邮箱,你每周都会收到 2 次博瑞森书的精品书摘,三五百字,便于精华快速地吸收。

操作方法:加入我们的微信公号,或回复你的邮箱地址即可。

更多方式的“读”

我们知道,以上这些还远远不够,你的感受、不满随时告诉我们(13611149991,bookgood@126.com),我们一起创造更多、更精彩的“读”……

分类导读图 + 书目

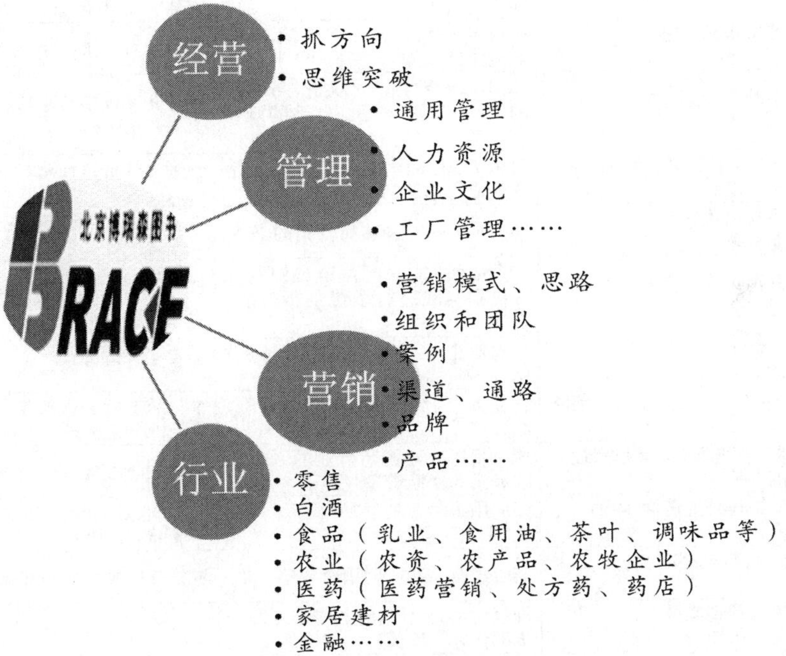

更多实战好书,请关注**“博瑞森图书直营店—淘宝网”**

http://qiyeshudian.taobao.com/

行业类：零售、白酒、食品/快消品、农业、医药、建材家居			
	书名．作者	内容/特色	读者价值
零售	**涨价也能卖到翻** 村松达夫 【日】	提升客单价的15种实用、有效的方法	日本企业在这方面非常值得学习和借鉴
零售	1. **总部有多强大，门店就能走多远** 2. **超市卖场定价策略与品类管理** 3. **连锁零售企业招聘与培训破解之道** 4. **中国首家未来超市模式解密** IBMG国际商业管理集团 著	国内外标杆企业的经验+本土实践量化数据+操作步骤、方法	通俗易懂，行业经验丰富，宝贵的行业量化数据，关键思路和步骤
零售	**零售：把客流变成购买力** 丁 昀 著	如何通过不断升级产品和体验式服务来经营客流	如何进行体验营销，国外的好经营，这方面有启发
白酒	**变局下的白酒企业重构** 杨永华 郭 旭 著	帮助白酒企业从产业视角看清趋势，找准位置，实现弯道超车的书	行业内企业要减少90%，自己在什么位置，怎么做，都清楚了
白酒	1. **白酒营销的第一本书** 2. **白酒经销商的第一本书** 唐江华 著	华泽集团湖南开口笑公司品牌部长，擅长酒类新品推广、新市场拓展	扎根一线，实战
食品	**乳业营销第一书** 侯军伟 著	对区域乳品企业生存发展关键性问题的梳理	唯一的区域乳业营销书，区域乳品企业一定要看
食品	**食用油营销第一书** 余 盛 著	10多年油脂企业工作经验，从行业到具体实操	食用油行业第一书，当之无愧
食品	**中国茶叶营销第一书** 柏 龑 著	如何跳出茶行业"大文化小产业"的困境，作者给出了自己的观察和思考	不是传统做茶的思路，而是现在商业做茶的思路
食品	**变局下的快消品营销实战策略** 杨永华 著	通胀了，成本增加，如何从被动应战变成主动的"系统战"	作者对快消品行业非常熟悉、非常实战
食品	**调味品营销第一书** 陈小龙 著	国内唯一一本调味品营销的书	唯一的调味品营销的书，调味品的从业者一定要看
农业	**农资营销实战全指导** 张 博 著	农资如何向"深度营销"转型，从理论到实践进行系统剖析，经验资深	朴实、使用！不可多得的农资营销实战指导
农业	**农产品营销第一书** 胡浪球 著	从农业企业战略到市场开拓、营销、品牌、模式等	来源于实践中的思考，有启发
农业	**变局下的农牧企业9大成长策略** 彭志雄 著	食品安全、纵向延伸、横向联合、品牌建设……	唯一的农牧企业经营实操的书，农牧企业一定要看
医药	**新医改下医药营销与团队管理** 史立臣 著	探讨新医改对医药行业的系列影响和医药团队管理	帮助理清思路，有一个框架
医药	**医药营销与处方药学术推广** 马宝琳 著	如何用医学策划把"平民产品"变成"明星产品"	有真货、讲真话的作者，堪称处方药营销的经典！
医药	**新医改了，药店就要这样开** 尚 锋 著	药店经营、管理、营销全攻略	有很强的实战性和可操作性
建材家居	**建材家居营销实务** 程绍珊 杨鸿贵 主编	价值营销运用到建材家居，每一步都让客户增值	有自己的系统、实战
建材家居	**建材家居门店销量提升** 贾同领 著	店面选址、广告投放、推广助销、空间布局、生动展示、店面运营等	门店销量提升是一个系统工程，非常系统、实战
工业品	**解决方案营销真案例** 刘祖轲 著	用10个真案例讲明白什么是工业品的解决方案式营销，实战、实用	有干货、真正操作过的才能写得出来
工业品	**变局下的工业品企业7大机遇** 叶敦明 著	产业链条的整合机会、盈利模式的复制机会、营销红利的机会、工业服务商转型机会……	工业品企业还可以这样做，思维大突破
金融	**精品银行管理之道** 崔海鹏 何屹 主编	中小银行转型的实战经验总结	中小银行的教材很多，实战类的书很少，可以看看

续表

经营类:企业如何赚钱,如何抓机会,如何突破,如何“开源”

	书名. 作者	内容/特色	读者价值
抓方向	让经营回归简单. 升级版 宋新宇 著	化繁为简抓住经营本质:战略、客户、产品、员工、成长	经典,做企业就这几个关键点!
	公司由小到大要过哪些坎 卢 强 著	老板手里的一张“企业成长路线图”	现在我在哪儿,未来还要走哪些路,都清楚了
	企业二次创业成功路线图 夏惊鸣 著	企业曾经抓住机会成功了,但下一步该怎么办?	企业怎样获得第二次成功,心里有个大框架了
	老板经理人双赢之道 陈 明 著	经理人怎养选平台、怎么开局,老板怎样选/育/用/留	老板生闷气,经理人牢骚大,这次知道该怎么办了
	企业文化的逻辑 王祥伍 黄健江 著	为什么企业绩效如此不同,解开绩效背后的文化密码	少有的深刻,有品质,读起来很流畅
	使命驱动企业成长 高可为 著	钱能让一个人今天努力,使命能让一群人长期努力	对于想做事业的人,‘使命’是绕不过去的
思维突破	跳出同质思维,从跟随到领先 郭 剑 著	66 个精彩案例剖析,帮助老板突破行业长期思维惯性	做企业竟然有这么多玩法,开眼界
	7 个转变,让公司 3 年胜出 李 蓓 著	消费者主权时代,企业该怎么办	这就是互联网思维,老板有能这样想,肯定倒不了
	麻烦就是需求 难题就是商机 卢根鑫 著	如何借助客户的眼睛发现商机	什么是真商机,怎么判断、怎么抓,有借鉴
	重生战略:移动互联网和大数据时代的转型法则 沈 拓 著	在移动互联网和大数据时代,传统企业转型如同生命体打碎与再造,称之为“重生战略”	帮助企业认清移动互联网环境下的变化和应对之道

管理类:效率如何提升,如何实现经营目标,如何“节流”

	书名. 作者	内容/特色	读者价值
通用管理	1. 让管理回归简单. 升级版 2. 让用人回归简单 3. 让经营回归简单. 升级版 宋新宇 著	宋博士的“简单”三部曲,影响 20 万读者,非常经典	被读者热情地称作“中小企业的管理圣经”
	边干边学做老板 黄中强 著	创业 20 多年的老板,有经验、能写、又愿意分享,这样的书很少	处处共鸣,帮助中小企业老板少走弯路
	阿米巴经营的中国模式 李志华 著	让员工从“要我干”到“我要干”,价值量化出来	阿米巴在企业如何落地,明白思路了
	欧博心法:好管理靠修行 曾 伟 著	用佛家的智慧,深刻剖析管理问题,见解独到	如果真的有‘中国式管理’,曾老师是其中标志性人物
	1. 用流程解放管理者 2. 用流程解放管理者 2 张国祥 著	中小企业阅读的流程管理、企业规范化的书	通俗易懂,理论和实践的结合恰到好
	跟我们学建流程体系 陈立云 著	畅销书《跟我们学做流程管理》系列,更实操,更细致,更深入	更多地分享实践,分享感悟,分享从实践总结出来的方法论
人力资源	走出薪酬管理误区 全怀周 著	剖析薪酬管理的 8 大误区,真正发挥好枢纽作用	值得企业深读的实用教案
	回归本源看绩效 孙 波 著	让绩效回顾“改进工具”的本源,真正为企业所用	确实是来源于实践的思考,有共鸣
	集团化人力资源管理实践 李小勇 著	对搭建集团化的企业很有帮助,务实,实用	最大的亮点不是理论,而是结合实际的深入剖析
	人才评价中心. 超级漫画版 邢 雷 著	专业的主题,漫画的形式,只此一本	没想到一本专业的书,能写成这效果
	我的人力资源咨询笔记 张 伟 著	管理咨询师的视角,思考企业的 HR 管理	通过咨询师的眼睛对比很多企业,有启发
	本土化人力资源管理 8 大思维 周 剑 著	成熟 HR 理论,在本土中小企业实践中的探索和思考	对企业的现实困境有真切体会,有启发
	把招聘做到极致 远 鸣 著	作为世界 500 强高级招聘经理,作者数十年招聘经验的总结分享	带来职场思考境界的提升和具体招聘方法的学习

续表

企业文化	**华夏基石方法：企业文化落地本土实践** 王祥伍　谭俊峰　著	十年积累、原创方法、一线资料，和盘托出	在文化落地方面真正有洞察，有实操价值的书
	企业文化的逻辑 王祥伍　著	为什么企业之间如此不同，解开绩效背后的文化密码	少有的深刻，有品质，读起来很流畅
	企业文化激活沟通 宋杼宸　安琪　著	透过新任 HR 总经理的眼睛，揭示出沟通与企业文化的关系	有实际指导作用的文化落地读本
生产管理	**高员工流失率下的精益生产** 余伟辉　著	中国的精益生产必须面对和解决高员工流失率问题	确实来源于本土的工厂车间，很务实
	车间人员管理那些事儿 岑立聪　著	车间人员管理中处理各种"疑难杂症"的经验和方法	基层车间管理者最闹心、头疼的事，'打包'解决
	1. **欧博心法：好管理靠修行** 2. **欧博心法：好工厂这样管** 曾　伟　著	他是本土最大的制造业管理咨询机构创始人，他从 400 多个项目、上万家企业实践中锤炼出的欧博心法	中小制造型企业，一定会有很强的共鸣
	欧博工厂案例 1：生产计划管控对话录 **欧博工厂案例 2：品质技术改善对话录** **欧博工厂案例 3：员工执行力提升对话录** 曾　伟　著	最典型的问题、最详尽的解析，工厂管理 9 大问题 27 个经典案例	没想到说得这么细，超出想象，案例很典型，照搬都可以了

营销类：把客户需求融入企业各环节，提供"客户认为"有价值的东西

	书名．作者	内容/特色	读者价值
营销模式	**变局下的营销模式升级** 程绍珊　叶宁　著	客户驱动模式、技术驱动模式、资源驱动模式	很多行业的营销模式被颠覆，调整的思路有了！
	卖轮子 科克斯　【美】	小说版的营销学！营销核心理念巧妙贯穿其中，贵在既有趣，又有深度	经典、有趣！一个故事读懂营销精髓
	弱势品牌如何做营销 李政权　著	中小企业虽有品牌但没名气，营销照样能做的有声有色	没有丰富的实操经验，写不出这么具体、详实的案例和步骤，很有启发
	老板如何管营销 史贤龙　著	不要认为营销就是 4 个 P、C、R 的概念游戏，揭开营销智慧助力企业成功的内在奥秘	高段位营销 16 招，好学好用，老板能看，营销人也能看
组织和团队	**升级你的营销组织** 程绍珊　吴越舟　著	用"有机性"的营销组织力替代"营销能人"，把营销团队变成"铁营盘"	营销队伍最难管，程老师不愧是营销第 1 操盘手，步骤、方法都很成熟
	用数字解放营销人 黄润霖　著	通过量化帮助营销人员提高工作效率	作者很用心，很好的常备工具书
	成为优秀的快消品区域经理 伯建新　著	37 个"怎么办"分析区域经理的工作关键点	可以作为区域经理的'速成催化器'
	一位销售经理的工作心得 蒋　军　著	一线营销管理人员想提升业绩却无从下手时，可以看看这本书	一线的真实感悟
案例	**我们的营销真案例** 联纵智达研究院　著	五芳斋粽子从区域到全国/诺贝尔瓷砖门店销量提升/利豪家具出口转内销/汤臣倍健的营销模式/娃哈哈联销体	选择的案例都很有代表性，实在、实操！
	招招见销量的营销常识 刘文新　著	如何让每一个营销动作都直指销量	适合中小企业，看了就能用
产品	**产品炼金术** 史贤龙　著	帮助企业对打造畅销产品有一个全局性、框架性的认识	必须具备的思维和方法，避免在产品上再犯大的错
品牌	**中小企业如何建品牌** 梁小平　著	中小企业建品牌的入门读本，通俗、易懂	对建品牌有了一个整体框架
	采纳方法：破解本土营销 8 大难题 朱玉童　编著	全面、系统、案例丰富、图文并茂	希望在品牌营销方面有所突破的人，应该看看

续表

渠道通路	**传统行业如何用网络拿订单** 张　进　著	给老板看的第一本网络营销书	适合不懂网络技术的经营决策者看
	采纳方法:化解渠道冲突 朱玉童　编著	系统剖析渠道冲突,21 个最新的渠道冲突案例、情景式讲解,37 篇专题讲义	系统、全面
	快消品营销与渠道管理 谭长春　著	将快消品标杆企业渠道管理的经验和方法分享出来	可口可乐、华润的一些具体的渠道管理经验,实战